更好的老年

关于老年经济，
你必须知道的新理念

THE
LONGEVITY ECONOMY

UNLOCKING THE WORLD'S FASTEST-GROWING,
MOST MISUNDERSTOOD MARKET

[美]约瑟夫·库格林（Joseph F. Coughlin）著
杜鹏 等 译

北京大学出版社
PEKING UNIVERSITY PRESS

著作权合同登记号　图字：01-2019-1663

图书在版编目(CIP)数据

更好的老年：关于老年经济，你必须知道的新理念 /（美）约瑟夫·库格林著；杜鹏等译.—北京：北京大学出版社，2022.1

ISBN 978-7-301-32523-0

Ⅰ.①更… Ⅱ.①约… ②杜… Ⅲ.①老龄产业—研究 Ⅳ.①D586

中国版本图书馆 CIP 数据核字（2021）第 195935 号

THE LONGEVITY ECONOMY
Copyright © 2017 by Joseph F. Coughlin
Simplified Chinese edition copyright © 2021 by Peking University Press
This edition published by arrangement with PublicAffairs, an imprint of Perseus Books，LLC, a subsidiary of Hachette Book Group, Inc., New York, New York, USA.
All rights reserved.

书　　　名	更好的老年：关于老年经济，你必须知道的新理念 GENGHAO DE LAONIAN: GUANYU LAONIAN JINGJI, NI BIXU ZHIDAO DE XINLINIAN
著作责任者	〔美〕约瑟夫·库格林（Joseph F. Coughlin）著　杜　鹏　等译
策划编辑	王　晶
责任编辑	王　晶
标准书号	ISBN 978-7-301-32523-0
出版发行	北京大学出版社
地　　　址	北京市海淀区成府路 205 号　100871
网　　　址	http://www.pup.cn
微信公众号	北京大学经管书苑（pupembook）
电子邮箱	编辑部 em@pup.cn　　总编室 zpup@pup.cn
电　　　话	邮购部 010-62752015　　发行部 010-62750672 编辑部 010-62752926
印　刷　者	北京市科星印刷有限责任公司
经　销　者	新华书店
	720 毫米×1020 毫米　16 开本　20.25 印张　252 千字 2022 年 1 月第 1 版　2024 年 1 月第 3 次印刷
定　　　价	68.00 元

未经许可，不得以任何方式复制或抄袭本书之部分或全部内容。

版权所有，侵权必究

举报电话：010-62752024　电子邮箱：fd@pup.cn

图书如有印装质量问题，请与出版部联系，电话：010-62756370

推荐序

北京大学国家发展研究院教授　赵耀辉

关于人口老龄化，已经有很多人口学和社会学的著作，经济以及公共卫生领域的著作比较缺乏，科技和企业界的相关书籍更是凤毛麟角。与之不相称的是，市场对适老科技、养老产业前景十分看好，有大量的资金投入，但是，有一个很尴尬的现象，大量给老年人发明和生产的产品没有被很多人使用，大量养老设施和服务闲置。这本书可以帮助企业家理解这件事情的根源，并且帮助他们走出困境。

本书作者约瑟夫·库格林在麻省理工学院领导一个实验室，专门设计跟老人有关的产品，帮助业界理解老年人的需求。在老年科技领域打磨多年的经验告诉他，科技界设计老年产品的多为年轻人，他们不理解老年人需要什么，企业界同样不理解老年人的需求，他们心目中的老年人或者身体虚弱，或者身有残疾，只需要医疗服务，需要"一键通"手机，需要别人照料，没有活力，不会想做事情，不会有享受生活的想法。作者写这本书告诉他们，这些想法都是错的，如果对老年人没有正确的认识，就会错失一个巨大的商业机会。为了纠正这些看法，作者做了两件事，也就是书中的两个组成部分。

第一部分是破解对老年的不正确认识，他从老年这个概念的来历说起，由早年医学领域把年老当作一种病态的偏差，到现代社会保险在其中起到的消极作用。这部分虽然不是作者原创，但是讲出来还是很有意思：自从 19 世纪末产生了养老金制度，65 岁便成为老年阶段的开始；社会保险虽然给老年人提供了一定生活保障，但是同时在社会上形成了思维定式，使得 65 岁以上的人被定义为老年人，成为无用的人，加上工业化之后八小时工作制带来的对工作效率的追求，老年人开始受到歧视，使得他们被迫给年轻人腾岗位，被迫离开工作岗位。同时他指出，无论以前人们怎样忽视老年人的需求，现在 baby boomers（婴儿潮时期出生的人们）已经大量退休，这些人一定会改变这个市场，淘汰那些目光短浅的企业。

第二部分是启发老年产品领域的科技工作者和企业，如何了解老年人需要什么，这里面讲到怎么样获得同理心，怎么样利用同理心给人带来的想象力感知老年人的健康服务、安全方面的需求，怎么样感知以及满足老年人对幸福美好生活的追求。这部分比较实用，里面有很多生动的例子。作者有一个很重要的观点，年轻人如果能够掌握理解老年人需求的方法，那么他们的发明创造肯定也能够满足全年龄人群的需求，这是一个产品革命的机会。

总之，这本书非常有价值，里面包含很多思想和理念，对企业端正认识有指导作用，同时作者基于自己实验室的工作，提出了一套具体方法，帮助人们理解和感知老年人的需求，设计出老年人真正想要的产品和服务。本书可读性很强，文字不枯燥，里面有很多生动的例子，应该可以满足一般大众阅读需要。

译 者 序

家家有老人，人人都会老。这句我们耳熟能详的话已经揭示了老年经济发展的巨大潜力，日益增多的老年人和不断发展的老龄化社会将产生更多的需求，需要创新的产品与服务来满足人们对美好生活的向往。要抓住新时代老年经济大发展的机遇，关键是要明了怎样积极看待老年人和他们的生活，了解什么是满足老年人真正需求的产品，以及如何通过理念创新和科技创新引领新一代老年人的生活追求。

中国是世界上老年人口最多的国家，截至目前，60岁及以上老年人口已经超过2.64亿，预计到2050年将接近5亿，超过所有发达国家老年人口的总和。老年经济的主要对象通常还包括50岁以上甚至45岁以上的人口，在人口老龄化背景下形成的庞大的市场需求和老年经济，日益成为中国经济社会发展的重要力量。我国已经将积极应对人口老龄化上升到国家战略层面的新高度，在老年经济发展方面也不断拓展国际视野、积极借鉴国际经验，努力融入国际化进程。在上述背景下，我们将本书进行翻译引介，期望借鉴他山之石，对我国老年经济下一步发展提供参考和启示。

本书作者约瑟夫·库格林先生是美国麻省理工学院老年实验室（MIT

AgeLab）的创建者和主任，著名的老年问题研究专家。库格林先生主要研究改变企业和社会未来的各代消费者的行为及其生活方式的变化趋势，曾被《华尔街日报》（*Wall Street Journal*）评为"改变退休的十二人"，并被全球知名的商业媒体品牌快公司（*Fast Company*）评为"最具创新力的100位企业家"。他还是美国退休者协会（AARP）理事会成员，为全球大企业、非营利机构和政府机构提供咨询建议。

美国麻省理工学院老年实验室创建于1999年，是一个多学科研究项目，主要研究50岁以上人群的行为习惯，以及技术设计在这类人群生活中的作用、各类创新在改善老年人及其家人生活质量过程中的可能性。该项目还与商业界、政府和非营利组织积极展开合作。

过去二十年，库格林先生一直在采用开创性的跨学科研究方法探究老年人到底想要什么，而不是传统观念告诉老年人需要什么。在本书中，库格林先生就如何看待老年人提供了深刻洞见，他希望人们打破以往的错误观念，因为这一群体不断颠覆人们的预期。企业如果想要为不断增长的老年市场提供产品和服务，就需要这些洞见。库格林先生精准地找到了错误观念和真实现实之间的差距，随后又向企业展示了弥合这种差距的一些方法。

库格林先生在书中描绘的主要是美国在2017年以前的经验，并突出强调了婴儿潮一代在大量进入老年期后对现有观念和社会运行逻辑的冲击，这其中有些具体情况可能不适用于我国，有些数据也并非最新的，但发达国家在科技水平、社会经济发展水平以及老龄化进程方面都较为领先，反观我国社会对于老年期、老年人和老龄化的观念，以及企业与市场对待老年经济的态度、新一代科学技术在积极应对人口老龄化过程中所起的作用、老年人在其中扮演的角色，就会发现本书中有许多方面值得借鉴。

对人口老龄化采取积极而非消极的应对理念

本书最为发人深省的创新性理念，就是提倡采用更加积极的眼光看待老年期和人口老龄化，在这些变化带来的挑战之外更多地看到其中蕴含的机遇，包括老年经济的潜力。

库格林先生在本书中提出了一个核心观念，即老年观，也就是关于"老"的含义，具体包括老年个体的自我观、对老年这一生活阶段的理解以及对待老年人的态度等。他认为我们当前的老年观并非固有，而是由社会制度和医疗实践在一个多世纪以来建构而成。它影响着人们度过自己老年期的方式，也影响他人看待老年人的方式。当前的老年观认为，老年人是疾病缠身的、贫穷的、贪婪的，他们没有工作能力，是需要照顾的麻烦和需要解决的问题，是索取者而不是给予者。此外，当前的老年观将老年人视为单一、同质的人口群体，所有人会在同一时间进入老年期，并且只有一种度过老年期的正常方式。

但是，这一老年观已经与现实完全不符。它限制了我们应对老龄化的思维，限制了创新。囿于这样的老年观，老年人在面对长寿这一经济、技术和教育带来的成果时充满迷茫，并不知道自己应该做些什么来度过老年时光。在此基础上衍生的退休观则认为老年人应当在某个确定的年龄结束工作，并在之后的岁月中追求享乐。这限制了老年人追求有收入的工作或其他有意义之事的权利和机会。

囿于这样的老年观，企业或是根本没有提供能够满足老年人真正需求的产品，或是提供的产品使老年人感到尴尬或难以使用，从而限制了老年人的发展，使他们无法在老年期尽可能长时间地保持独立、保持与世界的联系、保持工作中的竞争力或者在文化上做出贡献。老年人不仅仅需要维持生存和健康的产品与服务，他们还有对自由、社交、乐趣、幸福、自我实现等马斯洛需求金字塔中更高层级的需求。

事实上，老龄化是好事，它是社会保持其成员健康、远离危险、接受更多教育以及掌握自己生育权的自然结果，长寿是一个礼物而非一种负担。此外，老年人群体内部具有巨大的异质性和多样性。每个人的衰老过程都不同：每个人都以独特的起点步入老年期，并以不同的速度经历各种各样的老年生理体验。因此，并非只有一种度过老年期的正常方式。

在美国，随着婴儿潮一代进入老年期，老年消费者群体不仅规模巨大，而且实力惊人，他们的财富和要求也在与日俱增，如果企业能够提供真正满足老年人需求、令老年人兴奋的产品和服务，未来老年经济的规模将会远远超出预期。

在我国人口老龄化发展进程中，不仅老年人口规模和比例在变化，而且老年人口的受教育程度和健康水平也在不断提升。相比于当前处于老年阶段的人口，未来相继步入老年期的"新一代"老年人口将有越来越高的受教育程度，不仅文盲比重大大降低、受教育年限更长，其中受过高等教育者的比重也将大幅提升。得益于和平年代医疗卫生事业的发展，新一代老年人的身心健康水平也将有所提高。相比于以往的老年群体，这些因素使得新一代老年人具有新的期望和需求，而且他们还会带着自身在成长和工作历程中形成的互联网等新科技使用习惯步入老年，改变人们认为老年群体具有"技术恐惧症"的这一刻板印象。

译者序

利用科技主动积极应对人口老龄化

库格林先生在本书中一反现代科技就是为年轻人服务的观点,主张将科技应用于当今和将来的老龄化社会,强调主动作为。他认为在未来,科技将是提升生活质量的最重要的力量,因此不应将老年人排除在这一进程之外。设计师有责任设计出功能齐全且让年轻和年老用户都感到兴奋且愉悦的技术与产品。库格林先生领导的老年实验室长期致力于通过技术提升老年人的独立生活能力和生活品质,旨在使老年期变得更美好,本书也提供了很多有趣、有启发的案例。

在利用技术重建老年期的过程中,库格林先生也提醒社会和企业注意,相关产品和服务不能只把眼光局限于老年人基本的身体和健康需求,也要注重其他使人活得有价值的高层次需求,如社交互动、个人追求、职业抱负、乐趣爱好等,使人们能够充分利用老年期这一生命礼物和充满可能性的阶段。

"消费者需求"是库格林先生在书中反复提到的重要概念,并将其视为"未来所有老年市场创新背后的唯一因素"。他认为要通往一个对老年有着全新、更好认识的未来,企业就需要创造出满足老年消费者真正需求的产品,而不是基于传统老年观的、千篇一律的过时产品。对此,库格林先生提出"卓越设计"的理念,并推荐通过"有意识的共情行为"达到这一目标。他介绍了老年实验室设计的模仿老年期身体状况的服装阿格尼斯(AGNES),穿上它的人会感觉到身体灵活性降低、平衡感和敏锐度下降、视力受限。通过这种体验,人们能够尽量和老年人共情,理解变老带来的困难。

实际上，读者在国内也可以获得类似的体验。为了更好地宣传尊老、敬老、爱老文化，在全社会倡导积极老龄化，中国人民大学首开先河，于 2013 年 10 月 12 日成立了全国首家老年体验中心——中国人民大学老年体验中心。该体验中心主要以智能化老年体验服装为依托，让体验者在配戴目镜、耳塞、手套、护膝等老年体验服装设备后，真实地感受老年人因年老所带来的肢体及感官变化。此外，根据老年人日常活动的特点，体验中心设计了出行、就餐、起居、购物、视听和新型数码设备使用等六项体验环节，帮助体验者在具体情境中感受老年期生活可能出现的诸多不便。中心还配备了无障碍通道、安全扶手、加厚手柄的餐具、高度不宜的床具、便携式放大镜等设施，帮助体验者感受"小行动，大改变"对老年人生活的影响，充分体现了积极老龄化的理论指导作用。中国人民大学老年体验中心对学生的日常教育、老年工作者的培训和老年企业的产品设计起到了举足轻重的作用，有利于帮助中小学生形成尊老、敬老、爱老的意识，加强老年工作者对老年服务对象的同理心，并倡导企业开发符合老年人体能的产品设计。

2019 年，中共中央、国务院印发《国家积极应对人口老龄化中长期规划》，提出"强化应对人口老龄化的科技创新能力。深入实施创新驱动发展战略，把技术创新作为积极应对人口老龄化的第一动力和战略支撑，全面提升国民经济产业体系智能化水平。提高老年服务科技化、信息化水平，加大老年健康科技支撑力度，加强老年辅助技术研发和应用。"当前，我国处于人口老龄化进程快速推进、信息通信技术快速发展的交汇期，大数据、人工智能、互联网+等新科技将会大大助力老龄化社会治理现代化和智慧社会建设，为老年人赋权增能，使现在和未来的老年人享受更高质量和更具幸福感的老年生活。

译者序

重视老年人的主动参与性和创造性

在使用科技应对人口老龄化的过程中,科技工作者通常都比较年轻,那么老年人在其中又应当如何参与?

库格林先生在书中提到了老年"带头用户"这一群体。这个先锋消费阶层拥有大量个人财富,天生对技术熟练,长期以来习惯了主动塑造他们的经济和物质世界。他们并非仅有消费者一种角色,而是会模糊消费者和生产者角色之间的界限,借助尖端技术产品扭转传统的刻板观念、开拓新的生活方式,如果某种产品不存在,他们就会将其创造出来。他们是走在时代前沿的消费者和变革的推动者,具有引导我们走向全新、更好老年生活的洞察力。其中,库格林先生尤其强调了老年女性的作用,原因在于:首先,老年群体中,女性由于拥有更长的预期寿命而在人数上远超男性;其次,女性在家庭消费决策中有更大话语权;最后,女性在非正式照护中占主要地位,在家庭中提供的老年照护远多于男性。

库格林先生在书中通过列举史迪奇网站、爱彼迎网站等案例,体现出老年带头用户的创新性和主动性,说明老年人有机会决定自己的命运、决定度过老年期的方式,他们有能力探索一条新路,而非仅仅依靠年轻人为他们创造某种环境。老年消费者的主动作为可以使他们通过意想不到的方式改造各种产品,使其实现自己原本没有得到满足的需求。

构建代际和谐的老龄化社会

除了为老年人提供满足他们真正需求的产品,代际和谐的社会生活环境是高质量的老年期不可或缺的一部分。库格林先生在书中通过对佛罗里达州的退休村和波士顿的比肯山村进行对比，启发我们对不同的养老居住方式引发的代际和谐问题进行思考。

退休村以阳光普照、休闲导向为特征，作为一种产品在一定程度上能够实现让老年人快乐这一值得称道的目标。但库格林先生却发现，退休村背后蕴含的老年观是老年人退休后就应当集中住在与其他年龄群体隔绝的地方，只进行休闲享乐。这种隔离居住的退休社区模式容易加剧人们认为老年人贫困且贪婪的普遍想法，也不利于代际和谐。与之相对，比肯山村的老年成员仍然与其他年龄群体生活在一起，在不失去自己的身份、家人、朋友和历史的同时，选择自己喜欢的生活方式。

库格林先生的观念与我国鼓励老年人居家社区养老的模式不谋而合。《国家积极应对人口老龄化中长期规划》提出"构建养老、孝老、敬老的社会环境。强化应对人口老龄化的法治环境，保障老年人合法权益。构建家庭支持体系，建设老年友好型社会，形成老年人、家庭、社会、政府共同参与的良好氛围。"

库格林先生在整本书中都努力表达一个观点：老年经济代表着一个新的前沿。他同时也提醒大家，前沿领域往往有各种风险，如果被错误老年观指引，探查不清未来老年顾客的真正需求，企业将很容易遭受失败。不过与此相比，库格林认为，对企业来说更可怕的事情在于故步自封、不采取任何行动，即使对那些不认为老龄化与自身有关的企业，这种不作为也会使自己被甩在后面，成为市场变革的牺牲品，因为老龄化与我们所有人都相关，它改变了每个年龄段人们的生活。而进入老年经济并占领先机的企业，可能会在变革中站对位置，为更多人创造一个更好的老年生活。正如库格林先生在老年实验室网站个人博客首页总结所说:"企业和政府正在经历一段有趣的时期,未来将会是更加老化的和科技赋能的时代。老年人的新需求、45岁以上消费者的期望,以及为满足这些需求而对科技的创造性使用,将会颠覆全世界工业化社会和发展中经济体现有的商业模式和公共政策,扭转市场和公共政策的未来。"

本书的翻译历经两载,并经过多轮校对,凝聚了以中国人民大学老年学研究所为主的众多老师与同学们的汗水与心血,我们争取信、达、雅兼顾,力求将这部优秀的作品更好地呈现给国内从事老年经济研究与实务以及关注人口老龄化对策的读者们。本书的引言由杜鹏翻译,第 1 章由博士研究生韩文婷翻译,第 2 章由张文娟教授和硕士研究生杨雅婧翻译,第 3 章由杨菊华教授及其硕士研究生张光瀛、许渝玫翻译,第 4 章由孙鹃娟教授及其博士研究生蒋炜康翻译,第 5 章由中国人民大学人类学研究所刘谦教授及李风苾女士翻译,第 6 章由谢立黎副教授翻译,第 7 章由唐丹副教授翻译,第 8 章由美国麻省大学波士顿分校老年学系博士研究生林艳翻译。全书翻译完成后,由我和我的两位博士研究生韩文婷、吴赐霖进行多次校对。最后由我和韩文婷校对定稿。在此,我谨对参与本书翻译的老师和同学表示衷心的感谢,也希望将来能有机会为广大读者介绍更多国际上优秀的老龄化相关著作。

中国人民大学老年学研究所所长

杜 鹏

2021 年 9 月

献给 Emily、Mary 和 Catherine

合作说明

在研究性出版物领域里有一个众所周知的秘密,那就是第一作者名字背后的人通常要承担大部分艰苦的工作。本书的情况也是如此。坦率地说,如果没有我的合作者兼朋友,科普作家卢克·尤昆托(Luke Yoquinto)的帮助,这本书是写不出来的。这本书里的几乎每一句话都从他的研究和报道,以及他讲故事的技巧和敏锐的编辑眼光中受益。他负责开展了本书的几次采访,并在数月的时间里帮助我将杂乱无章的想法转化为但愿读者能够认可的连贯形式。本书前面部分的一些章节源于我和卢克在《华盛顿邮报》(*The Washington Post*)和《石板》(*Slate*)杂志上首次提出的想法。对于他的辛勤工作和惊人才华以及监督推动我专心工作的能力,我要向他表达深深的谢意。

引言：长寿悖论 / 001

第一部分

1 生命力 / 025
医学生机 / 026
医学改变了，但制度依旧 / 030
效率至上 / 034
社会保障时代 / 040
走进德尔伯特·韦伯公司 / 049
一位临终者的故事 / 053

2 迷思 / 055
典型失败 / 066
故步自封 / 076
前进道路 / 080

3 未来是女性的 / 084

最终的消费者 / 086

男性与女性，以及老年期的创新 / 090

女性的反抗 / 101

消费者需求 / 106

消费者侵入 / 108

带头用户的创新 / 115

皮尔茨公司 / 121

创新：颠覆性和持续性 / 126

4 双村记 / 131

退休村的生活方式 / 136

比他人更平等 / 145

另一个村庄 / 152

最好的时代，最坏的时代 / 159

第二部分

5 充分共情与卓越设计 / 165

阿格尼斯（AGNES） / 167

思维模式 / 174

卓越设计 / 181

6 健康、安全和天马行空的思考 / 190

魔法机器 / 196

隐形的技术和幕后工程师　／201
　　降伏医疗保健之龙　／207
　　哈利·波特与翡翠城　／216
　　乐趣是魔法，恐惧是悲剧　／230

7　追求幸福　／235
　　明天去工作　／245
　　新膝盖　／251
　　社会资本和人力资本　／257
　　改变规则　／259
　　女性论坛　／265
　　让老年期看起来更美好　／270

8　老年经济的意义与遗产　／275
　　一代人的遗产　／283
　　你的遗产　／291

致　谢　／295

引言：长寿悖论

我们每个人都会变老，如果我们幸运的话。这个说法对于国家也适用：幸运，表现为国家的兴旺繁荣，一定会使老年人口不断增加，就像好的生长季会带来丰收一样。今天，世界上大多数国家都即将收获有史以来最大的一颗长寿果实：20 世纪下半叶所有富裕、教育和技术进步的成果。

其影响将会是巨大的，人口老龄化是世界各地高收入国家以及大多数低收入和中等收入国家必将面临的最深刻的变化。也许还有其他重大转变在引领我们的发展方向，比如气候变化、全球地缘政治、技术进步等，但它们的具体细节仍然悬而未决。我们只能推测伦敦将如何应对海平面上升，或者东京将如何应对自动驾驶汽车。但是我们确切地知道全球老龄化将如何发展。我们知道它将在何时何地发生，以及发展到什么程度。我们知道哪部分人口寿命可能更长或更短，以及他们对未来的准备程度。

正因为人口老龄化将会以如此剧烈而又可预测的方式显现，当公司为未来制定长期计划时，他们的优先事项清单上应该没有什么比为老龄化世界做准备更重要的了。毕竟,为意想不到的事情做好准备是值得的,但是你先要为确定会发生的事做准备。

但是,除了少数例外,公司、非营利组织和政府都没有做好准备。原因难以理解。事实上,以我作为一家致力于老龄化和商业的交叉研究机构——麻省理工学院老年实验室(MIT AgeLab)——创始人的视角看,这实在是难以理解的。

幸运的是,我可以在这里报告,已经有答案了。答案简单到令人难以置信:老年是虚构的。

这并不是说我认为关节炎是想象出来的,或者说我们都可以长生不老。我的意思是:"老"的含义——无论你是在谈论生活阶段、"老年"人口,还是你的自我观——都是学者们所说的"社会建构",人们也可以说这是大众错觉或故事,没有人意识到这是虚构的。我们现在的老年观念,有一部分是建立在生物学基础上的,但大部分是人类在过去一个半世纪,为了短期的人类目的而创造出来的。今天,我们陷入了一种与现实完全不符的老年观,这种观念已经变得很危险。它限制了我们随着年龄增长所能做的事情,这是非常令人不安的,因为我们老龄化世界的未来将自然取决于老年人的行动。这也使得企业无法满足老年消费者的真正需求,而老年消费者已经是一个实力惊人的群体,他们的规模、财富和需求也在与日俱增。

开启

世界变老有三个原因,最明显的原因就是人们活得越来越长了。美国的经历与大多数高收入国家相似:1900 年出生的美国人绝大多数都活不到 50 岁，但是到 2015 年，美国的预期寿命已经达到 79 岁。西欧、东亚等地区的寿命增长得甚至更多。在主要经济体中，日本以 84 岁的预期寿命领先全世界，比较接近的是西班牙、瑞士、意大利和新加坡。紧随其后的是大多数其他西欧和南欧国家，以及世界其他地区的佼佼者，如韩国、智利、澳大利亚、新西兰、加拿大和以色列。

如果我把这些信息教给我的研究生，教室后面的一些自作聪明的人可能要插嘴了："儿童死亡率是多少？"没错，1900 年以后预期寿命的激增最主要是因为儿童存活率远比 100 年前要高，特别是对威胁从出生到 5 岁儿童生命疾病的控制。然而，如果说我们预期寿命的增长都是由于儿童死亡率的下降，那就大错特错了。一方面，我们也降低了 20 多岁、30 多岁、40 多岁和 50 多岁人口的死亡率。例如，1900 年一个 30 岁的美国男人，在一年内死亡的可能性是现在 30 岁男人的 6 倍，而 30 岁女人在一年内死亡的可能性是现在的 12.5 倍。由于诸如公共卫生措施、室内卫生设备、没有世界大战（但愿如此）、现代医药、抗生素、更安全的工作场所，以及另外一个重要原因——更安全的分娩，我们当中能够活到 65 岁的人远比过去要多。

寿命的增长并没有停止，因为现在活到 65 岁的人还会活得更长。1900 年时，美国 65 岁的女性预期可以活到 78 岁，男性可以活到 76 岁。而现在他们的期望寿命分别是 85.5 岁和 82.9 岁。也就是说，一个世纪科技和经济的进步给我们带来的成果是 65 岁的人比过去还可以多活 7 年。这还只是在美国，日本 65 岁的老年女性平均能够活到 89 岁。没错，对于日本女性而言，活到 90 多岁现在根本就不算什么，紧随其后的是西班牙、法国、意大利和韩国女性。

但是，活得更长只是世界变老的一部分原因。更主要的原因，特别是在低收入国家，是20世纪下半叶世界各地出生率的迅速下降，而这一趋势在新世纪之交的许多国家又进一步加速了。到2015年，世界各个地区的生育率除了非洲都已经接近或低于所谓的"更替水平"，大多数高收入国家徘徊在每个妇女生育2.1个孩子左右。（保持人口稳定需要每个妇女生育略超过2个孩子，因为并不是每个孩子都能活到生育孩子的年龄。）

生育率这枚硬币有两面。正面是高收入国家生育率极大的降低，日本又是一个突出的例子：它的移民政策只有一个字（"不！"），而且生育率很低——2015年每个妇女只生育1.46个孩子。两个原因合在一起导致日本人口比东欧之外的任何国家都缩减得更快，而东欧本身也是一个由于人口外迁导致人口大量减少的低生育率地区。日本之外的许多国家，如德国、意大利、新加坡和韩国，生育率也差不多一样低甚至更低——南欧和西欧许多国家的生育率处于更替水平之下已经几十年了——但是这些国家人口减少带来的影响一定程度上被移民的涌入给抵消了。不过，德国和意大利人口预计到2050年仍会减少。美国现在生育率是1.9，要不是由于大量移民和第一代移民家庭规模一般较大的双层保护，美国人口届时也一样会减少。（实际上，除非移民政策有长期的变化，否则美国人口到2050年仍能保持缓慢但稳定的增长，这是非常特殊的。在以印度和尼日利亚领衔的为数不多的能够为2050年世界人口增长做出贡献的国家中，美国是唯一的高收入国家。）

在生育率硬币的另一面，我们看到的是低收入国家的生育率虽然仍高于更替水平，但已经从过去的高点有了大幅度的下降。印度是个很好的例子：1960年女性平均生育5.9个孩子，到2014年已经降低到2.4个，这是一个急剧的下降。类似的下降也出现在巴西、智利、南非、泰国、印度尼西亚、土耳其、墨西哥、菲律宾和其他国家。这样的下降会导致这个国家老年人口比例不断攀升。根据联合国的统计,世界上三分之二的老年人口生活在发展中国家,现在世界老年人口增长的最主要部分也是来自发展中国家。

最后,还有第三个影响全球老龄化的因素:婴儿潮一代。许多卷入第二次世界大战的国家都经历了战后生育数量的激增,虽然程度上有差别(例如日本的出生激增主要集中于20世纪40年代后半期,德国的激增比其他国家晚出现十年左右,接着又形成了出生低谷),这些婴儿现在正在变成爷爷奶奶,甚至成了曾祖父母。

由于寿命延长和婴儿潮的共同影响,我们现在生活在一个到处都是老人的世界:2015年全世界有6.17亿65岁以上的老人,大约是世界第三人口大国美国的两倍。老年人的数量到2030年将增长到10亿,并在本世纪前半叶一直持续增长,到2050年估计将达到16亿。在这段时间里,低生育率将产生影响:世界的年轻人口数量将保持不变,而劳动年龄人口将只有很少的增长。其结果是,到2050年全球65岁以上人口的比例将从现在的8.5%翻倍增长到16.7%——与2015年美国佛罗里达州的老年比例相近。

如果我们观察这个像佛罗里达一样的世界,许多高收入国家的老龄化水平已经把这个阳光之州远远抛在了后面。日本依然领先群雄。每四个日本人中就有多于一个的65岁及以上老年人,德国、希腊、意大利、葡萄牙、瑞典和其他欧洲国家的老年人口占比也已经超过了20%的关口。美国的比例是15%,由于移民和相对较高的出生率而暂时落后。但是到2030年,美国也将会加入跨越20%比例的国家行列——欢迎来美利坚阳光之州合众国——这一类别的许多国家届时将已经跨越了25%的关口。日本将会以65岁及以上人口占总人口三分之一这样令人震惊的比例遥遥领先,这是前所未有的社会。

随着其他国家也步其后尘,这一趋势将不可逆转(除非有极端事件)。当一个国家出生率下降后,就不再会大幅度提升。当预期寿命延长后,也不会收缩多少,除非遇到灾难。当婴儿潮一代中的大部分人陆续去世时,他们的孩子也到了申请美国退休者协会(American Association of Retired Persons, AARP)会员的时候,变成了老年人。简单来说,当国家变老了,就会一直处于老龄化状态。

对商家而言,重点在于:首先,老年人口显现的规模不仅仅是大。它是如此巨大,就像一个新大陆从海里升起来,遍布着 10 多亿活生生的、要得到各种产品满足他们需要的消费者。事实上,即便是用上述这样极不寻常的图景也还不足以说明全球人口老龄化的重要性。社会不仅在变老,它的运行方式也在发生变化,而且这种变化并非停留在表面。老年照料责任、医疗支出以及养老金负担都自然会增加。然而,我们也会看到许多更大范围内的变化,比如新的劳动力市场、对看似与年龄无关的产品①的需求增长(像智能家居技术)以及影响家庭结构和习惯的新力量,等等。甚至陪审团里的老人可能会更多,对法律的解释也许会不一样。

最重要的是,消费需求会在老年人消费(或者为老年人花费)飙升时出现改变。在与高收入国家未来人口结构最相似的日本,变革的征兆随处可见。唱卡拉 OK 是这个国家主要的消遣活动之一。在白天,日本最

---

① 当你继续读下去时,"产品"(product)这个词会经常出现。我用的是这个术语最广义的定义:不只是公司生产的产品,也包括服务以及两者或更多的结合。该定义适用于实体产品、金融产品、线上服务、非营利和志愿服务等的设计和营销。甚至于在某些情况下也包括政府的"产品":政策。

大的卡拉 OK 连锁店西达克斯（Shidax）现在把它经营的许多卡拉 OK 房间改造成了教室，来这里的主要是 50 多岁、60 多岁和 70 多岁的女性，她们可以从 50 多门课程中选择学习专题，从舞蹈、语言到传统插花课程都有。同时，从 2007 年开始，这个国家最大的眼镜连锁店"巴黎三城"（Paris Miki）卖出的老花镜就超过了所有其他各种眼镜。也许最能说明问题的是，2011 年这个国家最大的卫生用品供应商尤妮佳（Unicharm）公司报告称，成年人纸尿裤的销量超过了婴儿纸尿裤。到 2026 年，美国也会出现同样的变化。

虽然日本的消费经济已经出现根本性变化，日本的人口老龄化还远没有达到顶峰。世界上的其他国家才刚刚起步，而老年人群体就已经成为主导性的消费群体。高收入国家的老年人每年的人均花费是 3.9 万美元，而 30—44 岁的人群，受到学生债务和大衰退的残余影响，年人均消费只有 2.95 万美元。在所有富裕国家中老年人口最多的美国，50 岁及以上人口的花费在 2015 年达到 5.6 万亿美元，而 50 岁以下人口的花费是 4.9 万亿美元。50 岁以上人口的花费，加上下游效应，产生了价值 8 万亿美元的经济活动——占当年国内生产总值（GDP）的近一半。这样大的数字足以令人惊叹，而它代表了在任何一个国家，由单个最重要的消费群体所拥有的超大影响力。然而，尽管这个数字已经超过了除美国、中国和欧盟之外任意一国的国内生产总值，但它依旧无法说明未来将会发展到多么巨大的规模。实际上，对于那些知道如何为老龄化世界提供价值的公司来说，即使是保守的估计，甚至是最差的估计情况下，整个蛋糕也会达到 8 万亿美元。

首先，如同在日本所见到的，老龄化导致曾被认为不可改变的消费模式发生了转变。即使假定全世界老年人总的经济活动在接下来的 35 年里保持稳定，资金使用方式的改变也会给考虑投身老年经济的企业带来机遇，同时也会威胁到既得利益。

但是老年经济的消费不会保持不变。大多数国家的老年人口比例在迅速增长，未来全球范围内的消费水平将使现有水平相形见绌。仅仅是对60岁及以上的人进行测算，市场研究公司欧睿信息咨询公司（Euromonitor）预测，到2020年，全球老年人消费将达到15万亿美元，这还是在全球老龄化远没有达到高峰的时候。波士顿咨询集团（Boston Consulting Group）估计，到2030年，55岁以上人口的消费将占到美国消费者2008年以来消费增长的一半，在日本占到67%，在德国占到86%。毫不夸张地说，世界最发达经济体很快就会围着祖父母们的所需、所想、所乐来转了。

对现有消费模式的未来进行推断在一定程度上是有价值的，但还有一件没做的事情是确定理论上老年人能够花多少钱，如果他们想要或需要的话。这也是真正的机会所在。仅就美国而言，50岁以上的消费者控制着83%的家庭财富。从2007—2061年间，他们将会给他们的继承人留下令人瞠目结舌的53万亿美元（其中一部分将用于遗产税、慈善和房地产清算费用）。总之，这将是历史上规模最大的财富转移——假设这些未来的遗赠人不会先花掉这笔钱，这是一个大胆的假设。研究人员认为，美国婴儿潮一代比上一代人更不认为把钱留给继承人是重要的。在许多情况下，这不由老年人自由选择，因为许多人在去世之前就已经花光了所有积蓄。然而，尽管大多数老年人不愿意留下遗产，但他们仍旧会给下一代留下一笔巨款，这一事实很能说明问题。这表明，如果各个公司能够拿出足以激励人们购买的物有所值的产品，未来老年经济的消费会轻易地远远超出预期。

失灵

最值得注意的是,这一切都没有得到注意。这些统计和预测数字是《经济学人》《商业周刊》或《华尔街日报》的任何订户都时不时会看到的东西。我就读到过这样的文章,也写过这类文章,并被引用过——这已持续了将近四分之一世纪。到 2017 年,婴儿潮一代最早的一批已经达到退休年龄,这是最早在几十年前各个公司就已经被告知会发生的事情。然而,经济学人智库估计只有 31% 的公司在其营销和销售计划中考虑到了全球老龄化,同时波士顿咨询集团认为,只有不到 15% 的公司制定了以老年人为重点的商业战略。49 岁仍然被许多营销人员当作不愿跨越的事实上的年龄界限,只有不到 10% 的营销投入专门针对 50 岁以上的人。即便迟至 21 世纪 10 年代中期,虽然跨代投放的广告略有增加,但广告商花在千禧一代的费用比花在所有其他年龄合起来的费用还要多 5 倍。

那么老年人发现他们与面向消费者的企业没什么关系也就一点都不奇怪了。在尼尔森公司一项覆盖了 60 个国家 30 000 人的调查中,超过一半的受访者说他们"看不到反映老年消费者的广告"。在极少见的老年专题宣传活动中(大多来自制药和退休产业),老年观众发现,他们同辈人的形象往往令人不快并且过于老套。在 2014 年的一项针对 400 位 70 岁及以上老人的调查中,不到 20% 的人说他们喜欢那些似乎以老人为受众的广告,不到一半的人认为广告中的老年人是"值得尊重的人"。

与老年人沟通的失败远远超出了广告的范畴。尼尔森公司的国际调查显示,半数受访者说很难找到容易看得清的产品标签,还有 43% 的人说难以找到容易打开的包装,这两个因素都足以把客户推向竞争对手。

这些统计数字是我们知道的，而更难量化的是有多少老年人默默忍受着假定面向年轻用户所做的设计。在接下来的内容里，我将介绍一套老年模拟服，是我的老年实验室团队发明的，它有助于年轻设计师感受老年的身体状况。这很有必要，因为老年消费者不会告诉你什么困扰着他们。在许多时候，他们以为不舒服是正常的，直到他们遇到了一款产品或者一种环境从而证明这种想法是错误的。许多产品不仅没有考虑到老年人的身体状况，同时也彻底忽视了老年人的看法与形象。但是最致命也最难以估量的失误则是缺乏创新。企业或是认为老年消费者不值得他们创新，或是急于满足某些出于年龄刻板印象的需求，而并不会去评估一下这些需求是否符合实际，这些做法阻碍了多少本该出现、能够改善生活的产品成为现实呢？

在众多完全没有为老龄化世界做好准备的企业中，仍然有些亮点，而且不仅仅是在你可能期望的行业。制药和金融服务公司已经采取了一种相对积极的方法来研究人口老龄化将如何影响他们的基础业务，这应该不足为奇。但是，许多乍看上去似乎和年龄没什么关系的公司也在积极行动。例如宝马、奥迪、大众等公司现在都在试验使用外骨骼辅助装置，以便留住他们熟练的、年长的工人。我在第 7 章还会说这个问题。哈雷戴维森公司客户的平均年龄是 50 岁左右，该公司似乎正在悄悄加大力度采取新的战略，通过降低座椅高度（如果关节僵硬，坐起来更容易）和更易操作的手控装置，让小个子骑车者（也就是说女性骑车者）和年龄更大的人更乐于骑摩托车。2008 年，哈雷推出了它的第一辆"三轮摩托车"，这种三轮摩托车在职业生涯后期的公路骑士中越来越受欢迎。

但这些例子都还是些例外。就绝大部分公司而言，显然还没有为更老的世界做好准备，要么对自己的状况感到自满，要么对自己的处境毫无知觉。在讨论这个问题的许多文章和书籍中——目前，指那些几乎自成一派的经济新闻——恐吓和虚张声势的语气非常普遍。言外之意是，企业只需要清醒过来，注意到变化，开始用他们当前对千禧一代那样的热情来吸引老年消费者就行了。

似乎没人愿意承认的是，企业这样做可能是有原因的。这么想吧：如果企业事实上明知自己的最大利益受到损害，却拒绝给予老年人应有的关注，那将构成一种巨大的系统性失灵——只有当企业中的人要么是彻头彻尾的白痴，要么是老年歧视者，或者两者兼而有之的时候，才会发生这种失灵。

我不认为这个解释能完全说明现在的情况。相反，企业界明显未能按照自身最佳利益行事，这说明背后还有更深层次的原因。

问题的根源

想象一下，你坐在酒店大厅里，看见一位穿着昂贵西装的商人走近大门。他推了一下，门没有打开。他咕哝着更加用力推门，直到他最后意识到必须是拉才能打开门。他拉开门走了进来，显得挺难为情。

坐在大厅里看到这些，你可能会像我一样，自己轻声地笑一笑，然后又低头看你的报纸。但是，等一下，现在又有一个身穿笔挺套装的商人走到了同一扇门前。她在想明白怎么打开门之前也折腾了半天。嗯，你可能会思量，生意人都不怎么聪明。

现在设想一下，你在一周里的每一天都坐在大堂里，看着人们每次在进出门时都要经受同样的折腾。到了那个时候，你就不能再责怪相关人员了。你得推测一下，哎呀，那扇门有点奇怪！

• The Longevity Economy: Unlocking the World's Fastest-growing, Most Misunderstood Market
更好的老年：关于老年经济，你必须知道的新理念

天哪，衰老这件事也有点奇怪。在我的老年实验室中，我观察到各种企业都在努力应对衰老：推呀，拉呀，或者尝试控制那些不按期望行事却非常强大的消费者，而这些都是聪明的企业。更令人担忧的是那些没看清门是怎么回事就径直走过去的公司，只能碰个鼻青脸肿。

没有一家企业意识到，他们的难处不是他们的错。相反，问题在于我们对老年的看法，它是社会建构的、历史形成的，而且存在严重缺陷——被错误地规定为一扇只能拉开的门，上面却有一个"推"的标志。

在这个误导性的定义中，年老是不好的。但应该给予它一种公正的解读：老年人是好事，它是社会保持其成员健康、远离危险、接受更多教育以及掌握自己生育权的自然结果。然而，人们普遍倾向于将老年和人口老龄化视为一场缓慢演变的危机。我不知道见过多少次一个又一个群体的老龄化——国家、劳动力、整个世界——被称为"定时炸弹"。我还记得2004年我在机场书店偶然看到的一期《国际经济》杂志，它的封面故事是"老龄化：下一个定时炸弹"，附有一个穿着睡袍、挂着拐杖、挂着输血袋的人物插图。这个"人"的头是地球，艺术家设法使它看起来皱巴巴的，星球皮肤的波浪肆意地在陆地和海洋上荡漾。当然，卡在地球顶部的是一根燃烧的导火索。当我看到那个老人世界炸弹的图片时，我的头差点儿炸了。如果这就是我们对老年人群体的看法，一个被认为"老"的人怎么能指望找到一份有竞争力的工作呢？她怎么能得到创业的资金？作为消费者，企业怎么会认真对待她的需求呢？

深入研究这种恐老的文献，你很快就会发现，不断增长的老年人口，正与毁灭地球的小行星和核战争一起，被看作对人类最大的威胁之一。你很快就会知道，社会保障体系（Social Security，或者美国以外的类似养老金计划）将会崩溃，医疗护理将变得过于昂贵以至于社会难以支撑，

在现在的孩子步入中年之前税收会增加一倍或两倍,而婴儿潮一代因为没有为退休储蓄足够的钱,他们的晚年将靠猫粮生存。实际上,如果你认为我在前文中抛出的数据很惊人,和那些时代末日论者手中的数据相比,它们根本算不了什么。例如,有人认为,美国政府未来照护老年人的支出将超过 200 万亿美元。这是最容易让人记住的信息,但受到其他经济学家的批驳,他们说这个估计没有考虑到未来的经济增长,而把债务推算到无限多年后是毫无意义的做法。随着这些可怕的信息逐渐深入人心,宿命论的气氛开始笼罩社会。在美国和日本,现在都有一些严肃的公共知识分子在谈论,如果老年人能"赶快去死",我们面临的许多问题都会得到解决,这是日本财政大臣麻生太郎的原话。隐含的观点是,老年人的生活不值得让老年人继续活下去。尽管大多数人不会那么极端,但总体上对老年人群体和老年持有负面看法是极为普遍的,也不顾中年以后心理健康水平逐年提高的事实。对老年人的隐性偏见在不同年龄的人群中非常普遍。这种偏见根深蒂固,你甚至可能都不知道自己怀有这种偏见。要骗过一个隐性偏见测试①非常困难,甚至我自己都被测出相比老年人的形象会稍微更加喜欢年轻人的形象,而几年前我就想摆脱这种偏见了。

如果你和大多数人一样,那么当你想象"老人"时,脑海中会浮现出一个特别的印象。虽然不同国家有所不同,但我们一般会认为这个群体是单一的、同质的人口群体,他们靠别人的慷慨来生存,因为不能自

---

① 如果你对此感到好奇,那么很容易测试自己是否有隐性偏见。"隐性偏见测试项目"(Project Implicit),一个由多所大学的研究人员运营的网站,可以使你测试各种偏见(https://implicit.harvard.edu/implicit/takeatest.html)。只需要 10 分钟,我敢打赌你一定会惊讶于测试的结果。

给自足。我们希望老年人与我们分开居住，安静地隐居在退休社区、老年公寓和养老院里，只有当其他人都在工作的时候，才会出现在购物和用餐的地方。我们认为他们的自然角色是商品、服务和理念的消费者，从来不会把他们看作生产者。最重要的是，我们认为他们喜欢这样。因为我们被教导认为退休是长期工作的回报，所以我们认为（经常不顾个人经验）不工作并与其他年龄的人分开就是在实现梦想。在这些对年龄的常见解读中，老年人总是贫困的，因为人们认为他们由于身体状况而无法养活自己；老年人也是贪婪的，因为人们能看到他们在到处游玩享乐，并且还默认假设他们在花别人的钱。

综合起来，这些关于老年人的看法加起来就构成了一幅感觉完整的消费者图景。休闲产品和放松一定是老年人想要的，而针对日益衰老的身体的医疗和便利性产品也一定是老年人需要的。同时满足了老年人需要和想要的，企业、非营利组织，甚至政策制定者都不需要额外动脑子，就可以了解他们应该为老年人做什么。贫困而贪婪的"老年人"印象被如此全面地描绘出来，以至于几乎没有人会去思考哪些方面在生活中才是真实的。

而且，公平地说，这个印象的某些方面是有事实根据的。随着年龄的增长，我们的身体情况确实会越来越不好，这使得我们越来越不能独立，我们中的很多人最终都需要被照料。虽然大多数人永远不会患上失智症，而且与失智症无关的认知能力下降的影响被严重夸大，但失智症确实几乎总是发生在老年阶段。死亡也是如此：1900年时，美国大多数人在50岁以前就去世了，死亡一直对每个人都是一种持续的威胁。相比之下，今天美国81%的死亡发生在65岁之后，这代表了对一个总是密谋杀害我们的社会的伟大胜利。然而，在这个过程中，年龄带上了病态的色彩，现在年老是我们唯一预期会死亡的时刻。

与此同时，就像许多其他可能对变老的认识一样，人们没有认识到，老年也是人生中唯一经常看到寿命不断"增加"的时候。"老年人"构成了一个如此多样化的人口群体，以至于很难简单描述他们的特点。根据你如何定义老年的开始，这个群体可以是50岁以上的所有人，他们的生理健康、认知能力、财富水平各不相同，有着在这个蓝色地球上所发现的各式各样的性格和意识形态，以及各个种族、国籍、信仰、性别和性取向。是的，许多事情随着年龄的增长而变得越来越困难，生理现实最终会限制我们随着年龄的增长所能取得的成就。但是，每个人的衰老过程都不一样。我们都以独特的起点进入这个过程，然后每个人都以不同的速度经历各种各样的生理体验。认为老化状态是从50岁、65岁或其他某个年龄突然开始并保持不变的观念是不符合逻辑的。同样，认为只有一种度过老年期的正常方式的观念也不符合逻辑。

如果我们对老年人的传统思考方式没有与生物学、经济学或社会学事实紧密联系的话，那么它一定包含了虚构的成分。由于我们在思考年老时容易受到思维限制，在考虑怎样才是度过人生晚年生活的正常方式时，我更加偏爱的用词是"老年观"（narrative of aging），即一种代代相传的故事。

我们给自己讲故事，是因为它们会教育我们。我们给自己讲故事，是因为它们让我们感觉到某种情绪。我们给自己讲故事，是因为它们帮助我们理解生命的恩赐，由于生命是一种没有附带说明的礼物。几代人以前，特别是在19世纪末20世纪初，我们发现自己被赋予了那份增加寿命的珍贵礼物，但我们还不知道该怎么处理。我们求助于故事来弄清楚它，只是碰巧，正如我在第一章中所描述的，现有的老年观教给我们把新的礼物看成是一种负担。

随着我们的平均寿命继续增加，这种架构对从政策到老年人的自我观念都产生了广泛的影响。它还影响着企业如何在产品中重视或忽视老年人。它会继续妨碍面向老年人的创新行为，因为针对老年人口的"解决方案"几乎总是局限于休闲产品（给贪婪的老年人）和身体需求（给贫困的老年人）。而并没有人关注当今的老年人渴望成为怎样的人或期望达成怎样的目标，企业每天都在关注其他年龄群体的新渴望，但却没有一家企业关注老年人的新渴望和新需求。

我们的老年观已经使企业损失惨重，比如失败的新产品、错失的机会和偏离目标的产品。更糟糕的是，因为产品和营销强化了社会规范，故事的预言变成了自我实现。把老年人仅仅当作需要照顾的、贪婪的麻烦来对待，而不是当作一个有着不同目标和动机的庞大人群，其结果就是每天提醒我们，老了就永远是索取者，而不是给予者；永远是一个问题，而不是一个解决方案。更令人不安的是，低于标准的产品限制了我们自身的发展。当我们变老时，我们根本没有所需的工具来保持我们在工作中的竞争力，或者在文化上做出贡献、与世界保持联系、尽可能长时间地保持独立，因为这样的产品要么还不存在，要么是为年轻用户设计的，或者尽管是为老年用户设计的，但它们的表现方式却使许多人感到尴尬或难以使用。

然而，这种与老年消费者沟通失败的现象即将结束。我们新的更加老龄化的世界即将到来，现今的老年观很快就会被取代。现在是最好的时机。如果当前的不正常的老年观继续存在，那么老年人口数量的不断增长将意味着老年末日论者的许多最糟糕假设——那些满脸皱纹的地球"定时炸弹"——将成为现实。老年将成为拖垮社会的锚，就像我们的老年观所预言的那样。

但它不会变成那样，因为即将到来的更老的世界包含着让那个观念消亡的种子。你可能听说过这些变革的推动者，因为他们已经统治世界30年左右了，他们被称为婴儿潮一代。

父母警告我们要小心的那群人

事实上，在世界永久变老之前的关键时刻，婴儿潮既是形成"人口定时炸弹"爆炸力的主要力量，但同时也正准备显著改善人们的老年体验。就像雕刻家的凿子一样，婴儿潮一代在其一生中也在用自己的经济需求形塑着周围的世界，各国最美丽的景观也符合他们的奇思妙想。在全球范围内，在婴儿潮一代的眼皮底下，能源消耗增长了6倍，化肥消耗增长了20倍，用水增长了3倍，而且主要大坝的建设速度也增长了6倍。自1975年以来，全世界铺设公路的总里程已经增加了两倍多。仅在美国，从20世纪50年代开始，婴儿潮时期出生的孩子们，就激发了他们"最伟大的一代"父母去第一批批量建设的郊区购买独立的家庭住宅，这些房子沿着州际高速公路的走廊延伸，就像人行道缝隙中的草一样。购物中心就是在这样的环境中诞生的，而且迅速增多。当最早的婴儿潮一代在20世纪60年代末和70年代购买他们的第一套住房时，他们克服了经济停滞，推动了公寓住宅的建设。商场越来越大。到20世纪90年代，随着婴儿潮时期出生的人能够买得起更贵的东西，美国各地出现了更大的房屋。像沃尔玛这样的大型连锁超市占据了市场。大量新的小型货车和运动型多功能车运送着婴儿潮一代和他们的后代。不管你对这种生活方式的印象如何，有一件事是肯定的：婴儿潮一代想要什么就得到了什么，不论这些事物是否符合前辈所谓的好或正确的标准。用吉米·巴菲特（Jimmy Buffet），婴儿潮一代的著名乡村歌手（我最喜欢的饱经沧桑的诗人）谦逊的话来说："我们成了父母警告我们要小心的那种人"。

然而现在，婴儿潮一代所面临的未来，并不能提供给他们想要的东西。今天的产品是在现行老年观的认识背景下生产的，那种单一的、同质的观念与现实中各种各样老年人的生活方式大相径庭。其结果是，如今的老年人与为他们生产产品的企业之间的关系并不是很融洽，以至于除制药和金融服务以外的行业甚至都不愿意为他们生产什么。他们承受着这些产品带来的侮辱，或者缺乏这些产品，有时候老年人不吭声，有时候大声呼吁，但很少有真正改变什么的希望。

婴儿潮一代进入老年了。在技术允许的情况下，企业和产品一直以来总是会随着他们的兴致转。当婴儿潮一代发现老年不像那样的时候，我不指望他们能安静地接受，我期待他们反抗。他们会要求符合他们需求的产品，并惩罚那些没有提供这些产品的公司。正如我之前解释的，这些产品必须与婴儿潮一代的老龄化身体相配合，并尊重他们在过去几十年中建立起来的思维模式。这些产品还需要利用尖端技术，以一种高度可用的方式使其方便获取，而不会显得迟钝或笨拙。最重要的是，婴儿潮一代会需要那些让他们在老年时期感到兴奋和愉悦的产品，就像他们生命中其他阶段的产品一样。习以为常的米色和灰色调的物品、出于"为了你好"而提供的服务——像这样的方法已经完全行不通了。

简而言之，婴儿潮一代将在老年经济中扮演一种分类机制的角色，无情地将那些解决他们真正需求的公司与那些对老年人按照陈旧、错误的旧观念行事的公司分开。最终的影响将是深远的：一种新的、自然出现的老年观，会反映在私营部门制造神话的体制中并使之正常化，它并不遵循过时的老年观，而是严格遵循人们真正想要的生活方式。在某些方面是缓慢的，但在某些方面速度惊人，一种新的、更好的老年生活的新观念将取代我们现在的老年观。

写下这个新故事开端的机会，正好落在了企业身上，这同时也给私营部门带来了最意义深远的机遇和责任。这本书的主要目的是帮助企业理解这种勇敢的、老龄化的世界，并在其中取得成功：使他们能够利用婴儿潮一代对更好的老年生活的高度期望，避免像其他人一样被抛弃在创造性破坏的尘埃中。

首先，在第一部分，我将描述我们是如何形成现在这样的老年观的，并且介绍那些将会指引我们走出困境的人。第 1 章描述了我们关于老年的奇特且极其不准确的神话是如何在 19 世纪的医疗实践中产生的，以及社会制度是如何将这种看法固化下来的。第 2 章延续这个主线，深入研究老年观如何导致了一些历史上最灾难性的产品失败，以及它是如何继续限制设计师、工程师、发明家和其他人的想象力的。第 3 章是关于变革的推动者：他们将模糊消费者和生产者之间的界限，并且设计出能够满足未来老年人真正需求的产品。总的来说，这些创新者将会是老年妇女。在第 4 章，我们会休息一下，去佛罗里达州来一趟不怎么轻松的旅行，这里的退休村（The Villages）是世界上最大的封闭式退休社区和流行的老年观最坚固的堡垒。然后我们去另一个由老年人经营的退休村并进行比较。对企业来说，当前老年愿景的哪些方面是商业发展绝对必不可少的？哪些会对代际共存构成威胁？

在第二部分，我会从第一部分中提取见解并描述如何将它们转化为产品。第 5 章是一个导航指南，指出哪些设计陷阱和问题会阻止一个产品令年长的用户感到兴奋和愉悦。在这部分，我会介绍"卓越设计"的概念，使东西不仅适用于所有类型的用户，而且使用起来感觉很好，以至于人们千方百计想要得到它们，即使他们并不特别需要。在第6章中，我将深入探讨如何服务于老年人的医疗保健和护理需求，不是把这些解决方案作为最终目标，而是作为实现老年人抱负和目标的一个垫脚石，后者也是第7章的主题。最后，第8章将阐述遗产，这是许多面临有限剩余生命的个人所关心的问题，也是婴儿潮一代所关心的问题。

历史将如何记住婴儿潮一代仍然是一个悬而未决的问题。例如，他们会被视为引发环保运动的一代，还是毁灭环境的一代？他们会被视为结束冷战的一代人，还是扼杀对组织机构信任的一代人？

答案可能是"以上全部"。更重要的是，我相信婴儿潮一代还会留下一笔遗产。由于他们的聪明才智和经济需求，婴儿潮一代有潜力为各个经济阶层、不同国家甚至是更遥远的未来的老年人打开可能性。

就目前情况来看，老年群体内部是非常不平等的。虽然大多数国家的人口由于出生率的降低而日益老龄化，但享受我之前提到的超级长寿果实的却主要是富裕社会，而且大多是这些社会中的高教育程度和高收入群体。在美国，高收入人群通常活得更长，非裔美国人和美洲原住民的预期寿命尽管最近有所增长，但低于白人、拉丁裔和亚裔美国人。与此同时，2014年白人女性的预期寿命下降了，这是一个罕见的、令人不安的意外人口变化。而且在2014—2015年，由于白人男性、白人女性和非裔男性美国人的中年死亡率上升，美国人口总体的预期寿命也下降了。这种普遍下降对美国来说是独一无二的，在几十年的上升趋势中也只是突然而暂时的变化，它掩盖了一种令人不安的差异：富裕的、受过高等教育的美国人正在享受持续长寿带来的好处，而比较贫穷、受教育程度较低的人群正在承担长寿的严重损失。一个叫作健康预期寿命的指标，衡量在没有虚弱和残疾状态下预期能够存活多久,给出了类似的结论:更富有、受过更好教育的人不仅寿命更长,而且晚年身体更健康。

在最近几年美国有所上升的死亡原因中,大多数原因至少在一定程度上是可以预防的,包括心脏病、中风、2型糖尿病、自杀、药物和酒精中毒。但人们对此却没有进行预防(尤其是低收入、低教育水平的人群),这既令人震惊,又令人困惑。总而言之,在未来,也许只有世界上的富人才会享受延长了的寿命,而不那么幸运的人们则会更早生病死亡,有时候甚至早得多。从历史上看,财富总是让人更容易长寿,然而事实上,对于某些低收入人群来说,情况正在变得更糟,而不是更好,这太令人失望了。

为了扭转这个进程,有很多事情可以做而且必须做。改变老年的基本规则是最重要的。公司可以构建晚年生活的愿景,使其不仅仅是悲惨的中年生活的翻版,如此,公司不只能从中获得丰厚回报,还可以帮助老年人及其照料者,使老龄化社会更好。他们还将创造一个重视老年人贡献的文化环境,这可能会让那些需要就业的人更容易找到工作。他们会生产出更好的科技产品,并且会不可避免地商品化,从而不断提高各个收入阶层的生活质量。最重要的是,他们将给年轻人和中年人一个对未来充满希望的理由。考虑到可预防的自我毁灭行为对公众健康造成的巨大损失,这是不容忽视的步骤。

这一切都要从今天开始,企业要找到投资于不断发展的老年市场所需的远见卓识。这可以从企业认识老年消费者开始,仔细聆听他们的需求,并为他们打造更好的工具来与周围的世界进行互动。这需要有一位勇敢的领导者,愿意树立一种全新的老年观。

总之,一切从这里开始。

PART
1

第一部分

1

生命力

  我们今天了解的"老年"概念似乎已经存在了很久——也许因为它让人感觉无法抗拒，所以人们认为它是一种自然规律而不是人为结果；也许因为被我们视为老年人的那些人已经存在了很长时间，所以我们的老年观念也一定同样庄严。但事实上，我们只是在不久前才接受了一种全新的老年观并将其视为理所当然。我们现有的老年观——我们告诉自己生命的正常历程应该如何发展，并最终走向贫困、贪婪的老年——仅仅是一种比较新的发明。历史上，在许多文化和不同时期中，变老是一种个人经历——不是给每个人都设定一个年龄，也并不遵循同样的准则。然而在19世纪下半叶，当第一个主要针对老年人的养老金计划、养老院和其他机构在欧洲和北美出现时，情况就开始发生变化。这些机构都会把年长的个体归于一个单一类别——"老年人"——然后让公众相信这群人是一个需要解决的问题。

  这些机构形成的时候医学仍旧是比较年轻的学科，还处于从古老的体液学说向现代病理学转变的剧痛时期。当医生们开始用疫苗、麻醉、无菌手术以及公共卫生措施来战胜以前无法解决的医学难题时，年老引起的生理问题在医疗干预下却顽固不变。因此，医生们开始认为老年人的疾病与其他年龄人群的疾病并不一样，并在此过程中，认为老年人的身体也从根本上不同于年轻人。

 ## 医学生机

19世纪中叶，公众开始学着信任科学，尽管用今天的眼光来看，当时的实证研究还是那么原始。在生物学（这是1802年才被发明的术语）领域，我们今天认为理所当然的一切在当时都在等待被探索。那时流行的一些观念尽管（经常）无法获得科学证明，却依旧具有影响力。也正是在那个时期和那种研究环境中，社会达尔文主义和骨相学开始繁盛，还流行着一种关于老年的医学理论，虽然它今天已被彻底证伪，但仍旧影响着我们关于老年期的看法。

在19世纪中后期，西方医学赞成年老就意味着某人已经丧失了"生命力"（vital energy）——这个词那时还不仅仅是一种隐喻。科学家和医生都认为生命力是一种有形的、切实存在于身体及体液中的物质，每个人都有一个有限的生命力蓄水池，并会随着生命进程而逐渐枯竭。当你的生命力不足时，你就老了；当这个蓄水池空了的时候，死亡也就随之而来。

这个概念和维多利亚时代医生们的世界观也在几个方面比较吻合。例如，它解释了为什么年轻人的疾病比老年人的疾病更好治疗，这种现象在19世纪早期的医学文献中都被忽视了。医生们认为生命力的流失造成"随之而来的身体衰弱"，让老年人的身体更易患病，而年轻人则可以避开这些疾病。这个理论也符合美国的一些宗教思潮，它们都受到19世纪 30 年代最为繁盛的第二次大觉醒的影响。你出生时拥有的生命力总额是你的个人财富，是好好使用还是浪费，却是你自己的责任。

哪些行为会过度消耗生命力，导致过早失能或死亡呢？当然是享乐的那些行为，但具体是哪一项则根据你咨询的专家不同而有所变化。历史学家卡罗尔·哈伯（Carole Haber）说："有些专家会归咎于喝酒，有些提倡节制饮食，另一些则会宣扬吃蔬菜和红肉的优点。"不论你问谁，关键的一点都是要适度："如果死亡是由于能量耗尽，那我们的目标就是……通过吃正确的食物、穿适量的衣服、实行（或克制）某种行为来尽力节制它的消耗。"

记住，当时的社会还没出现像基思·理查兹（Keith Richards）这种引人注目的例子。

性生活——尤其是不以生殖为目的或自我享乐类的性生活——是应该完全避免的。尤其对男性而言，个人生命力衰减的表现是非常明显的：在婚姻生活中一切都不像以前那样顺利。医生无一例外会告诉这些可怜的人都是他们的错。个人不明智的行为——无论是近期做的，还是已经快要遗忘的年轻时候做的——都会累积起来。"到了 19 世纪中叶，医生代替牧师成为反对手淫的十字军领袖"，历史学家卡罗琳·托马斯·德拉佩纳（Carolyn Thomas de la Peña）说，"个人体内的生命力存量成为比灵魂更重要的问题。"一些自诩为专家的人甚至用这种标准来量化生命力的流失。其中一个信誓旦旦地说："男性精液所含的生命力是从心脏中流出的等量血液的四十倍。"①

---

① 他有充分的理由来制造这种说法：他在卖"电磁腰带"，声称可以通过将具有治愈作用的电流直接通向生殖器而补足人们枯竭的生命力。主流医学相信生命力流失不可逆，因此并不采纳这种或其他类似的方法，例如生理学家查尔斯·爱德华德·布朗（Charles Edouard Brown-Séquard）有名的长生不老药，内含碾碎的豚鼠和犬类睾丸的提取物。

在19世纪50年代和60年代的欧洲大陆，生命力理论开始衰落，因为法国和德国病理学家意识到他们在老年人遗体内发现的损伤、纤维组织以及钙含量可以对一些年老带来的身体不适问题提供一种生理学方面的解释。但在美国和英国，即使那些了解欧洲研究成果的人也更加相信他们原本的信仰：在遗体内观察到的任何现象都只是归因于生命力的流失。也许这种观点的一个最好例证就是病人生命中存在一个生命力突然开始明显减少的时期，英语国家的医生称之为"更年期阶段"或"更年期疾病"。人们认为女性更年期发生于45岁到55岁之间，并和绝经有关；男性更年期则出现在50岁到75岁之间，表现为皱纹、白发以及身体虚弱。在一些情况下，就像一位医生描述的，这种"躯体能量的大幅衰减"似乎进行得非常迅速甚至剧烈——当然结果就是生命力达到危险的低水平状态。如果你恰好在这个年龄段并且显示出更年期症状，含义就很明显了：你需要停止一切正在做的事以保存剩余能量——避免如一位医生1853年写到的"过度劳累"。不幸的是，如果你是一个活生生的人，你极有可能已经显现过几种警告讯号。一位医生在1899年列出这样几类症状："头痛，头晕，视力模糊，皮肤泛红，情绪波动，阶段性道德扭曲，易怒，不耐烦，甚至是智力障碍（尤其是记忆力和注意力）。"

哈伯说："迄今为止，更年期疾病最严重的症状是精神病。"更年期"精神病"这个词包含一系列我们今天称作失智症的症状，但也包括温和得多的、在正常老化过程中出现的认知症状。医生注意到在更年期过程中及之后，精神病可能会突然出现，有时甚至早在某人50岁时就出现，更加常见的是在70岁或80岁时逐渐显现——根据个人生命力储量不同而异。早在19世纪初，医生们就曾试图区分反常痴呆与正常老化带来的认知症状，但到世纪末，大部分医生都一致认为几乎所有老年人都会经历同样的精神病，只是程度各异。

更糟的是，虽然并不是每一位老人都会经历最严重的精神病，但专家还是让医生留意早期细微的征兆。哈伯说："甚至在一些病例中，老年人看上去很健康活跃，但大脑却在经历进行性的、不可逆的衰变。"结果就是，仅在表面上衰老但心理健康的老年人发现不仅他们的身体状况被诊断出问题，而且精神状况也被诊断出问题。几个世纪以来将老年作为智慧源泉的观念被抛诸脑后，现在人们认为年老就意味着丧失头脑灵活性、人生乐趣以及自控力。一位作家认为工业信贷银行（Crédit Mobilier）丑闻——1872年一场扰乱美国政治的铁路巨额贪污案——的发生是由于其参与者过于年老。西格蒙德·弗洛伊德（Sigmund Freud）曾经积极复兴那些关于人类心智的传统智慧，但他在1904年时却坚持说"老年人是无法继续被教导的"，并且那些"接近或超过50岁的人都缺乏……心理治疗所需的精神方面的可塑性。"但显然的是，他说这话时已经48岁了。

只有家庭医生才能就某位老人是否头脑清醒这个问题下结论，这使得他们在遗愿和遗嘱等法律问题上拥有很大的发言权。这种诊断老年人精神状况的主要标准代表了人们态度或行为的显著转变。就像"第二十二条军规"（catch-22）*，人们经常指责老年人心态僵化或固执，但如果

---

* "第二十二条军规"的比喻取材自美国作家约瑟夫·海勒创作的长篇小说《第二十二条军规》，该书通过对驻扎在地中海一个名叫皮亚诺扎岛（此岛为作者所虚构）上的美国空军飞行大队所发生的一系列事件的描写，揭示了一个非理性的、无秩序的、梦魇似的荒诞世界。在该小说中，根据"第二十二条军规"理论，只有疯子才能获准免于飞行，但必须由本人提出申请。而你一旦提出申请，恰好证明你是一个正常人，还是在劫难逃。第二十二条军规还规定，飞行员飞满25架次就能回国。但规定又强调，你必须绝对服从命令，要不就不能回国。因此上级可以不断给飞行员增加飞行次数，而你不得违抗。如此反复，永无休止。——译者注

他们的习惯或信仰出现明显变化，人们又会将他们当作精神病。只有表现得像"老人"一样，才会被认为是心智健全的。就如T. S. 克劳斯顿（T. S. Clouston）医生1884年所说："老年人内心总是渴望休息。"

人们假设一旦进入更年期阶段，个人生命力储备就会渐趋枯竭，医生帮不了你——你自己也做不了什么，就这样，否则就容易生病和被指责为心理不健全。在20世纪初的医学看来，一旦你表面上衰老，则无论你看上去多健康或心智如何敏锐，你能做的就只有退出社会并休息，为生命最后阶段的冲刺保存生命力，关键是你不能继续工作。老年学专家布莱恩·格林（Bryan Green）说道："在这些讨论中，不存在健康老龄化观念。"年老将你从经济生产者变为消费者，从默认的健康人变为仍旧健康的病人。而慈善机构、企业和政府对此做出应对措施就只是时间问题了。

医学改变了，但制度依旧

随着时间推进到20世纪，病理学领域具有洞察力的理论最终使人们不再相信老年生命力理论。但首先，生命力理论塑造了社会、文化和经济制度的强力发展，依据的理念是一旦年老，唯一的选择就是停止工作，休息，并为最糟糕的事做好准备。受这个医学思想影响最大的领域当属慈善贫困救助，它转而向公众说明一旦生命力耗尽，生活将会有多悲惨。第一次世界大战爆发后，贫困救助机构开始重新构筑"老年人"在公众中的形象。一旦个体及其家庭开始经历老龄化，我们就必须从宏观角度解决这个问题——这种思维如此根深蒂固以至于今天许多人都发现很难用其他方式看待老年人。

这个时期开始将"老年人"作为统一群体并将其定义为一个难题。19 世纪中后期开始出现一些人口学测量概念，如死亡率、出生率、失业率，这些概念引出了一个有史以来就存在于人们眼前却从未被注意到的统计学发现——人口老龄化。格林说到，史上第一次，"人们能够通过统计学'看到'人口老龄化，它也成为一个明显的政治问题。"

只要你是总体的一部分，人们就会开始决定怎么解决你的问题。后结构主义哲学家米歇尔·福柯（Michel Foucault）说道："经济和政治领域'总体'理念的出现是统治权力技巧的一大创新。"在应对老年人口的困境问题上，个人代理权的丧失清晰可见，临界点发生在 1909 年到 1915 年之间，此时一些机构开始将目光第一次转向老年人口。几年间，美国出现了第一个老年公共委员会、关于老年人经济状况的大量调查、州级养老金体系以及联邦养老金条例。与此同时，1909 年人们发明了医学词汇"老年医学"并在 1914 年出版第一本相关教科书。几年间，老龄化成为一个总体规模的现象，人们开始正式思考它——也想解决它。

但问题是，如何解决？社会将让贫困、贪婪的老年人自己对自己负责，然后不情愿地提供帮助吗？抑或，人们不会去责备老年人的不幸，而是有包容心地伸出援助之手，认为他们值得帮助吗？

最终，后者将会取胜。在美国和世界各地，当今人们认为在成年人群体里，老年人是有权从税收收入中获取援助的特殊群体。但在 20 世纪初，这种观念还远未形成。事实上，如果说有一种力量比任何其他力量都更需要为解决老年人的困难状况负责的话，那就是济贫院制度，一种针对"不值得帮助的"穷人的强有力的羞辱工具。一个多世纪以来，如果老年人陷入困境，它都是一个标志性的援助机构。

济贫院是19世纪中后期伴随美国的工业化城市一起出现的。在此之前，在18世纪的农村地区，大多数接受家庭以外经济援助的老年人都得到了"院外救济"：由社区或教堂提供的金钱、食物、柴火。这是出自大西洋对岸《1601年伊丽莎白济贫法》（Elizabethan Poor Law of 1601）的一个术语，它是与"院内救济"相对而言的：这是指将老年人安置在济贫院中。在新兴的美国农村地区，伊丽莎白式的院内救济还很少见，那些身体状况不足以照护自己也没有家人的人都被安置在邻居家中而不是机构中，并由当地税收进行补贴。然而随着美国城市发展，济贫院越来越常见，它们是令人不愉快的、狄更斯式的地方：供暖不足，人群粗鄙，管理者都是想让大家辛劳工作的严格的人。无力支持自己的老年人经常发现他们的床铺被安排在罪犯或酒鬼旁边。这种令人不愉悦的环境是人为设计的，被称作"科学慈善"的一部分。"院内救济"这么严格是因为人们想限制对公共失业救济金的依赖，虽然它的人均成本比"院外救济"高，但它依旧在城市中流行了起来。

然而在19世纪，各种给特殊人群的"院"开始出现，济贫院也开始发生变化。不久就出现了为无法看到、听到或说话的人专门设立的机构；接着是面向青少年犯罪者的机构；明显不同于济贫院的孤儿院也变得普及，给那些不愿意但有能力工作的穷人专门设立的贫民习艺所也突然开始出现，而年龄最大的那些人则留在了原来的济贫院中，很快老年人在其中所占的比例就超过了其他群体。

与此同时，在讨论老年人的健康问题时，生命力消耗论主导了当时的医学思维。医院和精神病院的医生无法为老年病人提供任何帮助，因为根本原因是无法治愈的：耗尽的生命力。作为应对，曾经给所有年龄的贫困者提供最后一处落脚处的济贫院，变成了患有失智症或其他疾病的贫困老年人的居留之处，即使他们无法被治愈，也会被当作病人受到治疗。1903 年，纽约市救济院（the New York City Almshouse）承认它原本的职责已经极大改变，并更名为老弱之家（the Home for the Aged and Infirm），其他机构也开始跟着这样做。

更改济贫院的名字并没有消除它的污名。虽然大多数老年人都不住在济贫院中，但路过的人都可以看到里面挤满了老年人。一种新的恐惧开始滋生，由于每个人最终都会丧失生命力，导致我们无法自给自足——因此拥挤的济贫院一直都在提醒我们当我们无法独立自主时将会发生什么——含义很清楚。亲爱的工作者，亲爱的母亲，这也会发生在你们身上。

更糟糕的是，1887 年人们发明的新概念"失业率"已经说明宏观经济的动荡可以剥夺勤劳的、能干的人们的工作。人们早已知道坏运气具有摧毁一个人的可能性，但当人们意识到存在以前从未见过的控制劳动力市场的巨大力量时，他们关于工作的观念也变了。如今，即使是最刻苦、最强壮的工人也会因为外部原因而身无分文，大家也都知道当那些赤贫者变老之后都去了哪里。

济贫院隐含的威胁对大众文化的影响非常深刻。它启发无声电影的开创先驱（也是个臭名昭著的种族主义者）戴维·格里菲斯（D. W. Griffith）1911 年拍摄了纪录片《年老时我们该怎么办?》（What Shall We Do With Our Old?），片中讲述了一位白头发木匠的工作被更年轻的工人取代之后他和妻子忍饥挨饿的故事。也许更能引起人们共鸣的是威尔·卡尔顿（Will Carleton）1872 年的一首诗《翻过山去济贫院》（Over The Hill to the Poor-House），这首诗首先被刊登在《哈勃周刊》（Harper's Weekly）的封面上，后来的同名歌曲和同名无声电影也受到了它的启发。如今，我们仍旧会担心"翻过山"这个说法意味着什么——这个短语很有可能是从卡尔顿的诗中传出的——也担心这段旅程是否会将我们引向现代的济贫院：政府资助的养老院。

但是还有一种可能的解决办法：养老金。如果你生活在19世纪末或者20世纪初，并且经济上无法自给自足，那么公共或私人养老金是你抵挡最终的贫困和制度化的最好办法。对养老金的需求在南北战争之前还寥寥无几，但很快就像滚雪球一样越来越大。到1932年，48个州中的17个都有了成文的养老金法案（虽然加利福尼亚州、马萨诸塞州和纽约州就占了全国养老金支出的87%）。院内救济和济贫院的设立本是想防止人们依赖他人的劳动成果，但其可怕的威胁却讽刺般地使越来越多的人强烈要求建立公共养老金这种财政支持。这种公共支持政策的萌芽使人们逐渐意识到，当整个社会上出现贫困老年人这个尤其需要关注的问题群体时，我们更应该为其提供财政支持，而不是责备他们。

正是这些养老金制度使我们现有的老年观更加完整，尤其是社会保障制度，它起初并不是养老金制度，但最后却成为总领其他养老金制度的一种事实上的养老金制度。一直到20世纪30年代，公众都习惯将"老年人"看作无工作能力、疾病缠身和可怜的人群。但直到人们普遍将退休当作人生的一个阶段之后，这种老年观才被广为接受：人们65岁之后就会变成这样。

效率至上

我们现有的退休观非常根深蒂固，它将退休期视为和中年期与儿童

ONE 1

生命力

期同等重要的一个生命阶段。与此同时，2015年有67%的劳动者表示他们计划"退休后继续进行有收入的工作"，这种充满矛盾的说法表现出我们对到底什么是退休这件事仍然困惑重重。问题在于，退休实际上不只有一重而是有两重含义。首先，它意味着中断（或缩减）工作，通常在65岁左右。其次，它意味着在此之后你将做些什么——一般都会追求享乐。在我们现有的退休观中，第一层含义的常态化导致了第二层含义。

这个普遍性地将65岁看作停止工作的年龄的迷思开始于1875年，彼时，德国首相奥托·冯·俾斯麦创立了世界上第一个全国性的老年社会保险项目，目的在于消除来自左翼煽动者的压力。俾斯麦决定将项目门槛年龄设为65岁，因为他当时就是这个岁数，之后其他国家纷纷效仿。

这件事也有积极影响：美国在1935年设立社会保障计划时确实参照了德国和其他国家的经验。但德国其实在1889年俾斯麦74岁时曾将退休年龄改为70岁，直到他去世18年后的1916年，在人们的要求下又重新改回为65岁。而在此之前，1890年时，美国就已经开始广泛实行自己的老年保险计划：联邦军养老金制度（the Union Army pension）*，门槛年龄为60岁，旨在为内战退伍军人及其遗孀提供支持。到20世纪初，此计划已成为美国最广泛的政府援助计划，几乎占联邦财政预算的30%，大约覆盖65岁以上人口的四分之一——此计划空前全面，尤其是考虑到移民和南方联盟军的退伍军人并没有资格领取。

在这些计划出现之前，老年劳动者并不期望退休，因为退休至少意

---

* 此处的"联邦军"指美国南北战争时的北军。美国南北战争（1861—1865年）是美国历史上一场规模最大的内战，参战双方为北方的美利坚合众国和南方的美利坚联盟国，合众国军队一般称为"北军"（Union Army），本书译为"联邦军"，联盟国军队一般称为"南军"（Confederate States Army），本书译为联盟军。——译者注

味着收入的大幅削减，并伴随着社会地位的丧失。人们都希望尽可能推迟它的到来。

联邦军养老金制度第一次让人们觉得这个惯例可以改变，部分老年人可能自愿停止工作。1904 年之前，联邦军退役军人必须在体检时确诊疾病或残疾才可以领取内战养老金（Civil War Pensions）。但由于医生们已经将老年看作一种本质上的衰弱，因此他们无法将"合法"残疾与单纯的老化区分开。20 世纪初，养老金委员会建议医生简化程序，只依据年龄发放养老金。1904 年，西奥多·罗斯福（Theodore Roosevelt）总统将其以行政令正式确定下来。根据年龄而不是疾病症状，所有的联邦军退伍军人都在 62 岁时被认定为半残疾，65 岁为 2/3 残疾，70 岁为完全残疾。

这项规定引起了极大争论，谩骂它的那些人无法接受年龄一项条件就可以让某人获得政府补贴这件事，许多人都认为这是为拉选票所进行的无谓尝试。马克·吐温曾在他的自传中写道："我想责备那些没有奋起反抗政府利用养老金贿选的老兵，这令他们勇敢生命的残余时光蒙羞。""贿选"行为将会继续，他接着说："直到每个军中小贩和士兵养的猫及它们的幼崽都被加入养老金领取名单才会停止。"

马克·吐温担心罗斯福总统的政令将会导致一场滑坡：政客们很快就会为了获得南方各州的选票而把南方联盟军的退伍军人都纳入内战养老金体系。这件事并没有发生，却发生了另一件令人惊奇的事：领取养老金的联邦军军人退休了，南方联盟军的军人却没有。在今天看来，这一点都不令人惊讶，但请记住，对那时的大多数人来说退休是出于需要。然而，有了联邦军养老金提供的稳定收入，那些本会一直工作的人选择了退休。这有力地预示人们最终会主动寻求退休——尤其是体力劳动者，对他们来说在老年还工作是一种实实在在的痛苦。① 在内战结束几十年后，退休率一再攀升，而尽可能长时间地工作已经不再是典型观念，而是不正常的做法。1880年，64岁以上男性中有75%在工作，之后一个世纪中这一数字不断下降。（1990年的普查显示，64岁以上男性只有18%在工作，为史上最低，之后上升了几个百分点，因为人们选择在"退休年龄"之后继续工作。）

内战后，不仅选择退休的人增多，而且他们开始不依赖自己的成年子女。1880年时，65岁以上的退休男性中只有23.5%的人独居或和妻子居住而不与子女同住。到20世纪初，这一数字上升至近28%（到20世纪末将上升至超过80%）。退休开始从家庭事件变为夫妻或个人的退出行为。

正如有些人意识到完全由政府资助的养老金制度会让人们不再辛勤劳动，私人企业也开始为其员工做出选择，不管他们想不想退休。1885年时，美国工业革命正在如火如荼地进行，公司制开始成为私人企业的主要形式。在股东掌权下，企业开始追求短期效益，而高生产率是达到这个目标的重要方式。同时，经济学家和医学界力促采用八小时工作制，并逐步在1885—1915年间取代十小时的工作制标准。更短的工作时间能给每个员工施压以使他们在有限工作时间内提高产出。为了加大投资，那些购买了新式的复杂昂贵机器的工厂需要尽快收回成本。结果是，大家都在以一种狂热的速率进行工作。管理者害怕老年工人无法跟上节奏，新出现的科学管理法［也被称为泰罗制，Taylorism，以此领域之父弗雷德

---

① 在19世纪晚期，大部分退休者都是体力劳动者而非办公室工作人员，当面临健康问题时，例如关节炎，更不用说步枪和刺刀造成的创伤，体力劳动将是一件痛苦的事。31%的联邦军退伍士兵都声称在执行任务时负过伤或遭受过枪击。

里克·温斯洛·泰勒（Frederick Winslow Taylor）的名字命名〕也支持了他们的看法。与泰勒同时期的科学管理理论先驱哈林顿·埃默森（Harrington Emerson）在1909年说到，最有效率的企业"会排除无效率的人员"。虽然一些效率专家会重视老年员工身上假定会有的稳定性和保守性，但其他人都认为铲除无效率者最直接的方式是先排除老年员工，就像哈林顿·埃默森所说，"以在整个生产线上保持一种令人满意的活力"。

对于那些想要按年龄重新安排工作等级的人来说，现在是时候了。失业作为一个概念这时候才普遍使用。一大批年轻、强壮、有效率的工人闲着没事干，这种想法不仅在那些看到马克思主义革命潜伏在每个角落的人群中激起了绝望的恐惧，还增加了有科学管理头脑的管理者的论点的分量，这些管理者希望通过淘汰老员工来为年轻员工让路。在很短的时间内，工人的年龄已经成为效率思想家和管理者热衷谈论的话题。

将劳动视为一场零和博弈，即把定量的工作分配给一大群劳动者，这其实是劳动总量谬误的一个典型例子，《经济学人》杂志称之为"经济学中广为人知的谬误之一"，但当时的效率专家还不知道这些。它错在一个经济体中需要做的工作并不是定量的，因此提供的工作岗位也可以改变。一些很明显的"解决办法"都会降低经济效率，如缩短工作时长和强制提前退休。与此同时，我们现在知道人口老龄化并不会影响年轻人就业，老年人并不会抢夺年轻人的工作。事实上，即使在大萧条的失业高峰期间也是如此。波士顿学院退休研究中心（the Center for Retirement Research at Boston College）的研究人员认为："这种指责已经不值一驳。"

然而在20世纪初，人们普遍认为老年劳动者对那些可能更有效率的年轻劳动力具有挤出效应。同时，义务教育的普及使得老年失业者在找工作时更难与拥有高中学历的年轻劳动力竞争。

不论那些被解雇的老年员工是自己放弃工作还是尝试了但并未找到新工作，结果都是"退休"——这个词在 20 世纪初全然意味着由于年龄而失去工作，并且他们不得不接受其中隐含的阳光、游艇和高尔夫球场这些休息的暗示。然而，并不是所有企业都忽视了老年退休员工无法生存的困境——至少，并不一直是这样。美国运通公司 1875 年提供了美国第一份私人养老金，在接下来的 35 年中，铁路、公用事业、银行、冶金工业以及更大的工业公司都纷纷效仿。到了 1910 年，许多公司每年都会提供养老金计划，一些是来自管理者真正慷慨的赠予，一些是由工会艰难争取而来，另一些管理者则利用将来提供养老金为现在降低员工薪水进行辩护。但最重要的是，私人养老金计划是服务于效率这个目标的。有了养老金，一个原本不愿解雇 65 岁老年员工的管理者就可以自由做出让他退休这个更"有效率的"决定，而不用受到道德的谴责。

到 1932 年，15% 的劳动力都有稳定的养老金，他们主要就职于大型企业和政府。这让大家普遍认为养老金的作用就是为老年人提供支持，不论其贫穷还是富有，但这些养老金并不足以覆盖大部分人口。而且突然之间，大部分人都开始需要养老金。由于发生大萧条，失业率在各年龄段都急剧上升，老年群体中超过一半的人缺少维持生活的收入。这两个原因使得原先只在私人领域为退休员工提供养老金的做法被推广至美国前所未有的规模。有了社会保障之后，老年将会发生改变，退休将会成为其典型特征之一。

社会保障时代

两次世界大战期间，美国人的老年观已与现代相似。现在多数年轻人将"老年人"看作以疾病和贫困为特征的同质群体，由于无法工作，老年人将一直需要年轻人提供资源，这些资源通过家庭、企业和政府实现代际的向上传递。虽然这种观念符合多数人的直觉，但事实是，20世纪20年代有大量劳动能力健全的老年人被解雇，30年代数量更多，他们希望能再次工作，但徒然无果。许多年轻人认为老年人效率低下，这让他们将老年劳动力的退休看作很正常的事，但对老年人来说，接受这件事则有不同的含义。只有1935年《社会保障法》（1935's Social Security Act）签署后，这种集体思维的转变才成为可能。到20世纪中叶，随着社会保障覆盖面和偿付额度的提高，退休不仅是一件劳动者被迫选择的事，也成为每个人向往的——或至少人们认为他们应该向往的事。随着退休被常态化（后来被美化）为正常的生命阶段，老年人学着赞成这种依据他们的消耗而非能力来定义他们的观念。此时我们现行的老年观终于完整了：老年是以贫困、贪婪、无用为特征的，不同于其他生命阶段。

然而，社会保障制度并非自发产生，而是产生于一个迷恋效率的国家的肥沃土壤中，并且，这种迷恋效率的民族精神还从采用机械化生产的企业扩散到了生活中的其他方面。"历史学家将其称为'效率的真理'"，公共政策历史学家罗伯特·H.尼尔森（Robert H. Nelson）说。"有一个历史学家说进步主义运动'为效率而狂热'，几乎相当于一场'世俗大觉醒'。另一个历史学家认为'效率运动'被当作'人类之疾的灵丹妙药'，并且产生了一种'宗教复兴般的道德狂热'。"

这种广泛传播的对效率的重视，加上普遍认为老年人缺乏效率，导致了一种共同信念，即如果将老年人从重要位置上移除，不仅从商业而且从研究和政府职位移除，那整个社会都将获益。例如在 1914 年，美国司法部长克拉克·麦克雷诺兹（Clark McReynolds）争论说，70 岁以上的联邦法官"在职位上停留的时间远超他们能有效履行职责的时间"。他甚至建议总统应该给每一位 70 岁以上的法官任命一位陪同法官，来"主管法庭事宜，并且其决定优先于老法官"。这个想法一直困扰着他。

同时，在研究和开发领域，我将引用一个人的话来说明关于年龄的普遍看法，那就是 20 世纪二三十年代和第二次世界大战期间最有名的应用科学家小托马斯·J. 米德利（Thomas J. Midgley Jr.）。1944 年他担任美国化学协会（American Chemical Association）会长，在年末讲话中，他强调在化学和其他领域保留老年工作者而不招聘年轻人会束缚整体的创新能力和效率。他说："年轻人有原创性、有创造力，而年龄仅仅意味着有经验。每个 40 岁以上的管理者都应该为没给年轻人让路而愧疚。"

这种情绪开始在劳动力市场上蔓延，尤其在大萧条期间工作非常匮乏的时候。在 20 世纪二三十年代，30%—40% 的美国公司在招聘时都有年龄限制，而在招聘管理者时常见的限制是"可接受的最高年龄是 40 岁"。加利福尼亚的桂冠诗人约翰·史蒂文·麦格洛蒂（John Steven Mc-Groarty）的一篇社论很好地说明了这种状况，他写道："人们甚至在办公室文员、技工以及其他阶层的人们到 45 岁时就不想雇用他们了，雇主在他们最有能力时抛弃了他们。"

米德利的例子可以证明，年轻人的脑力更有生产力的观念是由他身边的文化建构出来的。1921 年当他 33 岁时，他通过发明含铅汽油而在工业化学界出名,这种汽油可以防止发动机异响并提升性能。1928年在他40岁时,他发明了氟利昂和其他含氟氯烃,这是一类可被用作气雾喷射剂的不易燃烧的制冷气体,它可以代替那时使用的各种有毒、易爆炸的原料。

在第二次世界大战末,米德利被视为美国英雄。虽然含铅汽油同时被同盟国和轴心国用作飞机燃料,但是同盟国通过使用高辛烷值的汽油又大大提高了含铅汽油的使用效能。同盟国飞机燃料的辛烷值为100,这是此种汽油的名气所在,它能使飞机在跑道1/5处起飞,并且爬升更快,飞得更高更远,也能比纳粹德国空军的飞机装载更多炮弹,而后者的辛烷值只有平淡无奇的87。战后英国石油部长杰弗里·劳埃德(Geoffrey Lloyd)说:"如果没有辛烷值100的汽油,我们就不可能打赢不列颠之战。"同时,同盟国还使用含有米德利发明的喷射剂的DDT喷雾炸弹来驱赶带有疟疾病毒的蚊子,还使用相关化合物来扑灭坦克中的火焰。

然而,在战争末期米德利过得并不好。他在1940年51岁时患上了一种罕见的、几乎夺去生命的脊髓灰质炎,治愈的可能性非常渺茫,他自己将其比作"从帝国大厦一般高的一堆纸牌中抽出特定的一张"。

当他1944年上台发表演说时,他已经在思考死亡,他以自己写的一首诗结束了演讲,其结尾如下:

> 当我感觉到年老在逼近,这并非享乐之事,
> 我的神经在腐化,呼吸渐渐短促,
> 我的视线变得模糊,头发也不断变白,
> 当我在夜晚游荡时也不再有雄心抱负,
> 虽然比我年长者将比我活得更久,

但我不后悔，因为我将代代流传，

请在我的墓碑上刻上这简洁的墓志铭，

此人在转瞬的生命中度过了丰富的人生。

和他同时代的人一样，米德利并不重视老年人精神的敏锐性，因此如果他50多岁就去世，他会自我安慰说失去的仅仅是一些无趣又衰弱无力的时光。正是这种对人生后半段的看法使得对于大萧条期间的许多成年人来说，找到工作成为一种消逝的梦想。也正是这种想法启示富兰克林·德拉诺·罗斯福（Franklin Delano Roosevelt，以下简称"小罗斯福总统"）总统在大萧条最深重时期努力推动社会保障法。

在其推行早期，人们就期望社会保障能比传统福利计划覆盖率更高，保障能力也更强。事实上，1935年《社会保障法》包含11部分，其中几部分针对各种人群出台了新条目或修改了原有的福利措施，并由联邦政府财政出资，这些人群包括需要帮助的母亲和儿童、失明者和无业者等。其中的养老保险部分——今天最常提及的"社会保障"——却有很大不同，也想发挥更大效力。小罗斯福总统说，其他做法都"只是换了个名字，但依旧是老式的救济金"。他的计划是将老年财政支持从一种施舍物或济贫所的污名下解救出来，这也成为世纪之交一系列事件的合理结果，此时，"老年人"先被视为一个难题，后被认为尤其应当得到政府援助的群体。同时，从实用主义角度看，老龄化问题不仅会持续很长时间，规模也会继续增长。当小罗斯福总统签署1935年《社会保障法》时，将其称为"一个正在建造但是远未完成的体制的奠基石"。他长远的目光意味着这个计划筹集到的任何资金都要防备来自政府内部的窃贼——将来削减预算或洗劫资金库的政客——并且他防备政客的方法也简单易行。通过在养老金领取者心中营造主人翁心态，小罗斯福总统和他的同僚让大家感到接受自己的社会保障金是正当的，而非接受施舍。他达到这一目的的方式是告诉民众社会保障是"缴费"的：即劳动者如果老年失业，就可以领取之前所缴的钱。① 只要项目资金完全来自其受益人而非政府一般收入，那么就可以推论说，如果任何政客建议将该基金收入作为他用而非付给受益人，那么这对其政治生涯都将是致命打击——这在今天仍旧成立。小罗斯福总统1941年时说："我们将工资缴款单透明化，就是想让缴款人在获得养老金和失业补贴时拥有法律、道德和政治权利。有了这些缴费，就没有政客可以毁掉我的社会保障计划，这些缴费不是经济问题，而纯粹是政治问题。"

如果说小罗斯福总统让养老保险具有"缴费"性质的原因是清楚的，解释为什么这个计划需要为所有老年退休者而不只是最需要帮助的那些人提供养老金就有些困难了。事实上，除了养老保险部分，《社会保障法》还包括一个单独的老年援助项目，它从政府一般财政收入中获资，并每月只向贫困老年人发放补贴，而非某个年龄以上的所有退休者。为什么不让养老保险也采取这个方法，只将贫困老年人而非退休者作为受益人呢？这肯定可以让劳动者和雇主缴纳更少的钱。

答案有两个：其一，向所有退休者而不仅是最贫困的老年人提供保险，可以让这个计划不那么像"原来的救济金"，也确保领取者能感受到一种正义的所有权——这种情感将在未来几十年都保护这个计划，使得

---

① 在这个项目1939年从基金积累制（a reserve-fund model）转变为现收现付制（pay-as-you-go）后，这一说法是否还成立就是个语义学的问题了。虽然由于人口趋势转变，受益人平均从中领取到的金额比他们在劳动年龄缴纳的要多得多，但在其漫长的历史中，这个项目几乎没有从政府一般准备金中获得过资金。

社会保障计划像在今天一样成为人们老年生活不可或缺的一部分。

也可以说小罗斯福总统想为所有老年人创立一项永久的资金来源（无论他们是否需要）的更具讽刺意味的原因是：就像米德利①一样，小罗斯福总统也认为年老意味着无法找到好工作，也自然会在经济上处于不利地位。如果是这样，那这种想法的源头可以直接追溯到19世纪的生命力理论，或者其动机也有可能完全是人道主义。事实上，有一派历史学家怀疑小罗斯福总统根本不在意老年人，而是通过社会保障在保证老年人福利的同时，将他们从美国经济的重要角色驱逐出去。这派历史学家认为正是由于这个原因，在1950年以前，社会保障的领取者被允许外出工作，但每月获得的工资不能超过15美元，实行这种措施是为保证他们完全退休，以便为年轻劳动力让出工作机会。加州大学洛杉矶分校（University of California, Los Angeles, UCLA）的法学教授芭芭拉·阿姆斯特朗（Barbara Armstrong）领导起草了与养老保险相关的法案文本，1965年她在自己的口述史回忆录中写道："罗斯福先生在乎的是年轻人……这就是那又少又荒唐的15美元被写进法案的原因……让'退休者'赚点零钱，但必须是已经退休，而退休则意味着你得停止赚钱的工作。"

但《社会保障法》并没有说过要将老年人驱逐出整体经济，支持者希望它的表达方式能够让它顺利通过最高法院的审核，而最高法院那段时间很喜欢压制小罗斯福总统的新政法案（New Deal legislation）。为了有望通过审核，《社会保障法》的用词必须减少政府在设法干预经济的意味，而是强调其特殊的工资税是怎样改善大众福利的。

---

① 小罗斯福总统知道米德利是一位战争时期有名的人物，还在范内瓦·布什（Vannevar Bush）告诉他米德利脊髓灰质炎的病情之后写信慰问过米德利。范内瓦·布什是第二次世界大战期间美国科学研究与发展办公室（US Office of Scientific Research and Development）的主任。

但就在 1935 年小罗斯福总统签署《社会保障法》后的两年中，最高法院还是继续一条接一条地取消新政法案——甚至一天废除了三条。似乎慎重用词也无法避免《社会保障法》一败涂地的命运。随后在 1937 年，小罗斯福总统提议改组最高法院。他的议案被大家称作"填塞法院计划"，也被认为是美国历史上行政越权的最有代表性的例子。可能也是它的原因，美国人今天享受到了社会保障的保护。

小罗斯福总统的计划很简单：既然最高法院九个法官中的五个通常都会反对他的新政法案，那他就在最高法院人员中增加同盟，将其人数扩大至 15 人，并按照他的想法决定投票结果。学过美国历史的人都知道接下来发生的事：陪审法官欧文·罗伯茨（Owen Roberts）先前是小罗斯福总统的反对者，后来却投票支持《社会保障法》。那时，国会非常支持《社会保障法》，但却强烈反对小罗斯福总统随意摆布最高法院的意图。通过宣布《社会保障法》符合宪法，罗伯茨法官减弱了小罗斯福总统的填塞法院计划在国会的影响力，使得这项计划不久之后就遭遇了失败。正因为这样，罗伯茨法官的投票用俗话来说就是"及时拯救了九个"法官。

但也许比这一系列事件更有趣的是小罗斯福总统为其极端行为辩护的方式。他所宣称的填塞法院的理由听上去应该很熟悉：他认为老年人无法做好他们的工作——甚至是最高法院的法官们。填塞计划是为现有的年龄在 70 岁零六个月以上的老法官招募一位年轻法官，但为什么在所有条件中年龄被作为决定因素呢？

效率说当然在其中有作用。小罗斯福总统在 1937 年 3 月向全国广播的炉边谈话中说："通过为司法系统稳定而源源不断地注入新鲜年轻的血液，我希望能让联邦司法系统运转得更快，成本更低。这个计划可以防止司法系统僵化对宪法的影响。"

也许小罗斯福总统也是出于报复的目的。法院填塞计划的措辞几乎逐字逐句地映射了司法部长麦克雷诺兹1914年的论据,请回忆一下,他那时支持用总统新任命的成员来代替老联邦法官。他说这些话时是50多岁,但到了如今,1937年,他早已超过70岁——还在最高法院任职,并且是总统的反对者。当小罗斯福总统提出大约70岁左右的最高法院法官会变得没那么高效时,他完全是用麦克雷诺兹自己的话在反对他。

事后看来,小罗斯福总统起初充满风险的做法令人疑惑。他对老年人充满人道主义的关怀也许符合当时具有影响力的社会观念,即老年人无法为美国劳动力市场做出贡献,但他这种行为既会损害个人名声,也不利于美国三权分立的政治传统。当罗伯茨法官投票同意《社会保障法》之后,小罗斯福总统终于建立起了不受政客影响的养老保险体系,由各方缴费,并且不受质疑。

但是起初这个计划很小。社会保障中的养老保险部分在开始时只覆盖美国劳动力的不到60%,也不包括配偶或家属,但这种情况很快就发生了变化。法案签署后的几十年间,社会保障在覆盖的职业类型和偿付的金额方面都有所扩大——通常这种扩展会发生在选举年。最后,它甚至会向还在工作的老人支付养老金——这与其设立的初衷,即只向那些已经"退休"的老年人提供保险,完全相反。

这种转变从个体经营者开始,并逐渐扩大。起初,社会保障是强制缴纳的:如果本法案覆盖你的职业,你就需要缴纳保险金。但是当1950年这个法案扩展至包含个体经营者之后,强制缴纳就显得很不公平。虽然个体经营者需要终身都缴纳保险金,但并没有老板让他们"退休",因此他们很有可能65岁之后还在工作。让一群人根据和其他人相同的缴费率缴纳社会保险，而得到的偿付金额却少得多，这似乎是不对的——这就像对低风险的司机和习惯超速的司机征收同样的汽车保险一样。由于对不同职业的人采用不同的缴费率在政治和逻辑上都不可行，因此国会采取了另一种策略，即1950年《社会保障法》修正案不论个人退休状态，向所有75岁以上的老年人提供全额福利，以使个体经营者也能最终分享社会保障的果实。

《社会保障法》要求受益人不能工作，通常被称为"退休收入测试"，上述措施则是削减此种要求效力的众多措施中的第一项。此后几十年间，政治家们会抓住一切机会削弱收入测试。1954年修正案降低了测试适用年龄，即72岁后不再需要进行收入测试，1977年修正案进一步将此标准降低至70岁。同时，退休收入测试也在1960年从一刀切变为浮动费率制，低龄受益者被允许获得的收入几十年来也一直在不断增长。同时，《社会保障法》覆盖的职业范围越来越广，直到适用于大部分美国人。

收入测试最终将会被完全取消，成熟的《社会保障法》（在我看来也是理想的）将会以全民养老金而非保险政策的形式有效运行。比其改变结果更吸引人的，则是它改变的原因。比尔·克林顿总统在1999年国情咨文讲话中说："我认为我们应该消除《社会保障法》对受益老人类型的限制。"2000年时这一希望成真了，发起人是德克萨斯州众议员比尔·阿彻（Bill Archer），他从1971年被选为众议员时就一直在反对收入测试（他称之为"收入惩罚"）。在阿彻1971年开始他的改革行动之前，收入测试这一原本被当作保证养老保险金公平分配的唯一措施，在公众眼中已经变为因工作而来的惩罚。这种观念变化的重要性不言而喻：它代表着退休含义的根本转变。《社会保障法》仍旧是为"退休者"提供的项目；毕竟，它最热心的支持者是美国退休者协会①。但是不知为何，在20世纪五六十年代，公众已经开始认为一个人可以同时处于退休和在业两种状态，这意味着"退休"不再是不工作状态的同义词，现在它有另一种含义：一个人生阶段。

走进德尔伯特·韦伯公司

到20世纪中叶，流行的老年观已经和现在很接近了。社会保障金这种按月支付的代际金钱转移形式不断加强长期存在的观念，即"老年人"不适合进行经济生产。但与现今的老年观还差一点，即老年人更喜欢做获得社会帮助的消费者，而不是给社会做出贡献的生产者。将退休视为有趣的人生最后阶段，就是开始的标志。这是私人企业主们才能想出来的观点。

首先，20世纪中期美国私人养老金的影响力不断增强，不仅扩大了受益人的规模，也提高了退休者的经济保障水平。第二次世界大战期间，工资上限制度防止企业为有限的劳动力进行直接竞争，但各企业仍你追我赶地提供丰厚的养老金。战后，社会保障制度开始为各种劳动者提供更多的资金，但人们依旧期望获得私人养老金。当20世纪50年代社会保障制度扩大规模后，原本在高贡献率面前犹豫不决的企业意识到政府支付的养老金越多，他们必须提供给工会的养老金就可以越少，因此企业主们开始强烈要求政府提高其养老金支付水平。

---

① 我是这个组织的董事会成员，现在被称为AARP。

在20世纪50年代随着时间慢慢推进，退休者们领取到的养老金比原来都要多，但他们并不知道要拿这笔钱做什么——或自己要做什么。这是整个社会都在面临的更宏观的问题：在消费主义中找到意义。社会学家戴维·理斯曼（David Riesman）在他1952年的一篇文章《对休闲态度变化的一些观察》（Some Observations on Changes in Leisure Attitudes）中写道：

> 上个世纪的探险家们走向生产前沿，开拓出鱼塘、矿藏、磨坊，而这个世纪的探险家们在我看来似乎在逐渐走向消费前沿……在前沿的行为是有点尴尬的：人们还没有学会如何在新环境中舒适地活动。无形化在生产前沿表现为无法无规，在消费前沿则表现为没有目标。

一个缺乏目标的群体会用它消费的东西而不是生产的东西来定义自己，这种情况在刚刚从工作中退休的人群里更加明显。退休历史学家威廉·格雷布纳（William Graebner）[①] 说："如果理斯曼将这种类比应用到退休群体身上，他就可以得出结论说，退休者生活在休闲和消费的新前沿，他们很快就能学会'舒适地生活'。如理斯曼所定义的那样，休闲的问题并不在休闲本身，而在于20世纪的人们对其尴尬的应对中。"就拿国际女装工人工会联合委员会大纽约地区服装和裁缝工会（the International Ladies' Garment Workers' Union Joint Board Dress and Waistmakers Union of Greater New York）主席朱利叶斯·霍奇曼（Julius Hochman）在1949年写的一篇文章举例来说：

---

① 格雷布纳1980年的一本书《退休的历史》（A History of Retirement）是本章的主要文献来源，也许它是对小罗斯福总统设立社会保障制度动机的修正主义观点的最好说明。

"老年人"自己也很困惑，他很感激寿命得到了延长，但他难以理解为什么形成和控制经济生活的强大社会力量要把他看作需要丢弃的无用之人。他甚至不喜欢自己被贴上"退休"的标签，他在想，从什么中退休？退休后干什么？生命的内涵是什么？"快乐"这个模糊又含义丰富的词意味着什么？他又困扰又沮丧，他在想到底为什么要退休。

在退休生活的前沿，现在已经有居民，但没有制度或规范引导人们如何生活，没有各种经济生产角色将各个退休者区分开，也没有人告诉他们如何使用时间。但是如果退休生活并没有天然的目的，也许大家能发明一个目的。科技史学家小林恩·怀特（Lynn White Jr.）曾担任1951年康宁公司（Corning Corporation）举办的退休圆桌会议的主席，他说："也许我们需要给休闲增添一点过去没有的魅力。"

这也是私人企业主们在做的事。第一批出售退休金融理财产品的人寿保险公司为退休生活描绘了一片光明的前景。1950年报纸上的一则广告说："现今新生儿平均可以比他们的祖父辈多活18年，你想让它们成为生命中最好的时光……还是错过梦想成真的机会？"

不论是象征性的还是实际上，雇主（尤其是保险公司自身）和个人都相信保险公司的说法。但退休这个词更新、更积极的版本仍旧缺失某种无法描述的东西。格雷布纳说："《退休计划新闻》（*Retirement Planning News*）的编辑们在其第一期出版物（1956年）中表达了他们对退休这个词的不满，因为它'似乎意味着从生活中退休，从积极主动的世界中撤退'。但是我们为什么不将这段时间称为'成就之年'呢？"

到底为什么不呢？因为"成就之年"这个说法听上去就和看牛奶凝

固一样诱人。但是其中的感觉和一种蕴含无限可能性的美景相似——非常相似：这四个字并不是将生命的最后阶段描绘成一幅紫色黄昏慢慢汇聚的画面，而是辉煌的日落绽放着光芒，闪耀着温暖、灿烂的朦胧光辉。

可以称作"金色年华"。

你只需给建筑商德尔伯特·韦伯公司（Delbert Webb）支付一小笔定金，就可以在亚利桑那州的太阳城（Sun City）看到所有这些景象，这里有平房和草地，是世界上第一个退休社区。这个像度假村一样的地方从1960年1月1日开始出售房产，它代表了关于退休的一种新观念：并不是老板对你做的糟糕的事情，也不是死亡之前漫无目的的过渡阶段，而是在漫长、辛苦的工作之后当之无愧的回报。这种设计非常吸引人。在营业第一天，韦伯公司原本期望会有1万名潜在购房客户来这个社区参观，结果有10万名客户来到现场，队伍排到沙漠中，还造成了交通拥堵。

随着"金色年华"这一说法的发明，消费者们开始愿意为快乐的退休时光付钱，选民还要求社会保障制度和医疗保险制度给予资金支持。几十年后，大家都将很难想象在退休之后除了休闲享乐还能做什么。

退后一步看看，德尔伯特·韦伯公司和其他关于退休现代迷思的早期建造者们，例如第一批退休计划的鼓吹者们，他们都有哪些神来之笔呢？他们意识到，虽然每个人会在不同时间、以不同方式面临衰老，但是政府、商业和文化却将年老定义为完全统一的、每个人都大约会在同一年龄经历的事件。65岁以上的健康老年人口袋里有钱，他们在那个年代并不需要休息（现在大部分人也不需要），但他们得做点什么，也愿意为这项特权付钱——不仅是为娱乐付钱，也为符合他们直觉的一种连贯的人生意义付钱。韦伯公司和其他企业采用一种新的、积极的退休观，将它进行包装，再销售给我们。而从那以后我们就一直在消费它。

随着休闲成为晚年生活无法避免的一部分，对于老年的宽泛的文化叙事开始呈现出它现在的形态。20世纪初，人们都认为老年人不应该工作；他们的任务就是消费。随着《社会保障法》的颁布，人们不期望老年人对社会做出经济贡献的观念越来越清晰，远不止这样——他们还会每月从政府那里领一笔钱。而太阳城和它的"金色年华"主题则让这一图景更加完整，就如新的退休梦想建议的那样，老年人不用再和其他人生活在同一地区，而是属于另一个美丽的地方，在那里他们可以玩游戏、花别人的钱，并且不去想一些不可避免的事。

 一位临终者的故事

小托马斯·米德利并未得到善终，虽然这位化学工程师将其脊髓灰质炎被治愈的可能性比作从一堆众多的纸牌中抽出特定的一张，但他也许不知道，这一切早已有伏笔。他一直以来都是四乙基铅的支持者，为了说明这种物质的安全性，他经常用这种无色液体洗手，也会呼吸它甜甜的气味，这种铅化合物很有可能损伤了他的免疫系统。1944年发表演讲时，他的腰部以下部位已经瘫痪，需要依靠自己发明的一套复杂的滑轮牵引系统上下床、进出游泳池以及坐轮椅。

几周之后，他的妻子发现他被绳索和滑轮缠在床上，被勒死了。享年55岁。

今天，米德利主要因为对环境的影响而出名。仅在美国，在人们20世纪80年代早期广泛停止使用含铅汽油之前，这种物质就已经造成几百万儿童铅中毒，并直接导致许多工人死亡。同时，人们发现含氟氯烃不仅含有一些已知的最强力的温室气体，也对20世纪末期的臭氧层空洞负有主要责任。由于这些突破，米德利被人们形容为"对大气造成的影响超过了地球历史上的任何生物"。

但他的发明也对历史上最应遭受谴责的那些社会制度的垮台做出了贡献，他的研究正好提供了当时人们最需要的东西，即使后来大家发现这些发明有缺陷。如此来说，它和我们现行的老年观非常相似。

20世纪很长一段时间，人们都认为"老年人"是不健康的、无法进行经济生产的人群，这种观念利远大于弊。从老年人的角度来看，这种观念确实引导人们建立了美国历史上几项最值得珍视的制度，包括社会保障、医疗保险和《美国老年人法》（the Older Americans Act），它们为老年人构建起了第一套全面的联邦服务和法律保障体系。如果没有它们，许多老年人将无法避免遭受极端的、不合理的剥夺——而如果没有19世纪中期开始流行的生命力医学理论，这些制度也永远不会建立起来。

但是现在，这种老年观变成了一种负债。它推动我们走了很远，如今却限制了创新，许多人甚至都没有意识到这种限制，更不用说解决了。就像含铅汽油一样，这项发明曾为我们服务，但也必须被取代。我们的老年观一直非常武断：这种社会构想其实是一种历史遗留物，也是一种市场策略。然而现在，它却限制了我们解决老年人口问题的思维。如果我们想要在将来的老龄化社会生活得更好，这种思维限制必须也必将被破除。

2

迷 思

我并不总是那么固执地要废除我们的老年观。老年实验室的基本理念很简单：为了修正现有老年观中危险的缺陷。

作为一名私营部门的交通专家，1995年我参加了一个美国交通部的政策项目，它源于白宫对美国人口因迅速老龄化而产生的交通需求的担忧。这个项目一开始就不被看好，事实上，我们所担忧的情况已经出现。越是仔细研究这些数据，我就越清楚地认识到，我们还没有为婴儿潮一代的衰老做好准备。当即将到来的婴儿潮一代选择减少自己开车出行的次数，或者丧失驾驶能力时，城镇的辅助交通系统根本不足以应对他们的出行需求。而在缺乏这类服务的农村和城郊，情况将更为糟糕。

更加令我沮丧的是我们本应看到"洪水"的到来：婴儿潮一代的老龄化或许是上世纪最可预见的重大历史事件。在第二次世界大战结束以后，美国进入生育高峰期，他们像多年未曾见过异性一样——在战争期间或多或少会出现这样的情况——人口学家就发出警示，这时期出生的超大规模的一代终将一同变老。现在这一时刻已经来临，但糟糕的是之前的准备工作却做得很少。

但是，不仅我们的交通系统准备不足，另一个问题也开始困扰我。即使你能够有幸使用公共辅助交通系统，但在获取某些服务时，你也无法依赖它获得我私下里称为"交通分流"的那种服务。这一交通系统可以轻松地将你带到杂货店和医生的办公室。但是如果你想和朋友一起吃冰淇淋，你最好希望他们能够来接你，因为这个系统不会把你送到那里去。（即使在今天，这种明显不同于具有"高优先级"出行行为的自发"额外"出行行为也必须要在很早之前就进行预订。）这让我很烦恼，因为我喜欢冰淇淋。生命、自由和对幸福的追求被认为是不可剥夺的权利，但为老年人提供的服务只是为了维持生存，自由和幸福并未受到关注。

然而，为了撰写白宫报告，我不得不关注面临的问题：在专门为老年人准备的交通车辆上没有足够的座位。我提出的解决方案是为地面交通组建一个网上指挥中心，该方法允许老年人在一个由出租车、面包车和公共汽车组成的流动车队中召唤最近的车辆。*（唯一缺少的是实现这一目标所需的技术，而这一技术在下一个十年也未必能实现。）我提出的建议也许可以解决稀缺性的问题，但是，如何让不开车的老年人可以和朋友一起吃冰淇淋还是让我很苦恼。如果你不能偶尔找点乐子，那么即使你活得比过去几代人都长，你也不会（比他们）更加幸福。

在这篇报告发布后，尤西·谢菲（Yossi Sheffi）教授电话联系了我，他曾是一名军事飞行员，现在是麻省理工学院（MIT）交通和物流中心（Center for Transportation & Logistics）的负责人。他说，他需要有人来管理新英格兰大学交通中心（New England University Transportation Center），并教授一些交通课程，该中心是交通部资助的研究枢纽，并问我是否对

---

* 这一技术在我国已经接近实现了。——译者注

此感兴趣。尽管这意味着大幅减薪，但我还是毫不犹豫地答应了这个邀请。（或许，有点犹豫。）事实上，我们正面临着人口危机，但我有一种感觉，会有一个解决办法。我们能够找到走出困境的方法，而麻省理工学院是其中的关键。

想一想雷达、安全剃须刀、电子邮件、互联网档案、电子表格、GPS、浓缩汤料、晶体管收音机和万维网。所有这些发明都部分或全部归功于麻省理工学院。它是彩色电影中"技术"的来源。在麻省理工学院，我们可以重建老年期。我们有技术。我们可以使老年期比现在更好。我们可以利用产品为老年人提供帮助，提高他们的效率——使他们更加美好、强壮、迅捷。

因此，我离开了原来工作的私营企业，这很大程度上是因为麻省理工学院现在就可以提供未来的技术。如果有一种方法能让我在85岁时吃上我的冰淇淋，我认为那只能是通过技术。我们可以通过扩大规模和设计制造来解决我们正面临的短缺性问题。为了这个目标，在加入麻省理工学院两年后，我创立了麻省理工学院老年实验室。

我还记得当我意识到即使设计制造更多的相同解决方案也不够的那一刻，那是在2004年。工业界针对老年人群体发明出更多的技术，老年实验室也研发了一些自己的技术。我与我的朋友建筑师兼设计师吉·托蒂（Gui Trotti）以及罗德岛设计学院（the Rhode Island School of Design）的米奇·阿克曼（Mickey Ackerman）一起，开始研究小工具以及与小工具相关的创意，比如可以为健忘的用户提醒关键信息的笔。我们研发了一种新型的长期服用药物跟踪器。我们甚至一度准备制作一个菲比精灵（Furby）或拓麻歌子（Tamagotchi）风格的虚拟宠物，它的外形有点像《星际迷航》中毛茸茸的Tribble，在其一侧有一个小黑白屏幕。我们将这种产品称为药品宠物（PillPets），药品宠物总是成对出现。一个给祖父母，另一个给她的孙子女。祖母每吃一次药都相当于在"喂养"她的药品宠物——如果她没有吃药，她和她孙子女的药品宠物都会变得愈发悲伤、生病，甚至死去。这款产品的用意是将服药依从性与情感相联系，但是今天我重新回忆这一想法时感觉真不知我们当时是怎么想的！尽管研究思路在一定程度上是合理的，但不可否认它也是扭曲的！更重要的是，我当时没有意识到这一观点其实来自当今流行的老年观，它将老年人从本质上视为一个问题，而如果你将老年人看作某种需要修理的东西而不是人，你就会将他们生命中最重要的事物，如家庭，仅仅看作一种治疗手段。

我观点的改变始于在意大利沃尔泰拉举行的一场会议，该会议由比萨圣安娜高等学校（Scuola Superiore Sant'Anna）主办。我受邀进行演讲，这为我能够和家人一起欣赏欧洲最美的城市之一提供了完美的借口。

在我演讲的当天，我的朋友朱塞佩·安纳迪（Giuseppe Anerdi）开着一辆绿色的阿尔法·罗密欧（Alfa Romeo）来酒店接我们。我们走得有点晚。幸运的是，他是法拉利的前设计师，他的驾驶风格也确实如此：首先，在比萨起伏的山丘上经过一次又一次的之字形行驶，然后穿过沃尔泰拉市狭窄的街道。这个美丽而古老的地方是世界史上知名的石膏制品中心，有着经过几个世纪自然形成的道路。我们尖叫着经过了几个急转弯，这时我的大儿子坐在后座上，由于晕车而满脸灰绿，活脱脱就像迈克尔·凯恩（Michael Caine）在《意大利人的工作》（*The Italian Job*）中一样。随后，我们的身体就只能顺其自然了。

最后，我们在只有两轮着地的行驶中穿过一条狭窄的小巷，从斜坡上滑下来，表演了一个空中滚筒——不管怎么说，感觉就像这样——我们到达了演讲地点，那是一座中世纪的教堂：有回音，又大又空，在那个闷热的夏天显然不通风。当我冲上讲台希望不受晕车的困扰时，我以一种超然的方式注意到了周围的美景。我唯一能记得的，就是当时站在讲台上——其实是个教堂中的小讲坛——汗水从我脸上滑下，然后落进我的电脑键盘中。

在那一刻，没有人会因为我说身体舒适度比设计更重要而责怪我。我可能会说：在每个大教堂安装空调管道！把沃尔泰拉市的路弄直！铺满鹅卵石！

然而同样是在这里，我意识到这是一个错误的方法。如果拥有一个规划好的网状道路系统，沃尔泰拉就不再是沃尔泰拉，而管道系统会破坏教堂中的通风结构。有时舒适至上的代价确实太大了。

但不幸的是，在沃尔泰拉会议上工程师们却正是通过这种方法将科技应用于老年人。

会议的主题是"家用机器人"，这一领域理论上能够改善家庭生活的各个方面，从基本需求（如身体安全）到更高层次的需求（如积极的社会生活、精神健康和生产力）。这个充满高科技的、当时标准的"智能家居"理念，如麻省理工学院的未来房屋项目，想为所有年龄段的住户实现以下功能——使他们在家中就可以购物、制作视频、学习一门新语言、学做新菜，以及移动墙壁以用更少的空间做更多的事。如今，尽管很多公司正在迅速推出个人智能家居小物件，但我们对未来高度互联的住宅将如何协调其组件，以及所涉及的技术将如何影响我们的日常生活，才刚刚有所了解。智能家居正在形成，但就像我和家人穿越沃尔泰拉的街道一样，是一个疯狂而颠簸的过程。

但是在 2004 年，像沃尔泰拉会议上各个讨论者所认为的那样，老年人智能家居没有出现什么亮点，它更像是一个生命维持系统，而不是供居民自行选择使用的工具。老年人智能家居中满是药品提示器和远程医疗设备、中风康复援助设备、智能秤和楼梯升降机。从某种意义上讲，这是很好的。通常情况下，技术设计忽视残障人士的需求，但这里却有一整个分支领域致力于为他们寻找解决方案。但它依然令人不安，因为它显示出，年轻、聪明的工程师和设计师对老年人生理和认知问题的了解是多么一致。就像我在老年交通领域感受的一样，在老年技术领域中也有许多针对老年人基本身体需求的善意设计。但如果有人想吃冰淇淋呢？还是算了吧。讨论中的这类解决方案牺牲了使人活着有价值的体验。

值得重申的是，在技术领域内外，为残障人士进行的产品研发和营销需要更多的考虑——有一些我在之前的章节中进行了探讨。但对于老年科技产品的使用者来说，问题不在于"残疾"是他们的假定条件。问题在于他们假定的目标是"管理残疾"，而不是帮助人们在残疾的情况下还能够外出和活动。这是一个极其重要的区别。

首先，这种框架限制了用科技为老年人服务的创造性。在沃尔泰拉的那场会议上，绝对没有人提到过"乐趣"。人类的性行为并不符合大多数年轻人对老年的固有看法——至少在他们自己变老之前是这样。因此，当年轻的工程师们自豪地介绍，老年人躺在床垫上，床垫就可以将她夜间的心率、呼吸和运动数据发送给她的医生时，许多老年听众会思考这种设备会对他们的性生活造成什么样的破坏。

其次我想，那美学呢？在像教堂这样的地方，像沃尔泰拉这样的城市，展示着灰色或米黄色的注塑塑料小玩意儿，它还带有圆润边缘和大按钮、大显示屏，整体设计就像《金发女郎》（*Golden Girls*）重映时广告中宣传的那种巨大的万能遥控器，看上去很不和谐。在我们周围，大理石柱向上直冲天际，尽显力与美的和谐。身在其中，我们正在学习的这些小工具却每天都在轻声威胁它的使用者：你很脆弱，你很无能。

从某种程度上，会议在意大利召开可以解释一些报告人对老年的看法。除了日本，意大利从过去到现在一直都是世界上平均年龄最大的主要经济体。它也像日本一样注重家庭。如果意大利多代同堂的家庭能够存续下去，那么无论是其文化价值还是作为一种照料机制，都是一笔巨大的财富。但这也导致一个问题：我在意大利见到的许多年轻老年科技设计师和工程师，他们提出的解决方案似乎不是为了将要老去的自己，而是为他们现在或至少周末住在一起的父母和祖父母。这会使孙辈对老年的看法反映在技术层面上：关注虚弱；假定老年期是为了休闲，而不是参与职业或志愿活动；假定这些技术的用户不会再为浪漫之事或性而激动。更糟糕的是，为现在的老年人所做的设计等于是在解决他们昨天的问题。老年科技行业面临的一个巨大挑战就是为假想的、未来的老年用户设计产品。这些用户对老年的看法可能与现有标准存在很大差异。

我在沃尔泰拉观察到的偏见不仅存在于意大利，而且也一直存在于整个老年技术领域。《老年科技》（*Gerontechnology*）杂志专门研究老年技术领域的发展，对杂志的文章标题进行简单的文本分析，就能说明我想表达的意思。我用电脑程序计算从2001年《老年科技》杂志推出到2015年年底间每一篇文章标题的词语频次。在排除了"the"等常用词和"survey""ask"等加工类词语后，我按照马斯洛的"需求层次"对100个最常用的词语进行了整理。

马斯洛的层次理论是用来思考人类需求的一种行之有效的方法，它按照优先顺序将人类需求排列成金字塔的形状，金字塔的底层是基本需求，如食物、住所和药品。根据推论，只有满足这些基本需求才能提升至第二层次，开始考虑个人安全。第三层次包括爱情、归属感等社会问题。第四层次包含对自己和他人的尊重。第五层次也是最高层次——至少在金字塔的传统构想中是这样——是关于自我实现的需要：用马斯洛的话说是"成为自己所能够成为的人物"。

《老年科技》的文章标题大多与基本需求有关，在100个最常见的词汇中有15个涉及食物、住所和医疗健康等问题。（"失智症"出现了107次）。第二层次的需求"安全"，由7个最常用的词汇来表示。有4个单词与社会生活或爱情有关。只有1个单词与自尊或雄心有关（这个词就是"积极的"，我也可以简单地将其归类为基本需要）。这些最常用的词汇都不能说与自我实现存在什么关系。①

简单地说，老年科技对健康和安全等基本需求的关注，远远超过对人际关系、个人追求或职业抱负、沉思以及乐趣等更高层次需求的关注。将技术用于一个问题却不反思"为什么非得是这个问题？"时就会出现这种不平衡。就老年人而言，这个问题的答案很简单：自从20世纪初"老年人"被界定为一个问题后，很难想象为老年人生产的产品没有在某种程度上去"解决"这一问题。这种设想同时影响高端和低端技术产品的研发。在老年实验室发给麻省理工学院斯隆管理学院（MIT Sloan School of Management）的一项调查中，我们询问商学院的学生，如果他们必须立刻为老年人设计一款产品，他们会想到什么。尽管有一些有趣的答案——自动驾驶汽车、"一种有助于弥合计算机技术差距的产品"——但大多数产品都属于健康和安全的旧范畴。典型的回答有"助行器""老年

---

① 对于那些做数学运算的人来说，剩下的77个词汇不能按照马斯洛的等级划分。

失智症治疗仪""一个呼叫助行器/轮椅的应用程序""多功能手杖""成人纸尿裤"。

对于那些认为老年人是需要解决的问题的人来说，这种反应似乎并不过分。但是想象一下，如果我给商学院的学生一张白纸让他们想象一下不同年龄组的产品——比如青少年——他们能想到的唯一产品是痤疮膏和青少年表演一些不恰当的特技伤害到自己后使用的拐杖，那将是多么大的想象力的失败！而且，我们考虑老年人的需要和需求的方式完全是盲目的。

老年人的问题状况甚至影响着面临人口老龄化现象的知识界。在众多图书中，一整类的如圣经启示录一般的标题如雨后春笋般涌现。关于这个主题的第一本现代著作，是肯·迪奇特沃尔德（Ken Dychtwald）1990年出版的《老年浪潮》（*AgeWave*）。随后几年又相继出版了《银发黎明》（*Grey Dawn*）、《老年地震》（*Agequake*）、《翻天覆地的变化》（*Seismic Shifts*）和《即将到来的世代风暴》（*The Coming Generation Storm*）等书。与此同时，在新闻媒体中，灾难性的海浪图像表现得尤为突出。我见过的有老龄海啸、银发海啸、灰色海啸、老年海啸和人口海啸。

我不责怪任何人用隐喻的方法来解释一个抽象的现象，但现在这样的趋势却让我感到困扰。用来描述人口转变的图像往往表现为一种巨大的、不可阻挡的、往往是灾难性的自然力量。最重要的是，与气象或地震相关的现象总是突如其来的。这样比喻的原因在于它将人口结构的缓慢变化视为社会应当做出反应的紧迫的事情，只要我们下定决心，我们可以放下我们手头的工作，去抗击洪水泛滥，同理，为什么不能应对人口危机呢？不出所料，这个主题的大部分书籍都提出了具体的政策解决方案：《即将到来的世代风暴》坚定地支持财政紧缩，而其他人则建议采取较小的立法步骤。（肯和麦迪·迪奇特沃尔德（Maddie Dychtwald）的开创性作品是个受欢迎的例外，它为私营部门提供了洞见。）总体而言，这些书中提出的建议倾向于自上而下、实用、渐进式解决问题的模式，这一模式在洪水或暴风雪应对中都很有效。但是人口结构的转变并不是通过警告市长或者总统就能解决的问题。

事实上，真正的问题在于我们将"老年人"视为一个问题的本能反应。这个世界到处都是要谋杀我们的现象，而我们现在正享受着的额外的几十年，代表了人类用聪明才智战胜自然后所取得的胜利，我们为此付出了惨重的代价。但是自我们被教导将长寿视为一种负担而不是一种礼物以来，围绕着老年的创新——在产品、研究和政策方面——主要是出于缓解这种负担的本能，而不是充分利用生命中一个漫长、充满可能的阶段。公平地讲，很容易就可以看出这种方法为什么会流行这么久。另一种选择——喜欢像乐趣这样高层次的需求而不是药品这样的生理需求——似乎是愚蠢的，甚至是危险的。（毕竟，如果你死了就不能吃冰淇淋了。）然而在实践中忽视高层次的欲望会对老年生活产生不利影响。它不仅使人们的晚年生活毫无吸引力，甚至降低了健康和安全创新的效果。

设想一项针对马斯洛金字塔底部的典型技术：助听器。事实上，助听器只有20%的时间发挥作用。这并不是说助听器不能像电子产品那样完美地发挥功能。它们确实可以发挥功能而且功能逐年增加。但在美国，需要助听器的人当中只有20%想要获得它们，这个比例低得令人不安，这甚至不包括那些有助听器但不佩戴的人（这一群体占助听器拥有者的5%到24%）。人们推迟使用助听器有几个原因——即使是那些助听器的佩戴者平均也要推迟10年使用——但最主要的原因是他们不想要助听器。① 就实际目的而言，这就像80%的助听器从人们的耳朵里喷出黑烟一样糟糕。助听器的功能不仅仅是放大进入耳道的信号。它们真正的目的是帮助那些听力受损的人以他们认为合适的方式生活——如果这些人认为戴（或被看到戴）助听器妨碍他们实现这一目标，那么他们选择不使用助听器也就不足为奇了。在这种情况下，以某种方式被看到和感觉到的更高层次需求，会超过使人听力最大化这一基本层次的生理需求。

现在比较一下助听器和眼镜。它们有许多相同之处：助听器能使轻微、模糊的声音变清晰，而眼镜能使微弱、模糊的图像变清晰。是的，尽管戴眼镜的年轻人比戴助听器的人多，但随着年龄的增长这两样东西都越发必不可少。与助听器不同的是，眼镜有两种功能：它们既可以解决生理问题，也是一种吸引人的高端时尚配饰。这种差异与技术所提供的营销、设计、品牌以及总体印象有关。你最后一次看到拉夫·劳伦（Ralph Lauren）或普拉达（Prada）品牌的助听器是什么时候？或者假设从明天开始，所有的眼镜像许多助听器一样，都是由肉色塑料制成的。我就会去买 1-800CONTACTS 这个最大眼镜店的股票！

与此同时，我对不断发展的"可听设备"领域很感兴趣。"可听设备"是一种模糊助听器、耳机和蓝牙耳机之间界限的可穿戴耳部技术。自 2014 年以来，斯达克爱风（Starkey Halo）品牌的助听器，通过 Starkey 听觉技术允许用户将音乐和电话音频直接导入助听器，不需要额外的耳塞。通过低耗能的蓝牙连接实现这一功能的编码解码器现在已安装在苹

---

① 另一个重要原因是价格，但即使在助听器由国家医疗服务体系（National Health Service）付费的英国，使用率也只比美国高 14%。

果的无线耳机 AirPods 中。与此同时,由多普勒实验室(Doppler Labs)(一家以生产高端耳塞闻名的公司)开发的 Here One 听力系统,以一对时尚的黑色电子耳塞的形式问世,这对耳塞设计的目的是在播放音乐时既不降低音质又能降低音量。它们还可以通过一个智能手机应用程序来增加音量或调整环境声音的频率。如果不同年龄段的人普遍开始使用增强型听力设备——像蓝牙耳机等,与 Siri 和 Cortana 等个人数字助理进行互动,过滤掉拥挤酒吧中的背景声音,或者屏蔽掉共享办公室和咖啡厅中同事的声音——那么功能相似的助听器将很快摆脱耻辱,甚至被完全纳入多功能"可听设备"的范畴。

但是现在,助听器还是很难推销。但与此同时,情况也可能会更糟。其他许多针对老年人的产品几十年前就已经问世,甚至投入生产,与它们相比,助听器已经是一个非常成功的产品了。

典型失败

老年人权益倡导者对面向消费者的企业提出的第一个抱怨是企业似乎不希望老年人成为其客户。他们经常为年轻的潜在用户设计产品,或者只向年轻人推销产品。最糟糕的是,他们似乎还没有意识到老年人的重要性。在针对老年产品的设计与开发学院,这些类型的企业常常逃课或辍学。但即使是那些上课的企业也可能不及格。这些企业了解"老年市场"的力量,并积极寻求利用老年市场的财富。但它们的产品都是基于普通流行的老年观:年老就意味着一堆可怜的需求,仅仅解决这些需求(而不是更高层次的需要)就足够了。

迷 思

1955年出现了一个典型案例,这家公司就没有理解老年消费者。有人观察到戴假牙的人为自己购买嘉宝(Gerber)婴儿食品,因为这种食品既便宜又容易吃,于是番茄酱和罐装食品巨头亨氏(Heinz)决定给这些人他们似乎想要的东西:咀嚼过的食物。正如《时代》(Time)杂志当年报道的那样:

> 去年,美国婴儿的特殊需求使婴儿食品销售额达到2亿美元,但是美国没有专门为老年人设计的食品系列(尽管市场上有一些特殊食品)。上周,匹兹堡的亨氏公司("57种产品")*宣布他们为60岁以上的人群推出了一系列新的罐装食品,并表示将于下个月在辛辛那提市开始试销,那里是美国老年人最集中的地区之一。亨氏的"老年食品"将以单人份销售,质量为8.5盎司/罐,预计零售价为25美分到30美分。首批可供选择的品种有牛肉、羊肉和鸡肉炖品。

亨氏在20世纪40年代末开始研发老年食品,但它并不是唯一这样做的公司。第二次世界大战结束后,奶制品巨头博登(Borden)推出了Gerilac,它是一种干燥的粉末,是以牛奶为基础的老年人营养补充剂。但是到1955年亨氏开始行动时,Gerilac已经失败了。或许是公司在广告中吹嘘的那种"愉悦而平淡的味道"没有打动潜在消费者的心。也可能是因为这些广告暗示老年顾客太穷,买不起真正的食物。(曾经有一则广告,起初的广告语是用疑惑的语气说,"我们能为那些空空的钱包做些什么?",后来它又劝告消费者,"记住,因为Gerilac不需要用牛奶冲泡,

---

* 这是该公司的宣传口号,意在表明其产品种类繁多。——译者注

所以它便宜"。)

但到了1955年，就像现在一样，工业界把不断增长的老年人口潮视为一座金矿，亨氏认为它有办法进入这个市场。《时代》杂志报道称："到1960年，美国60岁以上的人口将达到2 300万。一个婴儿只吃两年的婴儿食品，但一个老年人可能持续15年或更长时间都购买某项新产品。"

然而，人口统计学所有的承诺带来的却是一个巨大的失败。亨氏的科学家们花了近10年的时间研发老年食品，该公司还在全国范围内发起了一场广为人知的推广活动。但是，商店货架上的老年食品依然无人问津。原因在于合理的推诿。理论上，任何购买嘉宝婴儿食品的老年人都有可能是为孙子女购买的，但老年食品与婴儿食品不同，把老年食物拿到收银台的年轻人面前无异于公开羞辱老年人。一罐罐炖菜似乎在说，我又老又穷，我的牙也不行了。

同样重要的是，炖菜看上去很恶心。亨氏公司尽其所能地提出改善食物品相的方法：公司声称，在上面放一块柠檬角就会起到"摆盘"的作用。有野心的厨师们在罐头粥上"摆一圈新鲜的或烤过的番茄角，做成风车造型"，形成亨氏称之为"风车炖菜"的视觉奇观。但亨氏很快停止了这种产品的生产。

嘉宝的罐装婴儿食品激发了老年食物的灵感，然而，亨氏的经验没能阻止嘉宝在1974年试图向成人市场扩张。这种产品称为"嘉宝单身族"，他们精明地避免称呼消费者为"老年人口"或"银发一族"——许多营销资料称这种产品是为大学生和其他单身人士设计的——但结果还是一样的。随之而来的失败经常被认为是品牌经营失败的典型案例。

这些案例——尤其是亨氏的案例——经常用来说明如何用一种与年

龄无关的推销方式,甚至通过清楚描述出年轻人也在使用这些产品来吸引老年消费者。坦率地说,这个理论通常是正确的,尽管承认这一点可能会激怒那些抱怨广告中没有老年面孔的人。在20世纪50年代到60年代至少有两位美国汽车高管提出了一条公理:"你可以把一个年轻人的车卖给一位老人,但你不能把一个老人的车卖给一位年轻人"——因为不仅这个年轻人会拒绝购买,他的父亲或祖父也不会购买。这个理论认为,因为老年有很多深刻的、负面的联想,那些明确针对老年用户的产品最终往往会侮辱和疏远那些他们想要吸引的人群。

但实际上,观念只是失败的一部分。更大的问题在于,以牺牲其他所有需求为代价来解决老年人的基本生理需求会生产出劣质的产品。

小林恩·汤森(Lynn Townsend Jr.)深知这一教训。据说他是曾经说过"老爷车"那句话的两位汽车高管之一。在他担任克莱斯勒(Chrysler)领导者之前的几年里,该公司主要从事"老爷车"的制造和营销,可是销量却不断下滑。1958年,克莱斯勒旗下品牌迪索托(DeSoto)的电视广告由68岁的格劳乔·马克斯(Groucho Marx)主演,广告突出的不是汽车的性能,而是易用性。格劳乔向观众保证:"你不必紧张地看着那些高高的红绿灯。"动力转向系统"完成所有的工作"。按钮传动控制装置是有史以来"最简单和最可靠的",而且发动机"更轻、更静、更省钱"。

但是,当克莱斯勒生产出安静、简单和省钱的汽车时,竞争对手却在加速和驾驶等性能上挑战极限。结果,《纽约时报》(*New York Times*)当时报道,克莱斯勒的"汽车质量和利润下滑",一时间似乎乔治·罗姆尼(George Romney)的美国汽车公司(American Motors)要超过克莱斯勒,成为美国第三大汽车制造商了。

然而,当汤森1961年接管克莱斯勒时,他把重点从易用性转向性能。

在从福特（Ford）争取来的新首席设计师的帮助下，转型后的第一批汽车是1963年的车型。比起以往的车型，这些车质量更好，并且其设计更具一致性和实用性。（让汤森扬名的是去掉其公司汽车的尾翼，这使得随着上个世纪50年代的结束，汽车的外观越来越卡通化。）与此同时，为了超过戴托纳500（Daytona 500）*，克莱斯勒的工程师们重新引进了一种强大的半球形活塞发动机。克莱斯勒的"Hemi"因其高性能而闻名，并被装配到公司的许多新产品中。在这一过程中，克莱斯勒在公众的眼中发生了变化。这家公司曾经是一家大型、低速、易用汽车的主要供应商，其洛可可的设计风格对性能毫无提升，但现在已经转型为一家彰显美国力量的现代化供应商。20世纪60年代初，不再是"老爷车"的克莱斯勒汽车的销量实现了腾飞。到1965年，克莱斯勒在美国汽车市场的份额与1961年的份额相比上升了40%，而福特的份额略有下降，通用汽车（General Motors）所占份额上升了9%。克莱斯勒的成功也应归功于其他因素：例如，汤森改变了克莱斯勒与经销商的关系，20世纪60年代初是美国汽车产业整体繁荣的年代。但最重要的是，汤森的新车大量售出。在此期间，该公司的净利润从1 100万美元增至2.33亿美元。

亨氏的经历与此相似，只是老年食品依然没有迎来曙光。市场营销部仅仅将老年食品定义为烹饪界的"老爷车"还远远不够。还有一个原因是，如同20世纪50年代末业绩欠佳的行业巨头克莱斯勒一样，亨氏不仅产品质量差而且把研发糊状物放在首位。（亨氏推荐的食谱，比如"风车炖菜"，对发展并没有产生多大帮助。）仅从老年人的刻板印象——牙

---

* Daytona 500是NASCAR杯赛系列中知名度最高、最重要的一场汽车比赛，而NASCAR被称为美国人的F1。——译者注

齿问题、有限的收入——来看待他们的话，亨氏忽视了激励食品购买者行为的主要因素：口味。

不仅老年食品作为一种产品失败了，亨氏也因此匆忙返回番茄酱领域。老年食品存在的较短时期内，人们对衰老的态度恶化了。尽管大多数人不会购买在商店货架上看到的老年食品，但这些罐子仍然传播着一种世界观：作为一个"老年人"，你将不能咀嚼食物，也不关心口味。

如果只有亨氏一家企业以这种方式展现老年人，危害将是有限的。但到了 20 世纪五六十年代，工厂已经内化了主流的老年观。他们明白老年人是一个庞大的群体，贫困而且贪婪，总是在消费却从不生产。当他们试图基于这组"事实"销售产品时，只会在整体上强化文化中的老年观。如果这就是亨氏这个值得信赖的知名品牌对老年人的看法，理性的人可能会认为这种对老年人的看法一定是正常的。

也许，强化老年人不利形象的最有力的营销案例就是一系列已经播出了 20 多年的电视广告。大多数美国居民都知道他们的流行语："我摔倒了，站不起来！"我对这些最初由 LifeCall 公司也就是现在的 Life Alert 公司制作的广告存在着各种各样的疑问。然而，这个广告中的产品——一种按下按钮就能呼叫急救服务的颈部挂坠——（对老年人）无疑是有帮助的。这类设备叫作个人应急响应系统（personal emergency response system，PERS），性能可靠。它于 1974 年引入美国，但并不是什么新概念。然而，同助听器一样也存在一个问题：没人想要。

1992 年，美国 65 岁以上的人口中，只有超过 1% 的人申请了个人应急服务。到 2004 年，这个数字已经上升到……刚刚超过 2%。即使将市场限定在 65 岁及以上的残障独居老人，当年个人应急响应系统的市场渗透率也只有 17%，与助听器的渗透率相当。与此同时，即使是在热爱个人科技的日本，65岁以上的人口中也只有1%的人使用个人应急响应系统。问题的部分原因可能是成本，但如果是这样，那也只是原因中很小的一部分。在国家医疗服务体系为消费者买单的英国，个人应急服务保有率是所有国家中最高的，但依然只有可怜的16%。

如果问题不在于成本，那可能是因为老年消费者不仅想活下去，还想拥有自己的生活。当你的脖子上挂着一个像个信天翁一样象征着即将死亡的标志时，你将很难与朋友交往、找乐子以及一起活动。

企业如何才能说服老年消费者按照他们的最佳利益行事，并拥有一个个人应急响应系统？有一个方案立刻浮现在我脑海中——也许太快了——那就是伪装这个装置。近年来涌现的一些公司已经找到了在项链和手镯等珠宝中纳入应急响应功能的方法。这样做的冲动是可以理解的——如果用户被别人看到戴着一个看上去有点像医疗设备的白色小装置会感到尴尬，那就干脆把它藏在更吸引人的东西里。但这种方法忽略了更重要的一点：如果你是一个独立的老年人，世界其他人是否知道这个珠宝可以呼叫救护车无关紧要，重要的是你自己知道。

根据皮尤研究中心（Pew）2009年的一项民意调查，75岁以上人群中只有35%的人觉得自己"老了"。这是一个问题，因为所有人都知道个人应急响应吊坠是为老年人准备的。对于一个专为"老年人"设计的产品，无论用户年纪大小，如果她不认为自己是"老年人"就不会购买这种产品。也许她的孩子会买给她，也许她自己并不想要。但即便是在这种情况下，用户也不太可能每天都亲自使用这款设备，因此设备的效果会受到影响。2010年德国的一项研究表明，近四分之一的个人应急响应系统使用者从不佩戴警报按钮，只有14%的人每天24小时佩戴。更糟糕的是，当使用者摔倒并在地板上停留超过5分钟时，83%的用户将不能使用他们的设备寻求帮助。

因此，尽管老年人口增长对企业有利，但不管个人应急响应系统伪装与否，我都不会特别看好其未来。最糟糕的是，人们选择不使用个人应急响应系统服务的主要原因在于，手机现在具备大部分生命警报系统的功能。当然，一键颈部挂坠在健康出现紧急情况时要比口袋里的手机更容易操作，但前提是你真的戴上了且愿意操作你的个人应急响应系统设备。尽管个人应急响应系统报警器可以说是一种在紧急情况下最容易使用的产品，但在我看来手机是一个更好的应急技术。原因很简单：人们走到哪里就把手机带到哪里，并使用它。手机代表了个人应急响应系统警报所不能代表的一切。如果个人应急响应系统象征着落入孤立无援的状态，手机就相当于个人指尖上的健康社交网络。截至2014年，美国65岁及以上的居民中有77%拥有手机。

但是，手机的设计也会受到对老年人需求过时的思维方式的影响。一个著名的失败案子是由一家名为Fitage的德国小型企业研发的卡塔琳娜手机。德国《焦点》（*Focus*）杂志报道称，这款于2007年推出的手机以叶卡捷琳娜大帝命名，物如其名，这款手机体积较大——"巨人"。（这款手机有着似乎是首个特意为老年人"创新"研制的超大的橡胶按键。）总体而言，它看起上去更像是20世纪90年代的便携式固定电话而不是手机。尽管很容易用它进行简单通话，但人们不想随身携带或被人看到携带这款手机。一位女士为她77岁患有老年性黄斑变性的母亲购买了这款手机，她在亚马逊上发表了一篇经典的评论："卡塔琳娜很耐用，按键方便触摸，阅读和使用都很方便——没有什么不妥。"但是，"卡塔琳娜又大又重，不能放到钱包里或者口袋里，因为它显然是为'残疾人'量身定做的，所以我妈妈很难去接受它。效果：手机将被留在家里。"

2010年，Fitage倒闭。与此同时，卡塔琳娜的美国"表亲"——由GreatCall推出的Jitterbug手机则取得了更大的成功。但是，在适合老年人使用的手机市场上还有另外一个竞争者正在威胁着要取而代之：智能手机。

人们为什么会认为智能手机适合老年人呢？首先，抛开老年人害怕科技的观念。这个观念曾经是真的，但这更多是时机的问题，而不是年龄的问题。当第一台个人电脑出现在工作场所时，婴儿潮一代必须学会使用它们，但是许多比他们年长10岁到20岁的人在退休时都从未使用过个人电脑。最终，最伟大和沉默的一代获得了技术恐惧症的称号——这在很大程度上是因为他们不幸在计算机得到普及之前或同时退休。但现在，婴儿潮一代正稳步进入老年阶段。他们在职业生涯的大部分时间里都在使用电脑，在家里也在使用智能手机和平板电脑。他们与科技的关系与任何一代老年人都完全不同。掌握这一系列新情况的公司将受益匪浅。与此同时，那些继续将老年人视为无法改变的科技新手的企业也将进入一个痛苦的世界。

2000年，美国只有14%的老年人使用互联网。现在这个数字已经翻了四倍，而且还在继续攀升。截至2016年，50—64岁人群中有58%拥有智能手机，65岁及以上人群中有30%拥有智能手机，这一比例是五年前的两倍多。除了智能手机，2016年50—64岁和65岁以上的消费者拥有平板电脑的比例分别是37%和32%，拥有游戏机的比例分别是30%和8%，拥有台式机或笔记本电脑的比例分别是70%和55%。他们似乎比其他几代更享受互联网设备：82%的老年智能手机用户称自己的智能手机使自己"获得了自由"，相比之下，在二十岁左右的用户中这一比例为64%。原因可能很简单：当你与他人保持联系的方式（比如开车进城、上学或上班）随着年龄的增长而越来越少时，使人与人之间的联系成为可能的技术就变得更有价值。

　　未来面向老年消费群体最成功的产品要么有高科技的特征，要么迎合将科技视为生活重要组成部分的消费者。的确，在一段时间内，可能仍然需要简化的手机。如今，一些企业甚至在生产简化版的智能手机，这样的产品有点自相矛盾。但很快，随着年龄较大的人群中越来越多的人都是精通技术的消费者，这些设备的市场将局限于那些有认知障碍或触觉障碍、健康存在问题而不能正常使用智能手机的用户。在不久的将来，语音命令将变得非常有效，很多有手部颤抖问题的人可能会选择用语音控制一部功能齐全的智能手机，而不是购买一部没有网络且功能不强的手机。这将意味着，这类产品的典型口号——"让活跃老人获得独立性"——远未实现，"老年机"的使用者将主要是有认知问题的人群。这类人群仍然是一个非常重要的市场。但与流行的观点相反——世界上59%的人错误地认为阿尔茨海默症（一种最普遍的失智症）是衰老的正常组成部分——失智症在老年群体的发病率没有特别普遍。即使在85岁及以上的人群中，也有三分之二的人没患失智症。当面对一种产品，感觉它是为那些有轻度失智症的人准备的时候，大部分老年消费者都会远离这种产品。

　　但与此同时，企业将继续以亨氏推销"老年食品"的方式推销"老年机"：推销一种公开宣称其用户低能的低于标准的产品。也许简化手机最让我恼火的是，这些设备削弱了一项本应连接人与人的技术。最糟糕的罪魁祸首是三键式手机：只能拨给家里、救护车和接线员——仅此而已。也许没有任何一项技术像现在这样受到我们对老年生活的观念的影响。手机，一项最初设计用来随时通话的技术，现在却将老年人与除少数充当生命线之外的所有人隔离。可悲的是，因为你有了新手机会更安全，所以你的孩子可能不常打电话来查看你的情况。你可能不再需要搬到一个可以和朋友在一起的社区。回到马斯洛的层次结构，这种类型的技术非常有效地满足了老年人基本层次的需求，但却以牺牲其他一切为代价。

在未来几十年里，科技可能是让生活变得更好的最重要的力量，老年人可能会被排除在进程之外的想法是很可笑的，如果不是令人担忧的话。也许曾经有一段时间，在某些情况下，为老人定制的三键式手机是有意义的。但那个时代已经基本过去了。现在责任落在了技术设计师身上，他们要设计出功能齐全且让年轻和年老用户都感到兴奋和愉悦的技术。正如我在接下来的几章中解释的那样，在为老年用户进行设计时仍有需要克服的主要挑战，首先要考虑可及性，更不用说老年用户在使用新技术时已经积累数十年的思维模式了。但是，为了可及性而牺牲其功能是不够的。从现在开始，从技术设计的角度来看，有必要确保所有年代的人都能使用功能齐全的技术。

 故步自封

科技行业是否准备好为消费者的全生命周期进行设计甚至都不是一个问题。它们并没有。它们甚至还没有准备考虑老年人想要什么。

由于退休制度，在主导老年观中最令人沮丧的就是老年人无法再扮演经济生产的角色，这一点犹如"第二十二条军规"，这意味着他们既无法赚钱，也不能自己设计产品：家居用品、金融产品、飞机座椅，等等。

年轻人把握生产方向的事实是许多针对老年人的产品没有考虑老年人生活存在细微差别的一个主要原因。

但在一个行业中，年轻人比在其他任何行业都更能真正掌控大局，而且不幸的是，年轻人掌握了一个决定未来生活形态的行业：那就是消费科技产业。

科技公司的员工比普通企业的员工年轻得多。劳动力市场研究机构PayScale曾对2014—2015年间全球顶尖科技公司员工年龄的中位数进行评估。根据他们的分析，在18家顶级公司中，只有3家公司的中位年龄在36岁或以上；与此同时，美国总体劳动力的中位年龄为42.3岁。更令人担忧的是，那些老牌科技公司，例如惠普、甲骨文和IBM，拥有的员工也只（相对）年长一点。年轻的公司拥有最年轻的员工，包括那些拥有21世纪最具改变世界创新能力的公司。谷歌和亚马逊的员工年龄中位数是30岁，脸书是29岁。正如脸书创始人马克·扎克伯格（Mark Zuckerberg）在2007年不光彩地说过："年轻人就是更聪明"。时年22岁的他想知道，"为什么大多数国际象棋大师都不到30岁？我不知道。年轻人的生活更简单。我们可能没有车，也可能没有家庭。"

由于硅谷普遍存在年龄歧视，当地的整容业正在经历一场大繁荣。在2014年4月的《新共和》（*The New Republic*）杂志上，劳工记者、时任资深编辑的诺姆·斯凯贝尔（Noam Scheiber）记叙了一位26岁到整形医院咨询植发手术的硅谷员工。外科医生称"我告诉他我不会让他这么做的。他的发型甚至还没有定型。"

硅谷的年龄偏见不仅局限于被雇佣者，也延伸到接受风险投资的公司。著名的创业公司孵化器Y Combinator的创始人保罗·格雷厄姆（Paul Graham）在2012年表示，他可能"被任何长得像马克·扎克伯格的人欺骗"。2010 年，114 家接受早期天使投资的公司中有一半的风险投资都流向了年龄在 35 岁至 44 岁之间的创业者。35 岁以下的创业者获得的资助是 45 岁以上创业者的两倍。正如斯凯贝尔报道的那样，45 岁及以上的创业者占所有创业者的一半，因此，年龄大些的科技公司创业者所争取的资金实际上比年轻创业者所争取的要少得多。

这只是在美国。在韩国等科技蓬勃发展的国家，年龄歧视可能更为严重。尽管韩国最终在 2010 年禁止公开的职场年龄歧视，但传统上，为了维持公司的等级秩序，韩国招聘人员拒绝帮助年纪较大的求职者，而且事实证明这种现象很难杜绝。

总而言之，包括但不限于科技行业，全球的经济环境都根本不是为了生产老年人想要的产品和服务而设置的，那些老年人还不知道他们想要的真正革命性的创新则更不可能被创造出来。如果工业界在这方面失败了，政府就是同谋。

当企业不能或不愿投资于公共福利所需的工作时，政府必须介入。这是个老生常谈的例子，但任何私营企业都不可能为阿波罗登月计划提供资金，更不用说承担后勤保障了，那是美国政府的工作。即使是今天的私人营利性太空飞行公司，也只有站在美国国家航空航天局（NASA）和其他国家航天机构的肩膀上，才能达到他们目前的水平。

或许更重要的是，当我们还不清楚，作为一个社会我们该如何解决问题时，政府在规范某些解决方案时扮演了重要角色。例如，在 20 世纪 20 年代到 50 年代之间，美国政府不得不在火车和汽车通行之间做出选择。政府做出了选择，因此现在大多数人开车上班。但不幸的是，当涉及老年人时，政府和私营部门都陷入了铁路时代。（这一说法就既有象征意义，也有字面意义，考虑到我们的老年观起源于 19 世纪中期。）一旦政府想到做某件事的方法，它的思路就会被限制在某种解决办法的模式中。

1995年，当我还在为白宫科技政策办公室（White House Office of Science and Technology Policy）的老年人交通项目工作时，我负责把不同的政府机构召集到同一个房间里讨论问题。但是当两个机构——卫生与公共服务部和交通部——进入房间时，他们各自坐在一张长桌的两端，就像和平谈判中的敌对双方，随时可能针锋相对。这两个部门一直存在着较大的分歧。卫生和公共服务部致力于健康，冒着把情况过分简化的风险，认为老年人的交通主要是为了满足坐着轮椅上到车里，从而实现看病的需求。与此同时，交通部只是希望现有的公共交通系统能容纳更多的人。会议开得不理想。两组人讨论的目的不一致，无法就任何一种可行的方案达成一致。"行动组"的一名成员在桌子上睡着了，嘴巴张得大大的，轻轻地喘息着。

总之，这是我见过的最无聊的对峙。这也是整个政府如何陷入老年陈规的缩影。总的来说，美国政府的政策与当前占主导地位的老年观保持一致，继续将老年人口一概视为贫穷的病人。就连我组织的交通会议也必须由一名医生主持，否则就不能召开。老年人等于病人是政府认为的一种理所当然的状态，这种认识已经持续了很长时间。

1935年美国通过了《社会保障法》，在这之后，1965年是与老年人相关的立法活动最重要的一年，这一年国会不仅签署了针对65岁以上人群的联邦医疗保险，而且签署了《美国老年人法》，这是一部包括各类反贫困和反虐待措施的综合性法律，同时也优先考虑，至少在纸面上，为老年人"追求有意义的活动"。那一年，《美国老年人法》各项拨款总计750万美元。与此同时，医疗保险获得了10亿美元。其含义很明显：政府将在保健和扶贫方面支持老年人。其他的考虑都是次要的。

我绝不是要诋毁医疗保险和社会保障方面的重要立法成就。它们非常重要,我不想在没有它们的世界里生活或者变老。事实上,尽管"一个没有它们的世界"从长期来看似乎是不太可能的假设,但政客们很容易在老年人问题上掉以轻心。(以澳大利亚总理托尼·阿博特(Tony Abbott)为例,在他执政的两年时间里,完全没有任命老年事务部长这一重要职位。)

但是,老年人的健康和扶贫项目使其他所有的政策考虑相形见绌,这些项目进一步强化了老年就是生病和贫穷的观念。政府恰恰通过政策将对现实的构想渗透到公众中,它对许多人都至关重要,或许是最有力的现实传播机器之一。不幸的是,正如老年学中一个重要的、批评的声音卡罗尔·埃斯蒂斯写的那样,尽管做了很好的工作,"特殊的政策和计划仍然在隔离和污蔑老年人。"

如果企业和政策制定者都陷入他们自我强化的思维模式,要怎样才能摆脱这种模式呢?怎样才能使对自由和幸福的追求在老年时期实现不只是一种可能,而是成为一种常态?

 前进道路

在21世纪00年代后期,老年实验室不再生产医疗设备。

这一重大转变发生在2007年。来自老年实验室的法国硕士生塞德里克·哈钦斯(Cédric Hutchings)设计了一种条形码扫描器,它能使在杂货店购物的人把东西放进购物车之前,完成对食物的营养价值的分析。

我完全赞同这一想法，因为飞速增长的 2 型糖尿病发病率正在成为全世界长期健康的一大威胁。也许，我们的想法是，我们可以帮助人们更容易购买低血糖指数的食物。

不仅我认为这是一个好想法，作为老年实验室的赞助商的宝洁公司（P&G）也这样认为。因此，为了测试这位智能个人顾问（我们立即给它起了个绰号叫"智能手推车"），我们飞往宝洁公司位于俄亥俄州辛辛那提市的总部。宝洁公司向我们保证我们可以在那里测试这个设备。很快，我们开着租来的车，来到了郊区一个看起来不起眼的铝砖仓库。大厅里，一个保安不耐烦地看了一眼我们的证件，然后指着两个完全相同的门中的一个。我把它推开了。

内部的空间比外面看起来大得多，我们发现了一个巨大的、闪闪发光的、储备齐全的杂货店，里面没有任何人。这就是宝洁公司的试验场地。（我后来发现，另一扇门通往一家同样冷清的药店。）

当我们开始在那里进行消费者试验时，很明显我们在某个地方搞错了方向。一次又一次的打击中，测试人员告诉我们，智能手推车其实并不是很糟糕，但它为什么不告诉他们，他们真正想知道的东西：价格？

答案很简单：我们犯了一个错误。我们只把老年人当成病人，而不是消费者。（然而更糟糕的是，我们并不知道智能手机的出现将会取代我们的智能手推车。）如今，塞德里克更广为人知的身份是 Withings 的联合创始人兼首席执行官。Withings 是一家消费电子产品公司，目前正在生产一些极具创新性、通过移情设计的、可穿戴的数字式自我追踪技术。* 与

---

* 数字式自我追踪技术（quantified self-technologies），指采用科技追踪自己的各种个人状况，如身体活动和能量消耗情况。——译者注

此同时，老年实验室已经改变了方向，把设备的生产留给了像塞德里克这样的专业人士，而我们则研究现在和未来的老年人的想法——尤其是在他们购买和使用新技术和其他产品时的想法。近10年后，如果说我们的智能购物车有什么值得一提的地方，那就是：除非是为了让某人活下去而迫切需要，否则消费者会拒绝那些仅仅把老年人当作需要解决的医疗问题的产品。老年人并不这样看自己，也会将反映这种观点的产品视作异类，最坏的情况是，他们将远离这种产品。相反，老年人看到的是自己的本来面貌：马斯洛需求层次理论所描述的有各种各样的欲望和需要的人，但现在更高层次的需求却被忽视了。

如果你仍然不相信企业（以及政府和非营利部门）试图满足这些愿望是有意义的，我理解你的理由。社会在应对人口问题时一个负责且节俭的方式是关注其生存需要，而不是其无足轻重的欲望。但是，处理老年人更高层次欲望的时间似乎迟迟没有到来，像爱情、性、自尊、个人和职业抱负等。结果，我们发现自己生活在一种对老年的憧憬中，而其中对自由和幸福的追求似乎总是遥不可及。

这需要得到改变。有一件违反直觉的事情：满足这些高层次的欲望将更容易回过头来解决基础层次的需求。第一步是了解老年消费者真正想要什么。

不幸的是，企业，尤其是年轻的科技行业，缺乏必要的知识。他们不知道现在的老年消费者需要什么，更不用说在无法预知的未来需要什么。许多这样的组织向老年实验室寻求答案。我们尽量帮助他们。但即使我也不是确切知道明天什么会激励老年人，因为大多数老年人自己都不知道。

但是有些人知道。有一群消费者生活在时代的前沿。他们非常了解在以后的生活中可能出现的真正挑战，以及如何做出正确的选择。然而，令人疯狂的是，在那些有可能改变老年产业的关键行业职位上，这个群体的代表性严重不足。

我说的是中老年女性。一般来说，女性消费者会通过自己的个人经历、见解和经济需求来描绘老年人的未来。更具体地说，在这个年龄段，有一群优秀的企业家——独立经营者和大型组织中的创新者——她们具有引导我们走向全新的、更好的老年生活的洞察力。在下一章，我将解释她们是谁，她们的洞察力将从何而来，以及为什么未来将是银发的、女性的，并且以此为荣。

3

未来是女性的

周三晚上七点钟在洛杉矶洛克威尔演艺餐厅（Rockwell Table and Stage），60岁的凯西（Kathie）正紧张地看着她的手机。很难理解她为什么会如此焦虑，毕竟她有过线上约会的经验。凯西的穿着华丽时髦，而晚上的娱乐节目将很有料：参演过《侏罗纪公园》和《变蝇人》等电影的明星杰夫·高布伦（Jeff Goldblum）会在八点上台，与他的五人乐队一起演奏爵士钢琴。

但是这次她真的豁出去了。一想到在这个地方，在今晚，会被放鸽子，她就油然而生一股挫败感。而这种挫败感，她将难以走出。

她根本不想搬到加利福尼亚。她和她的丈夫在新泽西州养大了他们的女儿。但当他们的孩子决定来旧金山上大学时，凯西和她的丈夫也一起搬到了美国西部。他们在帕萨迪纳附近买了一套6 000平方英尺的房子。此后不久，她的丈夫结束了他们30年的婚姻。此后她就开始线上约会了。

"我明白我很伤心，我知道我失去了一些东西，"她说。"我以为失去的是一种'关系'，是一个男朋友或男人。"

THREE 3
未来是女性的

她也知道，在 50 岁以上寻找同龄伴侣的人群中，女性远多于男性，因此她决定像对待不动产市场那样对待线上约会。"你会将你的房子'多重挂牌'，故而我注册了所有的交友网站。我加入了 eHarmony、Match，此类网站我全都参加了。"在约会的时候，她发现男人们参与约会的目的往往和她不一样。"男人们似乎没变，我并不在乎他们是不是性无能，但他们却把发生性关系放在第一位，"她说道。虽然她有几个女性朋友对这种浪漫方式毫无顾虑，但这并不是她想要的。她真正想要的是能有个人说说话，陪她一起看电视，一起旅行。但似乎找到这样一个人的唯一办法就是谈一场轰轰烈烈的恋爱。"我并不是真的想约会，但我实在是太孤独了，"她说。

大约在同一时间，凯西参加了本地的一个卡巴莱（晚间提供歌舞表演的餐馆）。在那里，一群才华横溢的年轻人每晚都会轮流献唱，他们大多数是同性恋。她被他们在这种私密的舞台上散发出的十足的、纯粹的才气迷住了，每周都要去两次以上。她并不是唯一一个注意到这些表演者的潇洒气质和精湛技艺的人。那一年，这里的几个常驻艺人签约参加了《美国偶像》第八季，其中一个叫亚当·兰伯特（Adam Lambert）的艺人挺进了最后一轮。凯西周围的卡巴莱常客们为兰伯特取得的成绩感到兴奋异常，于是她自告奋勇举办了一场派对，邀请大家一起观看本季的总决赛。兰伯特没能夺冠但最终成为本季最耀眼的新星。而更重要的是，派对取得了圆满成功，来客们都玩得很尽兴，一些表演者甚至开玩笑说要搬过来和她同住。凯西让这些提议者们尽管过来，这个回答令他们大吃一惊。很快，她便成了六个年轻人——其中有一个是卡巴莱的制作人——的干妈和他们万分慷慨的女房东。"我们组成了一个非常亲密的家庭，我们会庆祝节日、生日，和一切可庆祝的东西，"她说，"我有一台酒精测定器,当我认为有人饮酒过量而不能开车时它就会派上用场。这总会引发一点小矛盾,但总的来说,我们相处得很不错。"

甚至后来,在她换了更小的房子,在那个卡巴莱搬到了一个更大的场馆之后,她仍与这些年轻人保持着联系。正是通过这些娱乐界的关系她才知悉杰夫·高布伦的钢琴表演——每周一次,着实精彩。"他古怪又搞笑,但却掌控了整个舞台,"她说。现在,她正在尝试一个新的交友网站史迪奇(Stitch.net)。这个网站新近创立,专门满足50岁以上人群的需要。她觉得看场高布伦的演出是她和在史迪奇网上碰到的人一块找乐子的最佳方式。

在她发起线上约会之后,她的朋友们秘密地给她在舞台前预订了最好的桌位。她很感激这样的特殊待遇,只是有个小小的隐患,那就是万一她被放鸽子(就她的约会经验来说,这并不是什么稀奇事),就会被她的朋友们和杰夫·高布伦一同见证,那可就太令人尴尬了。

事实上在那个周三的晚上,倒霉事似乎又要成真。凯西很早就到了,以确保一切都按计划进行。然而很快她就独自一人坐立不安于她那醒目的空桌旁,想着是不是哪里出了什么问题。

终于,她的约会对象到了,一共七个人,都是女性。

 最终的消费者

正如我在之前的章节中所提过的那样,面向老年人的产品反映了一种对老年该如何度过的武断、过时的描述。然而,现如今老年人的经历正在发生变化。人们注意到,那些20世纪关于50岁或60岁后该如何生活的故事已无法保障他们晚年生活的幸福。因此他们还是选择靠自己。这些人正在寻找一种新的生活方式和扭转传统刻板观念的新方法——有时会借助于尖端新产品，或者当它们还不够"尖端"时，自己创造出属于自己的产品。

这个先锋消费阶层有一些显著的特点：拥有大量的个人财富，天生对技术就很熟练。而且，由于他们主要是婴儿潮一代，因此长期以来已经习惯了去塑造他们的经济和物质世界。

这个群体并非完全由男性构成。相比于男性，女性关于老年是什么的看法往往更多地被主流叙事忽略。因此，面向老年人的传统产品提供给女性消费者的服务相对较差。而不幸的是，对于提供这些产品的公司而言，在老年市场，女性负责做大部分的消费决定。

在全球各年龄组人口中，女性影响着64%的消费行为。在许多特定情况下，不仅限于居家用品，在购买汽车和房屋等"大件"物品时，她们也有着更大的话语权。仅在美国，女性每年就决定着5万亿—15万亿美元的消费。

在老年群体中，女性消费者的影响力更加深远。无论如何，真正的问题不在于老年妇女决定买什么，而在于留给她们丈夫的选择余地有多少——当她们的丈夫还活着时。关于变老的一个无可争议的事实就是，你越老，同龄人中的男性就越少。在美国，65—69岁人群的男女性别比为96。* 85岁及以上人群的性别比下降到了60。（在有些国家，性别比失衡要严重得多。例如在俄罗斯，由于各种问题，包括与酒精相关的死亡，

---

* 性别比指总人口中男性人口对女性人口的比率，通常以每100名女性所对应的男性数目为计算标准。此处的数值96是指，在65-69岁群体中，与每100名女性对应的有96名男性。——译者注

65岁及以上人群的男女性别比只有44。）

除了因为人数更多和能主导家庭消费，另有一个简单而又显得不公平的事实，使得女性在老年消费市场中的影响力呈几何级放大，那就是女性提供了远远超过其份额的老年照护。大多数接受照护的老年人只能从他们的家人和朋友那里获得照护。（需要说明，当我谈到"照护"一词时，不仅仅是指这个词让人想到的那些比较典型的东西，比如上厕所、穿衣和去药店拿药，也指换灯泡、搭便车去图书馆、帮忙挑新手机、帮做文案工作、更新电脑这些事——甚至包括只是花时间去陪那些需要陪伴的人。）大多数女性在40岁之前都提供了某些类型的"照护"。在美国，女性占非正式（即家庭的或非专业的）"照护者"的66%，并且在提供照护上所花的时间要比男性照护者多出50%。

在异性婚姻中，当一方向其配偶提供照护时通常是女性照护男性。当成年子女照护老年人时，这个提供照护的子女往往是女儿。许多情况下，这个成年女儿处于"依赖三明治"的中间一层，不仅要照护年长的父母或姻亲，还要照顾她自己的孩子。

就有关老龄化的很多方面来说，世界上越来越多的其他地方也开始像美国一样。在日本，女性在非正式照护中占主要地位。这个"旭日之国"是高收入国家中女性劳动参与率最低的地区之一，而且每年有超过10万名日本人为照顾年迈的父母而辞职，其中80%是女性。与此同时，在快速老龄化的西欧，据估计女性可提供高达三分之二的非正式老年照护。这些全球性的照护趋势对妇女谋生、追求竞争性的事业、为自己退休提供经济保障，以及在自我维持的循环中关照自身健康的能力产生了严重的、有害的影响。

照护者经常扮演的一个主要的、不被注意的角色是就是二代、三代甚至四代家庭中的"首席消费官"。除此之外，老年女性相对老年男性单纯的人数优势以及所有年龄段中女性更可能主导消费支出的事实，都能解释为什么许多产品应当以女性为目标群体。

当营销人员和产品设计师意识到这一点，并且听说如今的老年产品及其反映的观点并不能很好地满足特别是老年女性需要的时候，他们应该看到发财的机会。然而，事情并不是这样。我曾亲身体验过说服一些公司去做最符合它们利益的事并且去迎合女性消费者有多难。2013年，我曾给北卡罗来纳州的一大群医生、医疗保险人和医院管理人员演讲，当时事态出乎我的意料：听众反对我。

多次上台演讲的经历使我了解那些听众没有投入你的演说的典型"症状"。当你的听众觉得无聊时，你看到更多的是额头而不是下巴，因为他们正低头看着自己的脚，又或者更糟，刷着他们的手机。但这次不一样，在整个过程中，我看到听众头向后仰，下巴向前伸，他们的目光顺着鼻子射向了我。许多人双手抱胸，有些人甚至向后靠使得椅子前腿离开了地面。我的观点没有被接受——而是被强烈地拒绝。

为什么呢？因为我从最重要的女性消费者话题开始，她们在医保群体所关注的消费方面特别有影响力——即便在所谓的男性主导家庭中也是如此。我谈到女性如何长寿，也谈到她们提供了比男性更多的照护，还展示了关于家庭支出的可靠数据。我说了一些吸引人的轶事来调节现场气氛。然后我谈及我的核心论点。我说当自己的家里需要做出一些最重要的决定时，男人们往往会撒手不管。

会议室炸开了锅。会议主持人——正是他私下里请我帮忙做这场演讲——从后排喊道："我们的女性得到了（比你说的）更多的尊重，她们绝不会在公开场合如此失礼。"

尽管当我试图总结我的演讲时额头冒汗，我还是进行了一次小小的情绪观察。几乎所有瞪着我的观众都有一个共同特点：身上有 Y 染色体（即他们都是男性）。

与此同时，虽然我面前的一些女性听众也明显感到不安，但也有很多看起来是在对我微笑。这给了我一点小小的希望，让我跑下讲台时能保留完好的尊严。

男性与女性，以及老年期的创新

我希望在我晚年时，旧有的规则不再适用。要通往一个对老年有着全新、更好的认识的未来，企业们要做的是创造满足老年消费者真正需求的服务，而不仅仅是一成不变地粗制滥造一些让老年人讨厌了一个世纪的玩意。

但要实现这一目标，企业要以不同于现在的方式与他们的客户保持一致。鉴于年龄较大的消费者往往是女性，那些主要是由 65 岁以下男性经营的企业通常无法领会到这一点。而最有可能塑造我们共同未来的高科技行业尤其如此。

正如我前一章提到的，科技行业不仅年轻人居多，而且也由男性主导。谷歌从事技术的员工中，男性占 83%，这是硅谷一流公司的典型特征。硅谷 10 家最大公司中男性占比为 70%，在高级管理和行政职务方面，这一比例上升至 83%。（与此相比，加州所有劳动力中男性仅占 55%。）

更糟的是，只有 3% 的获得创投资金支持的科技公司是女性 CEO。在

THREE 3
未来是女性的

整个硅谷，女性只占所有行政职位的11%。这种不平衡导致了一波又一波男性导向的技术产品。若要试举一个实例，就看看"苹果健康"（Apple Health）的第一个版本，这是一个全面的健康跟踪应用程序。在2014年的发布会上，软件工程高级副总裁克雷格·费德里吉（Craig Federighi）表示，"苹果健康"将负责"监控所有您最感兴趣的指标"。这个应用的第一个版本不仅跟踪一些常规的健康指标如心率等，还有一些不常见的指标如铬摄入量。然而，尽管考虑到了几乎所有可能的身体测量数据，该产品的设计者还是不知怎地忽略了月经这一人类几千年来一直在仔细观察着的一个周期。阿莉尔·杜贺梅洛斯（Arielle Duhaime-Ross）在科技媒体网站The Verge上写道："总之，假如你是一个会来月经并拥有iPhone的人，那你运气很糟。"苹果在更新版本中修正了这一漏洞，但不幸的是，"苹果健康"仅仅是反映内化的性别偏见的科技产品之一。正如科技文章作者兼播主罗丝·埃弗莱斯（Rose Eveleth）所指出的那样："手机对于很多女性的手来说太大了。最新设计出的人造心脏有80%与男性相匹配，只有20%与女性相匹配。下拉菜单中即使其他都是按字母顺序排列的，'男性'也总是在'女性'之前。"

如果性别差异会妨碍苹果（这可是苹果！）员工将有史以来最明显的健康数据纳入其跟踪数据指标，那么可想而知面临更少公众监督的小公司会怎么做。但即便硅谷的年轻人以某种方式推出了能满足老年女性需求的产品，他们的营销能获得成功的机会仍然很渺茫。这是因为，再一次，营销机构的创意总监中女性占了3%这样一个"庞大"的比例。不，我后面没漏0，就是3%。

在一种内化的年龄性别偏见之下，老年女性消费者的问题被完全忽略就不足为怪了。然而，对于那些消费者来说幸运的是（对于现在许多公司而言则不幸的是），改变正在发生。用新奥尔良作曲家约翰博士（Dr. John）的话来说：如果一家公司不这样做，你知道总有其他人会这样做。

凯西的故事很有说服力。在离婚后，她发现自己一直在约会仅仅是因为她"应该这样做"。如果第一次婚姻失败，传统智慧会告诉我们要去结第二次婚——婴儿潮一代甚至会结第三次婚。她上过的很多交友网站都是按照这个想法建立的。

交友网站和应用程序"都宣称要帮助人们最终结婚或建立恋爱关系，"她说。"在那些网站上，我遇到了一些很棒的人，和他们约会了好几次。"但是，"感觉就是，这是你'应该做的事'。单身的时候，你就约会，你就建立关系。"

然而，史迪奇网是她发现的一个重心在其他方面的交友网站，这使她能够寻求在"一对一式浪漫"这种传统观念之外的"联结"。一开始，"当我填写我的个人资料时，我仍然认为我想要一个男朋友，"她说。但她很快发现用户可以设置小组活动并邀请多人参加。凯西立刻想到高布伦每周一次的表演——"会有益智猜谜竞赛，或者是'杰夫·高布伦的六度空间'"——于是她发出一份邀请。有时，根本无人应邀到场，她解释说，这会让"你看起来像个白痴"，但出这种状况时，"杰夫的魅力"帮了她一把。

音乐会取得了圆满的成功。高布伦与凯西桌上的每个人合了影，她们一直留在那里，直到最后将近午夜时的加演曲。因此，那个月稍晚些的时候，当史迪奇网邀请其洛杉矶成员参加一个电影之夜时，凯西毫不犹豫地去了，并邀请任何感兴趣的人在观影前一起吃饭。

在那顿饭中，某种感觉不期而至。这一次出现的又都是女性，她们最终成了她现在最亲密朋友圈的核心成员。"这有点疯狂,因为我们这个小团体中大概有十个人,"她说。"我们早上互发短信道早安,上床时互发短信道晚安。我们就像 15 岁的孩子一般。"

现在,她把这种在史迪奇网上获得的女性之间的柏拉图式友谊看得比其他东西都重。(这个其他东西不包括她刚刚降生的孙子,她称其为"我的宝贝"。)"我几乎立即意识到,我所渴求的不是一段'关系',而是一种'联结'。那是一个非常关键的时刻——一种令人发出'啊哈'的美妙瞬间,"她说。"我意识到我生命中并不是必须要一个男人让我感觉到自己很重要、被爱或者被照顾。我要的只是一种与他人的联结。"

不得不说,史迪奇网仍然只是一个交友网站,只不过它在致力于培养浪漫关系的同时也重视培养柏拉图式的友谊。然而,即使超出了该行业的一般范畴,对凯西来说,它还是给了她真正想要的东西。这种模式——提供老年女性消费者真正想要的东西,而不仅仅是千篇一律的过时产品——是每个面向老年群体的公司应该努力效仿的。但是,企业可能很难拥有这样的洞察力。

事实就是,现在经济仍由男性主导——在许多领域都是年轻男性主导——尽管很多男人认为他们知道女性真正想要什么,但男人很难想到点子上。当涉及老年女性需求时尤其如此,因为男女之间对以后生活的看法存在明显的根本差异,这也是我们麻省理工学院老年实验室密切关注的问题。

在一项试点研究中,老年实验室使用了一种全新的开放式调查方法,让 25—60 岁的人描述他们对 65 岁以后生活的预期和恐惧。参与者从一大堆照片中挑出能反映不同老年生活事件的照片——比如钓鱼旅行、住院、一次安静的外出晚餐、经济困难等。然后他们将这些照片放入一个靶盘，其中最内圈代表他们在晚年时最期待的东西，而最外圈则代表了他们最担忧的事物（我们称其为"恐惧之环"）。当他们做出决定后，我们让他们谈谈自己的选择。

在我们的记录中，男性的反馈与女性显著不同。男性更关注老年期的愉悦之事，而不是实现它们的过程。他们使用"独立""休闲""度假"和"充足"这些结果导向的词的频率远比"计划""投资""抵押贷款""债券""股票""年金""社会保障""储蓄""保险"和"财务"这些计划导向的词更高。女性则恰恰相反；她们更注重在老年获得成功的过程。"如何满足我的需求？"这似乎才是她们的想法，而不是"我能得到什么好处？"

与此同时，男性的反馈通常比女性更积极。男性说"快乐"与"美好"的频次为女性的两倍，"很棒"与"享受"的频次达到三倍；女性说"担忧"与"压力"的频次达到男性的两倍。

简单来说，我们的男性参与者以相一种模糊的、乐观的心态走向老年，而女性则更加关注晚年生活带来的挑战。男性期待能放松个几十年，女性则有计划地步入老年。

女性的这种清晰认知可能有助于解释为什么她们中很多人依然会在老年期奋战在工作第一线，这种现象自1990年左右以来愈发明显。在美国，老年劳动参与率（无论是在业还是在寻找工作的都计算在内）自19世纪末首次开始暴跌，那时联邦军的老兵觉得最好不要被榨干。该比率在20世纪80年代末至90年代初期触底，约为11%，自那以后它一直在攀升。如今，65岁以上人口中有18.6%参加了劳动力市场，美国劳工统计局预计，到2024年这一比例将增加至近22%。也许美国和许多其他国家的各个年龄段男性工作人数还是比女性多，但根据1990年至2010年的美国人口普查，老年各年龄组中女性的劳动参与率上升速度都要比男性快。①

至于为何女性会在老年期积极地投入工作，有这么几个解释。首先，可能是因为她们并没有从心底里接受别人灌输给她们的关于"退休"的概念。

在另一项更大的调查中，老年实验室的科学家李宰宇（Chaiwoo Lee）对来自美国各年龄组、各收入水平和地区的1万个样本进行了问卷调查。在一个环节中，她要求被调查者给出五个关键词来描述他们在结束职业生涯后的生活。我们在说明中避免使用"退休"一词，以免他们的反馈受到几十年来退休营销的影响。然而我们的男性受访者用得最频繁的词依然是"退休"，其次是"放松""好""爱好"和"旅行"。男人们如此一致地重复着退休的"纲领"，仿佛有人在他们梦中一直播放太阳城的广告。

女性就是另一回事。她们用得最多的关键词是"满足"，其次是"和

---

① 这种趋势与一半美国工人在退休后没有足够的储蓄来支持他们的生活水平这一事实密不可分。但出于需要而工作并不是老年人追求工作的唯一原因。是的，许多婴儿潮一代计划推迟退休或永不退休是因为他们无法承受30年的闲暇时间，但许多其他人只是因为喜欢工作而打算这样做。波士顿大学退休研究中心（Center for Retirement Research at Boston College）2013年的一项研究显示，65岁以后大多数人继续就业的主要原因是他们比起退休更喜欢工作，这种推理随着教育水平的提高而变得更加可靠。65岁人群中大学毕业生继续工作的概率是那些没有高中学历者的两倍，而且年龄超过65岁人群中的大学毕业生人数每年都在增加。该研究的作者写道："我们的结论是，老年人劳动参与率的提高在很大程度上是一种有利的发展，反映了受过更多教育和更健康的成员留在工作岗位上的愿望。"即使那些没有受到最近经济衰退影响的人也打算延长工作时间。许多年长的劳动者，尤其是那些办公室工作人员，可能需要改变工作节奏或换换同事，但身体却不需要休息，他们只是将有意义的工作看得比休闲更重要。

平""平静""成就"和"家庭"等。这些结果与我前面提到的研究相结合，表明女性不只是带着对后半生几十年会遇到的挑战的清醒认识步入老年，也在她们的愿景中比男性融入了更多的细微差别。

一些女性受访者的见解也可能来自个人经历。中老年女性比男性提供了更多的老年照护，并且她们提供的这种照护更可能是亲密型的，涉及洗澡、上厕所和穿衣等活动。也就是说，男性倾向于帮父母换灯泡和清理水槽，女性则帮他们清洁身体。在这个过程中，她们会了解老年人身体的变化，以及为了让它健康运转所需要做的工作。

男人对老年期的概念建立在一种对休闲退休生活的模糊又乐观的想象之上；而女性则以一种更清晰，也可能更严厉的眼光来看待老年。这个区别至关重要。这说明，如果消费者要通过他们的消费行为来反对当前的老年观的话，女性将起带头作用。在各年龄组中，关于晚年生活要解决的问题，女性比男性有着更好的看法。她们将最先认识到现有解决方案的不足或指出大家没找对问题所在，也将认识到"尝试解决老年人问题"与"为老年人解决问题"的产品之间的区别。

而且，某些女性企业家将会率先打造更好的新产品，将现有的企业彻底打败。交友网站史迪奇网能建立也正是依靠这种洞察力。

有一些杰出的人生来就对老年人充满热爱，但这样的人很少，玛茜·罗格（Marcie Rogo）就是其中之———正如她所说，她"在安老社区比在学龄前学校更加安逸舒适。"2007年自宾夕法尼亚大学毕业后，她前往澳大利亚悉尼，在澳大利亚管理学院攻读商业硕士学位，并决定从事老年事业。很快，她就几乎住在了加利福尼亚州和澳大利亚的退休社区。她与那里的居民交谈，探究让他们开心或悲伤的事，发现他们生活中依旧需要的东西。她认为社会隔绝是健康老年生活的最大敌人。

> THREE 3
> 未来是女性的

"在过去五年里,我一直在努力帮忙推迟 50 岁以上人群遭受社会隔绝的时间,因为它会对健康产生不利影响,"她说。"当你五六十岁的时候,这更多是一种'预防'。但是一旦你步入高龄、身体虚弱之后呢?社会隔离会"很快毁掉你"。

为了减少隔绝以延长生命,她创立了一家名为 ConnectAround 的公司,这是一个私人社交网络,面向积极生活的退休社区居民。她当时对"隔绝"的看法比较典型,或许在一般老年领域里是过于典型了。因为"老"在我们的当前老年观中实际上是"不健康"的同义词,所以通常来说让老年人接受一些有趣事物的最佳方式就是宣称其对健康有益。对罗格到过的那些退休社区来说,这个思路被证明很有说服力。ConnectAround 发展壮大并很快被 Tapestry 收购,Tapestry 是一家为老年人提供简化社交网络的公司,在澳大利亚和加利福尼亚有一点影响力。

在此期间,罗格继续努力去了解促进被隔绝老年人之间社会联系的方法。她说:"从一开始我想做的就是让他们彼此成为朋友。"但她总是感觉到那些老年人认为她的想法有点强迫性质。

罗格说道:"因此最终在 2014 年时,安德鲁和我看着彼此并惊讶地意识到,啊哈,尽管我们试图以这种方式促使老年人与家人、朋友和邻居联系,但这并不是他们想要的。他们喜欢的是一种更性感、更酷的方式。"安德鲁·道林(Andrew Dowling)是 Tapestry 公司的创始人,也将成为史迪奇网的首席执行官。

那就是:少在当地的老年中心碰面打招呼,多去杰夫·高布伦的晚间聚会。

约会服务能使健康的社交关系更性感。不过有个问题就是,罗格的受访者们虽然可以接触到很多约会网站,但却对它们持回避态度。为了这些人，她和她的合作伙伴将不得不重新思考交友网站的定义。她说："史迪奇网完完全全就是为那些不再生育的人建立的。"

史迪奇网的总部位于旧金山波特雷罗山（Potrero Hill）附近的一家改造过的、时髦的工厂内，它越过那些住宅和办公室，面朝三足三柱的苏特罗塔（Sutro Tower）——这是旧金山的一个城市地标。在罗格说话的当口，塔柱正被一层浓雾笼罩。从云里冒出的天线让它看起来像极了一艘即将浮出水面的巨型潜艇的指挥塔。

罗格说，其他交友网站专为希望结婚生子的人而建。促成婚姻和发现灵魂伴侣的数量标志着 eHarmony 和 Match.com 等网站在世界范围内的成功。"而在史迪奇网，我们甚至根本不谈婚姻，"她说。与之相反，史迪奇网会彻底抛弃寻找"另一半"的目标。其实罗格所说的大多数 50 岁以上的单身女性——也是如今史迪奇网的主要用户群——并没有在寻求一种托付与承诺关系。她们对此种关系持保留态度的一个主要原因是害怕将来会不得不为伴侣提供照料。

罗格解释说，当"你生命中的挚爱"生病时，"你很乐意照顾他们"。但假如同样的事情发生在一个刚认识的人身上呢？许多人都不愿这样。"你会听到很多女性说：'我不想成为一名护士或一个钱包'"，她说。开始老年约会的很多新人其实刚刚对过世的爱人提供过长期辛苦的照料。当你"经历了这些之后，你不会愿意再去照料刚认识的人"。

即便是那些经过"银发离婚"——一个表示在晚年离婚的流行术语，这种离婚发生的频次已飞速上涨——进入约会场所的女性，也通常有足够的理由阻止自身陷入需要做出承诺的关系之中。从 1990 年到 2010 年，美国的整体离婚率基本保持不变。与此同时，50 岁以上人群的离婚率翻了一番。异性伴侣中通常是女性提出离婚。我最常听到这些老年离婚者说的一个说法是："我嫁给他是为了生活，而不是为了吃饭。"这是指，在一起过退休生活时，许多夫妇发现自己整天都在盯着对方，这足以破坏他们之间的关系。事实证明，保持一些距离对维持这种关系更有好处。此外还有社交的压力。在许多已婚夫妇中，女性承担了建立和维护夫妻社交网络所涉及的大部分工作。前几十年生活被工作和孩子填满，这种安排还没出问题，但是许多60多岁的女性突然发现自己夹在家庭外的朋友圈子和退休或正在退休的丈夫之间。她们的丈夫更想留在家里——当然，要让妻子陪着。

史迪奇网也确实有一些已婚用户，"只要你同意在设置中选择'不恋爱'，我们就完全不反对，"罗格说。"这些人几乎都是女性，有一个不离沙发的丈夫，"但同时，"她们却想外出旅行，想要做点什么。"

我在弗吉尼亚州、纽约州、内布拉斯加州和肯塔基州进行了一系列焦点小组访谈，问了一些老年妇女认为她们婚姻中最大的问题将会是什么。像"无聊""无趣"和"他不能让我兴奋"这样的短语出现了一次又一次。也许50年前"没有激情"不是离婚的原因，但情况越来越不同。首先，再婚的离婚可能性远大于初婚。因为婴儿潮一代是最先在20多岁或30多岁时将离婚和再婚的想法付诸实践的，如今很多五六十岁的人处于二次婚姻中，他们的婚姻比他们父母的更容易解体。其次，或许更重要的是，五六十岁的夫妻比他们的父母和祖辈拥有更长久的未来——往后的岁月充满着越来越多的可能性。老年人可以做更多的事，这是一个很好的进步；但有个副作用就是，与错误的人交往的机会成本比以往任何时候都高。许多人选择止损并重新开始。

无论其用户是寡妇还是鳏夫，离婚者还是未婚者（自1970年以来，美国未婚成年人数一直稳步上升），"史迪奇网不是要找一个人，"罗格说。"它是要发现你的很多潜在伙伴。其中一人可能成为恋人，而其他人则可能成为晚餐、旅游或徒步旅行的同伴。"

为了让用户更易与人建立联系，史迪奇网缩减了用户通常在交友网站上填写的详细资料，包括年龄、身高、体重、宗教、职业甚至过敏等特征。罗格说，要找到"与你的活动、兴趣和位置相匹配的人已足够困难"。此外，当用户寻求晚餐约会甚过寻找灵魂伴侣——或者只是找一个朋友——这些过滤设置就变得没必要了。对那些只想寻求爱情的用户来说，"当不会再有孩子的时候，游戏规则也会发生变化，你甚至会选择分开生活，"她说。问题的关键在于使联系变得更容易，而不是去竖立障碍。

史迪奇网建立之初就是为了促进各种社会联系，其中包括柏拉图式的友谊。当成员开始使用该网站时，罗格就将他们想要达成的成就描绘成"罗曼蒂克"和"柏拉图式"的愿景。她解释说，史迪奇网的 50 000 名成员的男女比约为 30 比 70，故而"很多女性都很现实，知道男性比女性少"。

尽管如此，史迪奇网在市场上的定位还是个交友网站。这是故意为之，因为史迪奇网用户的一个关键要求是平台能体现他们的自我形象：不是把他们当作因社会隔离而需要进行干预的患者——正如 Connect-Around 的指导思想所暗示的那样——而是有能力、有趣、外向，有着健康的社交、浪漫与性本能的人。

其实在凯西注册史迪奇网时，她并不知道她在寻找柏拉图式的朋友。她以为她想要爱情。直到后来她才发现自己真正需要的东西：一群人每天都会和她一起短信互动，然后一起去当地的卡巴莱，以及一起前往拉斯维加斯和死亡谷旅行。

罗格说，史迪奇网披着传统交友网站的外衣，因此其运行模式更加注重某种生理本能——即浪漫——而不是年老，因此它"事实上比之前能更好地完成我们的使命"。这种说法应该听起来很熟悉。就像手机是比"生命急救"服务更好的应急技术一样，因为手机更加贴近人们的生活，史迪奇网也比以往那些为了促进老年人的健康而提供陪伴关系的服务更加有效。它的指导理念是帮助有精力的人获得乐趣，而不是帮助病人生存更长时间，这种理念让其用户更加容易接受。

"整个行业就是这样，"罗格说。举个例子，如果向一位老年人提供一个防摔倒的装置，"他们就会说'别管我'。但如果你给他们一些有趣、新奇又很酷的玩意，而这玩意恰好可以防止他们摔倒，那才是更佳选项。"

对于那些向老年人（主要是女性人群）销售产品的人来说，创造罗格所描述的"有趣、新奇又很酷"的产品需要面临的挑战远超工程设计。真正的限制因素在于想象力：企业能否摸清消费者的真正需求，就好像与消费者感同身受一般。经过了多年在该领域的实践，罗格才弄清了她的客户真正想要的东西。对由年轻男性经营的公司来说，这种挑战更加巨大——虽然在极少数情况下，他们似乎确实能认识到非自己年龄段的人口所具有的价值。

 女性的反抗

在前一章中，我谈到一些历史上的失败产品，这些产品主要面向老年人，却由年轻人设计。同样，由男性设计却面向女性的产品也会发生类似情况。

历史上不乏企业的失败操作，他们通常将中性产品肤浅而简单地包装成"女性产品"。您可能听说过那些最著名的搞砸的例子：2009年，戴尔（Dell）推出了粉色笔记本电脑，并将网站相应的展示区设计得色调淡雅且起名为"黛拉"（Della）；比克公司（Bic）声名狼藉的女士系列圆珠笔（For Her）让女性很奇怪她们这么长时间靠"男士笔"是怎么过来的（亚马逊上有一条讽刺评论："在过去的四十年里，普通笔的重量让我投不了票"）；ePad Femme这款8英寸"女士平板电脑"配有食谱和多种瑜伽应用程序，杰泽贝尔网站（Jezebel.com）的一位博主如此描述："预装了这些应用后，女士们的小脑袋就不会因为复杂的'下载'程序和'代理与选择'而搅成一团。"

更不要说历史上专门卖给女性的汽车了。1955年至1956年，道奇公司（Dodge）推出的La Femme车型——字面意思是"妻子"——有一个专门的内部隔间，备有一个手袋和放口红的支架，两者都与粉红色内饰相配。这款车型（从技术上来说是皇家定制系列（Custom Royal）的微调）在两年后就停产了。2013年，本田也试了同样的路子，推出一款"她的本田"车型（Honda Fit She's）。这款车型只在日本发行，外观呈粉红色，其空调技术据说有益于乘客的皮肤，还有能阻挡紫外线——《环球邮报》（The Globe and Mail）称之为"太阳发出的刺骨光线"——的特殊窗玻璃。这款车型就像La Femme一样，只在市场上停留了两年的时间。

如果再往前看看，许多明明是设计给女性的产品却实际上优先考虑男性的需求，这是一个几百年来的传统。鲁斯·施瓦茨·科万（Ruth Schwartz Cowan）在她的那本很棒的《妈妈有更多活要干》（*More Work for*

Mother）中描述了许多例子，那些理论上旨在帮助女性的产品到头来反而增加了她们在家中的负担。例如，地毯清洁曾经是偶尔为之甚至是季节性的家务，整个家庭会一起来完成它。随着真空吸尘器的出现，它变成了一个人的活——而且人们一下子觉得这项家务应该做得更频繁一点。科万写道，与此同时，真空吸尘器的出现使得"家里更强壮的成员不用再把地毯搬到户外，也使更年轻的成员不用再拍打地毯"。从这个角度看，"真空吸尘器的出现是否使得地毯清洁变得更容易或更快这个问题还有待商榷。这项家务到底对谁来说更容易或更快了？"

吸尘器和其他类似产品（如洗衣机）这些帮忙做家务的家用电器合在一起有效地帮男性逃避了家务劳动，这些家务劳动曾经在两性之间平均分配或外包给雇佣工。因此，20 世纪初财富和消费品的增加并没有使得"家庭主妇更休闲"，科万写道，"正相反，一些家庭主妇的工作量不减反增，其他人的工作效率则得到了提升。"

科万的书中提出的一个主要问题是，为什么一直以来女性似乎愿意购买或提倡那些最终会使她们的生活更困难的产品。从某种意义上说，动机显而易见：用于家务的新工具使很大一批新人达到了科万所说的"健康和体面的最低标准"。"所以难怪这些女性把这些现代工具看作一种解放，而不是压迫。"

另一种说法是：从 19 世纪中叶到 20 世纪中期，人们越发想要提高家庭健康和卫生水平，其中所需的劳动则主要由女性承担。可以说，她们从未因牺牲而获得补偿。如今类似的事情依然在发生。我们大部分人活得更长了，新技术将有可能再次改善我们的生活质量——这次是在老年群体中。问题在于历史是否会重演，即女性到头来还是会被为迎合男性所设想的世界而设计的产品束缚住。毕竟，女性已经承担了大量的照护负担，这种照护是一个老龄化社会正常运转所必需的。将来的产品和营销行为会不会强化这种范式——比如在营销材料中将照顾者更多地描绘为女性，或者将"照护"行为与粉红色联系在一起？

或许是吧，但是目前对这种想法已出现了反抗迹象——女性开始拒绝那些未经她们点头就让她们承担照护负担的产品。对于许多女性来说，那些会给她们匹配潜在的照护需求者的网站，比那些以搭建更为随意、短期的人际关系为理念的网站，将更难吸引她们。这一情况也适用于其他经济领域。在没有更好的替代方案时，只满足年轻男性设计师喜好的产品也许还能在拥有权力的年长女性消费者群体中获得成功。但是，一旦出现更好的替代方案，这些消费者就会立马另投他处。

当今的大企业应该为此种可能性感到忧虑。说到未来以老年消费者为目标的产品，各种迹象表明，如今的企业正排队生产他们一直拥有的同种类的产品，即使是发展了新技术，也还是沿用原有的产品概念。从某种意义上说，他们这样做很合理。一般说来，在从经济学到生态学的各个领域，系统通过延续现状来实现稳定。擅长做某一件事的公司会通过对这件事进行变更和改进，来成功地进行可靠的创新。然而采用这种创新模式的前提是消费市场将一直需要同样的解决方案。

比如说未来的厨房。自20世纪50年代以来，家电企业一直在建设未来主义的概念厨房，并且就像科技主题的写手埃弗莱斯（Eveleth）在饮食博客Eater上所写的那样，如今"未来厨房"的相关灵感依然停留在那十年。例如，早期的一些概念展览作品会出现在商业广告或世界博览会之类的活动中，里面有孟山都公司（Monsanto）设计建造的全塑料厨房，也有通用汽车公司（GM）设计的一键式蛋糕烘焙厨房。

当今的"未来厨房"设计与那时惊人地相似。代替"全塑料厨房"

的（孟山都公司在20世纪50年代作为塑料巨头声名赫赫），是玻璃制造商康宁公司（Corning Inc.）最近在其视频里提出的"全玻璃厨房"，在这种厨房内实用的触摸屏随处可见。当然了，假如厨师真的会去触摸，那这些屏就会很"实用"。埃弗莱斯写到，"想象一下你的iPhone变成厨房那么大，上面满是污渍。屏上的污渍原本是来自你指尖的自然出油，现在则变成了烹饪油污。在康宁的设想中却没有任何维持厨房清洁的设计——连一点暗示也没有"。况且，真正用到厨房的人到底需要什么？或许是个自动清洁功能？埃弗莱斯说，"你要问我在这种'未来家居'主题的视频中看到过多少次关于清洁厨房的内容，答案就是一次也没有。"

通常来说，即便是目光比较长远的产品设计师，也会将注意力集中在便于解决的问题上——即那些可以利用已有技术，并且不需设计师改变其世界观的问题。据说当你手上只有一把锤子时，世界看起来就像个钉子一般；而如果你手上有的是大猩猩玻璃（Gorilla Glass）——康宁制造的耐刮擦性材料，常用于智能手机和平板电脑——那么这个世界就变得像个iPad。

而非"通常"的情况可以参照1999年出现的一款用于清洁地板的产品"速易洁"（Swiffer），就是"在拖把头上装了块湿巾"。尽管速易洁不是自洁厨房，但这是一个开始，并且自被宝洁推出以来它取得了巨大的成功。但是，怎么可能直到1999年都没有人想过把一次性清洁湿巾安在一根杆子的末端试试？答案简单而又令人尴尬：几十年来，做清洁产品的公司觉得清洁地板的唯一方式就是用水桶和拖把。

这种想象力的系统性缺失正在阻碍那些面向未来老年消费者的产品的发展。然而，确实存在突破性的洞察力，它们就在消费者的大脑里。将它们充分利用起来听上去像是个机会——而且的确如此。但也存在危险,特定消费群体洞察力的能量会强到足以将大公司们夷为平地——并在废墟中建立新秩序。

 ## 消费者需求

到目前为止,我一直在隐含性地使用一个重要的商业概念,现在是时候将其明说,那就是"消费者需求"(the job of the consumer)。消费者(或者说用户、客户)的需求对资本主义的意义,就如同原子对化学、基因对生物学的意义一般。它是令其他一切得以运作的最小基础单位。

这个概念最初由冷战时期的哈佛大学商学院著名教授西奥多·莱维特(Theodore Levitt)推广。众所周知,莱维特一次又一次地告诉他的学生:"我不想要一个1/4英寸的钻头;我想要一个1/4英寸的洞!"也就是说,当消费者想做一件事——在墙上弄一个洞——他才要找一个产品来达到目的。制造商经常忘记这一点,认为他们的客户不是想要洞,而是想要钻头。但是,由于消费者忠于的是需求而不是产品,因此可能会出现能更好地满足需求的新产品。比如,当"凿孔机5000"(Hole-Puncher 5000)步入市场,使得在墙上戳一个洞比钻头更容易或更便宜时,钻头制造商就会发现自己完蛋了。

莱维特的一位学生克莱顿·克里斯坦森(Clayton Christensen)凭本事成了商业大牛(他在管理界很有名,曾提出"破坏性创新"的概念——稍后会有更多论述)。克里斯坦森于2003年出版的《创新者的解答》(The Innovator's Solution)一书中提到了一个有关消费者需求的具有启发性的真实案例。他写道：一家快餐连锁店发现40%的奶昔是在早上售出的，而奶昔应该是午餐或晚餐后的甜点。这是为什么呢？克里斯坦森团队的一名成员为找出原因采访了喝奶昔的人。这些人通常单独到店，不买其他东西，然后喝着奶昔身着工作服驱车去上班，这往往是一段漫长而无聊的旅途，途中奶昔不但能充饥，还可以带来乐趣。虽然在买奶昔的时候，奶昔消费者们不是很饿，但他们告诉调查者，还是需要好好吃点，不然上午会饿。

简单来说就是他们需要一种美味、高热量的食物，不会很快消化掉，可以单手享用，还不会弄得一片狼藉。传统的早餐产品不符合这些要求。开车时吃百吉饼会有渣子掉到大腿上，而且它还需要搭着饮料吃；吃香蕉或甜甜圈的话上午又会饿。"所谓'健康'并不是关键，"克里斯坦森和合著者写道："他们利用奶昔来满足的需求和'健康'没什么大关系。"也许最关键的是，奶昔是不是一种"甜点"无所谓，它满足了需求，这才是消费者买它的原因。

与所有消费者一样，老年人也在不断地权衡各种因素。但与其他年龄组的消费者不同，营销人员和设计师始终未能搞清楚什么是老年人的需求。在上一章中，我写到了20世纪50年代，戴假牙的人选择购买Gerber婴儿食品，而不是亨氏老年人食品。那是因为在这种情况下消费者的需求不仅是避免咀嚼食物，还要在收银台保持体面。在史迪奇网以及其他各种避免老年人社会疏离的项目的案例中，用户的需求是类似的：在一个正常自然的社会场景下与他人进行互动，比如约会，而不是一个强制的医疗模拟环境。

只有准确理解了消费者需求的细微差别，企业才可能在老年经济中避免踩到雷区——这对年轻人和男性主导的公司及行业来说是个大难题。事实上，占主导地位的老年观如此强大，以至于想创新的老年人都会受制于它。然而，困难并非不能克服。公司可以派研究人员花费数年时间仔细观察老年人，说不定能在和老年人共情方面获得突破，就像玛茜·罗格所做的那样。不过，还有更快的途径去理解老年人。

消费者侵入

在克里斯坦森的早餐奶昔例子中，尤其明显的一点是"早餐"并不是该产品（奶昔）的预期用途，它应当是一种甜点。借用麻省理工学院常见的说法：消费者在无意中食用奶昔，是在"侵入"早餐。而如果你环顾四周，你就会发现这种事情到处都在发生。在大学校园里有一个常见的例子，那就是所谓的"暴露出的偏好路径"，这是世界各地场地管理员的灾星。你可能见过在修剪整齐的校园和公园里那些穿过草地的光秃秃的土路。如果有些地方规定的步行路线太迂回，而人们想要快速从A点到达B点，这些地方就会出现这种土路。事实证明，行人所需要的不是走在坚硬的路面上，而是走到他需要去的地方。

以历史观点来看，公司一直很乐于看到消费者以意想不到的方式使用他们的产品，因为这意味着产生了一个向全新的市场销售的机会。以舒洁（Kleenex）纸巾为例：20世纪20年代，金伯利-克拉克公司（Kimberly-Clark）首次将纸巾作为卸妆纸巾进行销售，然而消费者（以及制造商本身）很快就发现，这种柔软的纸张作为一次性手帕也非常好用。金伯利-克拉克公司改变了其营销策略和包装，"舒洁纸巾"也成为"鼻涕容器"（snot receptacle）的同义词。一夜之间，人们擦鼻涕的方式就发生了永久的变化。

如果你仔细观察今天的老年消费者，你会看到他们悄悄"侵入"，以意想不到的方式使用着各种产品，而这些产品顺应了他们原本没有得到满足的各种需求。每一个这样的案例，都揭示了老年消费者真正想达到的目的。举一个护理器具的例子，你见过那种两个支架脚上套着半圆形网球的老年人助行器吗？这种消费者入侵行为使得脚上套有橡皮的助行器可以滑行。最近，支架上安装有小型塑料滑板的助行器变得很常见，就是利用了消费者这种通过网球窍门所反映的需求。但这种入侵只是一个开始——只是对原本就面向老年用户的产品进行了一些修改。更有趣的是，老年人和他们的护理人员发现了一些产品的新用途，而这些产品以前绝不是专门为他们设计的。

88岁的萨莉·林多佛（Sally Lindover）是老年实验室85岁以上团队的坚定成员之一，这是一个消费者工作坊，每隔一个月举行一次会议，讨论从技术到政治再到死亡和临终的各种话题。她也是按需服务和共享经济服务的卓越用户。

她的公寓位于剑桥中心广场（Cambridge's Central Square）一栋11层建筑的8层，俯瞰着剑桥和查尔斯河（Charles River）对岸的波士顿。下午，阳光洒进房间里。自上世纪90年代以来，她一直住在那里，后悔没有在房价较低的时候买房。但话又说回来，当时的租金成本也是如此。此外，更常见的情况是，她不在城里——而是远离城镇。

从1983年开始的近30年时间里，林多佛一直在美国外交部（the US Foreign Service）担任官员。在加入之前，她是一名临床心理学家，管理着一家画廊，但到了55岁左右，她觉得是时候尝试新东西了。她先加入了和平队（the Peace Corps），后来又在56岁时进了外交部。据林多佛介绍，报名时，她是有史以来年龄最大的初级公务员。"我打破了年龄障碍，"她说。①

当她入住剑桥的公寓时，这里主要是来自立陶宛、也门、卢旺达等国驻外工作人员的大本营。起初，她说租金是"非常合理的"，因为她喜欢这个位置，所以当价格上涨时，她仍然想留在这里，而后当租金再次上涨时，她认为这是照顾她母亲的好地方，她母亲和她一起住了将近一年。

她说："随着时间流逝，我的房租已经变成了原来的三倍。"与此同时，林多佛81岁从外交部退休后，固定的退休金不足以支付她的开支。于是，她招了一位麻省理工学院的客座教授当了她一年的房客。一切都很顺利——"他太棒了，"她说，部分原因是他大部分时间住在纽约，所以"他几乎不住在这里！"

与此同时，她的孩子们却在使用爱比迎（Airbnb）。她说："我想，我为什么不试试爱比迎呢？然后我做到了！效果很好，我真的获得了非常成功的经验。"

如今，爱比迎远非林多佛所依赖的唯一的共享经济或按需服务。她和一个比她年轻的旅行团在巴黎徒步时伤到了后腰，自那之后，她不再步行去当地的"乔的超市"（Trader Joe's）购物，而是开始通过因斯特卡特（Instacart）订购食品杂货，这项服务使得购物者感觉自己真的在逛当地的杂货店。对于较重的家居用品，她使用杰特网（Jet.com，已被沃尔玛公司收购），她指出，其商品价格可以与亚马逊（Amazon's）的价格相

---

① 本文最初出现在我与卢克·约金托（Luke Yoquinto）为《华盛顿邮报》合写的一篇文章中。

媲美。在娱乐方面，她是奈飞公司（Netflix）的忠实用户。《清道夫》（Ray Donovan），这部由演员列维·施瑞博尔（Liev Schreiber）主演的极端暴力的节目是她目前最喜欢的电视剧，但她也对《火线》（*The Wire*）赞不绝口，这是HBO（美国有线电视网络媒体公司）一部广受欢迎的——也非常暴力的电视剧，讲述了巴尔的摩的帮派、警察、政客和社区。

虽然现在有很多人上门满足她的日常需求，但她并不觉得这种情况很新奇。她说："社区一直在这样做——总是在分享，总是在互相帮助。这些概念已经存在，"现在，"人们只是以不同的方式将它们组织起来了。"

虽然在她看来使用互联网服务很自然，但林多佛是我所说的"生活方式引领者"的一个例子——类似于一种早期采纳者，他们采用的不一定是某种新技术，而是一种新生活方式。尽管她在按需消费和共享经济使用方面走在了同龄人的前列，但她并不是个例。目前，在这类服务的用户中，有22%的人年龄在55岁以上，这一比例将在未来几十年迅速增长。照此看来，这将会与人们的惯常行事方式产生鲜明对比。

传统上，当老年人表示需要他人帮助完成定期的、不可避免的事项时，可选择的解决方法很少：雇用助手、由家庭成员照料或加装老年设施。通过利用按需消费和共享经济来不断满足自己的需求，林多佛和其他类似的人正在展示一种新的、可行的生活方式。当她受伤的背部无法让她步行一英里到她常去的杂货店时，单是这一点原因就可能会促使她搬进某种看护机构，或者至少增加她对各种老年服务的依赖。因斯特卡特公司、杰特网和其他在线公司使得她推迟了这个进程。通过这种方式，她不仅继续过着高度独立的生活，而且还可能节省资金。因为独立的老年公寓，即便是最简约的生活，也需要一系列服务：房屋维修、住房、膳食、清洁、快速的应急反应，等等。当许多人只需要其中一两项服务的时候他们就搬去了辅助生活机构，最后却不得不支付所有服务的费用。但是现在，就像奈飞公司和其他流媒体服务可以让"掐线族"（cord cutters）不用为捆绑销售的电视节目付钱一样，新型的共享和按需服务形式使得林多佛和其他相似的人变成了"掐照料一族"（care cutters），让他们像在餐厅按照菜单点菜一样满足自己的需求。

事实上，我们在老年实验室的一项研究中证实，如果大波士顿地区的一位75岁的房主在网络服务的支持下在家居住，每月就可以省下数千美元住老年公寓的费用。这些服务包括家庭安全系统、个人紧急呼叫系统、膳食和食品杂货递送服务、送药服务、药物依从性应用程序、偶尔使用的洗衣服务，并通过跑腿兔网（TaskRabbit，一个帮忙跑腿网站）根据需要购买家政和家庭维修服务。在交通方面，我们设想他会经常使用波士顿的交通系统MBTA（Massachusetts Bay Transportation Authority），但每月会使用10次优步（Uber，一款打车软件）。为了好玩，我们假设他会参加读书俱乐部、舞蹈班和基督教青年会（YMCA）。再加上一个房主正常要支付的费用，如公用事业、网络费用、保险费和税费，每月的生活支出低至2 000美元，远低于许多提供餐饮和家政服务的老年公寓的月收费。

就像金伯利-克拉克公司惊喜地发现它的纸巾不只可以用来卸妆，同样地，在按需和共享经济体系中，年轻公司也发现，老年人非常喜欢用前所未有的方式使用很多服务。以爱彼迎公司为例，它的几位创始人，当时20多岁，最初把公司命名为气垫床和早餐（Airbed & Breakfast），灵感来自他们在旧金山昂贵的阁楼里租下的充气床垫。很快，他们把自己的创新变成了互联网服务，瞄准和他们一样的人：希望赚点额外租金的年轻人，想找个便宜地方睡一觉的四处游荡的旅行者。但老年用户很快就蜂拥而至。在我撰写本书时，爱比迎的大多数房主年龄都在40岁以上。其中超过10%的人已经60多岁了，他们是该公司增长最快的房主人群，其中将近三分之二是女性。

这些注册了的房主发展出一种新的使用模式，而这种模式起初并不在年轻的公司创立者设想范围内。纵观历史，年长房主，尤其是寡妇，赚钱的典型方式是接纳他人到家中寄宿。然而，随着时间的推移和预期的改变（监管也越来越严格），这一点变得越来越难，至少在没有专门的、独立房间的独户公寓中是很难实现的。然而，随着爱彼迎的出现，闲置的卧室再次成为老年人的收入来源，因为老人们希望将房地产财富转化为流动资金。在某种意义上，老年用户"侵入"了爱彼迎，这对他们自己和公司都有利。其他注意到老年市场实力的共享和按需服务公司还包括来福车（Lyft）和优步等叫车公司，以及个人管家服务你好阿尔弗雷德公司（Hello Alfred）。优步现在四分之一的司机年龄在50岁以上，来福车上了年纪的司机是该公司最受欢迎的司机群体之一，部分原因是，他们作为其所在城市的长期居民，可以向乘客传授当地的道路知识和有趣的地理轶事。来福车公司政府关系主管迈克·马瑟曼（Mike Masserman）表示："首先，他们喜欢开车，但更重要的是，他们喜欢与人接触和交流。"

因斯特卡特公司的案例尤其能说明问题。为老年人送餐的传统服务都将老年人形容为有残疾的和贫困的。当然，对于数以百万计的人来说，"流动送餐"（Meals-on-Wheels）和其他类似的组织所提供的服务是绝对必要的，如果没有他们，这些人将陷入可怕的困境，我也绝不是主张削减或取消这条关键生命线的资金。但奇怪的是，对于那些无法去杂货店购物但仍然想住在家里、吃他们最喜欢食物的老年人来说，却无人提供高级一点的服务来满足他们的需求。相反，这些潜在的客户不得不等到本不是为老年人设计的服务出现。因斯特卡特公司的创立者是一个25岁的年轻人，他对公司的设想并未考虑老年人，而仅仅是像他告诉《纽约时报》的那样，因为他"冰箱里总是没有食物，也不想和没时间去超市。"

你好阿尔弗雷德公司是另一个有趣的例子。该公司以蝙蝠侠的超级管家命名，为客户安排阿尔弗雷德（即阿尔弗雷德客户经理，简称"阿尔弗雷德"），客户可以指示他们做各种事，包括叠衣服、付账单、提供其他在线服务等，如在爱彼迎上出租卧室。爱彼迎和因斯特卡特公司最初由两位希望改善自己居家生活的20多岁年轻人创建，和他们一样，你好阿尔弗雷德公司的创始人杰西卡·贝克（Jessica Beck）和马塞拉·萨彭（Marcela Sapone）在哈佛商学院读书期间，也曾从克雷格分类广告网站（Craigslist）雇人做家务。很快，邻居们就要求参与这个计划，然后他们就把它变成了一个公司。2013年，你好阿尔弗雷德公司在波士顿开业一年后，它在旧金山赢得了全球最有名的创业企业大赛TechCrunch Disrupt的年度创业冠军。

贝克说，该公司仍然主要面向忙碌的人，其中包括"生活发生变化的人"，如家庭成员构成或照料/被照料关系发生变化，这些都会导致需求增加。虽然你好阿尔弗雷德公司不会宣称自己是老年照料服务的提供商，但是一旦将"照料"的定义拓宽至包含换灯泡、处理文件、搬重物上楼等方面，你很容易就能看出，采取这种商业模式的公司可以填补市场的重要空白。你好阿尔弗雷德公司一定能为年老这种家庭变化提供帮助，如贝克所说："人们可以信任我们，家里遇到任何事都可以来这里寻求帮助。"

对于这样面向消费者的精益创业公司来说,被一个巨大的老年市场发现的前景听起来就像梦想成真一样。然而,对于已经在传统领域运营的老牌公司来说,这样的发展是一个危险的来源。

汤姆·格雷普(Tom Grape)是我的好朋友,也是新英格兰地区最大的老年住房供应商——高级生活标准(Benchmark High Living)的首席执行官。他认为,不断拓展的按需经济和共享经济服务使他所在的行业正面临越来越大的挑战。他说:"技术的进步使得老年人能够在家里待得更久,这是一个令人兴奋的发展。"但这有可能会让老年居民变得更老、更虚弱。虽然科技的进步在某些方面会对他的产业有所帮助,比如允许公司提供新的服务,减少人员配置的低效率,"这些技术将真正改变老年人在家中安享晚年的能力。"

带头用户的创新

像萨莉·林多佛和凯西这类人的经济需求,将会改写我们晚年的生活方式。这种念头并不是第一次萌生在人类的头脑中,但它将标志着老年人第一次有机会决定自己的命运。我们现在关于老年人的故事起初是由医生、济贫院和效率专家在世纪之交写的,之后是 20 世纪 30 年代的政府官员,再然后就是 20 世纪五六十年代的退休产业所写。这个故事曾经确实很有用,但现在它却阻碍了我们。在医院中,对各种注射器和医疗器械进行的缓慢革新将无助于我们获得更幸福、更长寿的生命,相反,能够帮助老年人建立一个更好晚年的预言家们,往往能够深刻而直观地认识到老年人真正想要的与目前有何不同。弥补这一差距的产品将会增强老年人的能力，帮助老年人继续参与经济、文化和社会活动。同时，作为文化产品，它们都将传达出这样一个信息，即在老年期拥有个人能动性是很正常的一件事。随着老年人与其他人的联系越来越紧密，我们对老年的看法也将发生变化。在一个良性循环中，随着他们的能力比他们的局限更突显，老年人们将会发现自己能更容易找到有意义的工作。更好的就业机会以及与老年人的新需求紧密结合的储蓄工具，可能会使更多资金流入新的老年市场，这会刺激人们生产出更好的产品。诸如此类。

就像大多数假设的良性循环一样，问题就在于如何启动这一进程。期望科技界的人从天而降并提供那种我呼吁的革命性的新产品似乎不太可能，尤其考虑到科技界并不了解目前的人口状况。然而相反的做法同样令人担忧，比如公司去倾听消费者并询问他们想要什么。用史蒂夫·乔布斯（Steve Jobs）的话来说就是，当你想要创造一些全新的、具有变革意义的东西时，你不应该去问消费者他们想要什么。正如他在1998年发表的一句著名的言论："采用焦点小组的方法来设计产品真的很难，很多时候，只有你展示给人们看，他们才知道自己想要什么。"有时我都好奇互联网本身能否经受得住一个假设的焦点小组的考验。

对于今天的中老年消费者来说，你不能只问他们晚年想要什么，因为我们目前存在问题的老年观，会限制他们描绘崭新而更好的生活方式的能力。很多时候，你会发现大多数人只会对你重复官方的观点，尤其是男人。

在前文提到的老年实验室的研究中，我的同事李宰宇请1 000名受访者用五个词描述一下他们对退休后生活的看法。这些受访者来自美国各地，具有不同年龄、不同种族、不同经济背景，有男有女。在我们收到的将近 5 000 个单词中，共有 918 个含义不同的词语，但是其中 28 个词就能够概括一半的回答。

换句话说，有些鹦鹉的词汇量都比我们大多数人用来形容老年生活的词汇量要大。结果就是，人们会说他们想"退休后继续工作"，而这个想法在逻辑上根本说不通。但是那些想在主要的职业生涯结束后继续工作的人们还是采用了这种说法，因为他们无法想象一种不包含"退休"的老年生活，退休是我们当前老年观的核心观点。

但请注意我说的是"大多数人"，而非所有人。

在老年市场中，有一些人对未来老年消费者想要达到的目的有敏锐的洞察力，这些人主要是老年妇女和较为年轻的女性照护者。更棒的是，在这个群体中有一些人具备了提供开创性解决方案的知识和必要资金。这些喜欢捣鼓小发明的人、企业家和大机构里的"内部创业者"（intra-preneurs）有能力去改变老年生活的基本结构。

他们实现这一目标的过程被称为"带头用户的创新"，这个概念来自埃里克·冯·希普尔（Eric von Hippel），他是离老年实验室不远的麻省理工学院斯隆管理学院的一名教授。这一概念与传统的创新模式大相径庭，带头用户理论认为，在某些产品更新换代较为迅速的行业中（如某些高科技行业），是客户们提出了许多最有用的想法和进展，而不是公司。然而，并不是任何用户都能做到这一点，只有极少数用户既具有领先于大部分市场用户的需求（从而使他们成为"带头用户"），同时又懂得复杂的技术，使他们能自己找到解决方案（从而使他们成为带头创新用户）。

有些带头用户甚至能够提出新产品的原型，比如萨莉·林多佛和爱彼迎的例子，他们或改造现有产品，或直接凭空开发出新产品。冯·希普尔举了一个夏威夷早期风帆冲浪者的例子。20世纪70年代末，一群技术高超的风帆冲浪者发现，他们可以借着太平洋的大浪冲到很高的高度，但着陆却是一个问题，因为那时他们的脚接触不到冲浪板。在最好的情况下，冲浪者会落回水里，这样比较安全，但更常见的情况是他们的四肢、头部、船帆、桅杆和冲浪板其实会以一种痛苦而具有破坏性的方式跌回到海平面上。正是这些人类飞行实验者，而不是冲浪板的制造商，第一次将风帆冲浪板用绑带系在脚上。其中一位在冯·希普尔的《民主化创新》（Democratizing Innovation）一书中回忆到："突然之间，你不仅可以飞到空中，还能着陆，而且你还能在空中改变方向。自此，风帆冲浪这一高技能的运动才真正开始。"

在这个例子中，创新者和消费者是同一个人，而这种事情出现了一次又一次。例如，当冯·希普尔在20世纪70年代研究科学仪器的发展历程时，他发现大部分有用的创新不是来自仪器制造商，而是来自科学家自己，因为只有他们知道未来需要测量的事物有哪些特征。同样，最先想出富含电解质的运动饮料的人不是饮料公司，而是佛罗里达州立大学的科学家，因为他们的足球队需要在炎热并且容易脱水的比赛条件获得竞争优势。如今，这种饮料被命名为佳得乐（Gatorade），以佛罗里达鳄鱼命名。

要使带头用户的创新在现有的市场中起作用，就必须快速、不断地考虑消费者的需求，在老年市场尤其如此，因为技术在不断进步，人口和经济力量也在慢慢汇聚。未来几年，人们的观念和需求会改变，但产品却保持原样，而带头用户创新者的出现将会弥合这一差距。

也许没有哪一代消费者比婴儿潮这一代更有能力做到这一点。他们是有史以来最富有、文化程度最高的一代人，在他们的一生中，他们比历史上任何时代的人都更加深刻地感受过技术变革的影响。他们希望这一变革的进程能够持续到他们的晚年，即使他们必须自己去实现技术变革。这一变革涉及的职业人员有退休或半退休的工程师、计算机科学家、设计师、CTO（Chief Technical Officer，首席技术官）、医生、护士、风险投资家以及其他将整个职业生涯用来解决各类问题的人。当一个障碍影响到他们，而同时他们又能解决它时，他们就会做出创新。在许多情况下，他们将会创立属于自己的企业。是的，创业基金对于30多岁的创业公司创始人来说是非常难以获得的，尤其是对年纪较大的女性来说，这将是一个更大的困难。但这种情况可能很快就会改变。我已经看到了一个刚刚开始的自给自足的生态系统，这是由年长的创业公司创始人、天使投资者和风险资本家组成的生态系统，他们要把新兴的带头用户的洞察力转化为精益且具有竞争力的公司。

根据非营利组织安可（Encore.org）的数据，在44—70岁之间的美国人中，有四分之一的人希望在未来5—10年内创办企业或非营利机构。致力于新企业创立研究的考夫曼基金会（The Ewing Marion Kauffman Foundation）报告说，自20世纪90年代中期以来，55—64岁的人的创业概率几乎翻了一番，从1996年的14.8%增加到2014年的25.8%。与其他年龄段相比，老年的机会型创业者所占比例是最高的。①

但是，风险投资对来自非传统创新者（可以理解为不是年轻人或男性的创新者）的好想法依旧很不友好，这在美国硅谷表现得尤其明显，

---

① "机会型创业"指由那些看到了竞争性机会的人创办的企业，它与"生存型创业"相对，即没有其他工作机会时创办的企业。

那里有一些风险投资不愿涉足的亮点创业项目，少数倡导型基金被用于孵化与老年健康相关的企业。例如，史迪奇网就获得了来自 Generator Ventures 早期提供的创业资金，而后者与一个叫老年 2.0（Aging 2.0）的组织相关，这个组织以"加速创新，改进全世界老年人的生活"为自己的崇高使命。

但是，要获得那些不太关注老年生活而更多关注冷冰冰利润的投资者支持，是一件极其困难的事。主要面向老年消费者的女性创业家玛茜·罗格（Marcie Rogo）在谈到她筹资中遇到的挑战时，笑着说道："我认为问题在于什么不是挑战。作为一个女人，这是…"她说完了。"如果是传统的风险投资，那几乎是不可能的。"首先，"老年领域并不性感。"也许投资者不会花太多心思在年老上，罗格沉思道，因为他们"不喜欢考虑自己的死亡"。还有一种普遍的误解，就是老年人害怕科技。但最大的问题是，投资者喜欢支持那些与他们的成功经历相似的公司，比如看起来像年轻的马克·扎克伯格那样的人制造并且卖给这些人的产品。记住，体制会让自己不断延续。

尽管在撰写本书时史迪奇网尚未获得 A 轮融资，但它已经收到了少数知名风险资本家提供的早期融资，包括投资公司 Generator Ventures 和 Structure Capital，后者是优步的早期投资者。罗格说，如果没有她人脉很广的男性合伙创始人的帮助，"我们不可能从传统的风险投资家那里筹集到任何资金，因为面对我这个女性，你已经对我有了潜意识的偏见。"

将女性与有经济影响力的职位分离开来，并不仅限于美国。回到日本，创新更多地发生在根基深厚的大公司，而不是那些斗志昂扬的创业公司，女性仅占管理或监督职位的 11%。2013 年，在一项被称为"女性经济学"的政策中，日本首相安倍晋三试图通过制定新的全国就业目标等方法，提高女性在日本不断萎缩的劳动力中所占的比例，大公司可以通过将女性经理人数提高到30%来实现这一目标。但是截止到2015年，这个目标显然难以达到，所以安倍政府将目标数字下调到了原来的一半。

但还是有希望的。在美国、日本和大多数高收入国家，人们都生活在资本主义制度中。而在这种制度中，当某种东西的价值被无缘无故地低估时，例如，非年轻男性创业者的创业公司，聪明的经营者最终会从中嗅到商机。

皮尔茨公司

在这些聪明的经营者中，最著名的或许是一位名叫丹·沙因曼（Dan Scheinman）的天使投资者。"天使"一词的意思是：沙因曼将自己的资金、而非某个基金的资金，投资到全新的创业公司中去。他通常投资的是面向企业的公司，但只有两次，他有充足的理由将赌注押在了消费者业务上。其中一个案例是名叫Tango的应用软件，这是一款近乎盈利的视频聊天应用，人们可以通过该应用跨越国界和移动平台聊天。沙因曼说，目前"大约有3.5亿人下载了这款应用，每天有数千万人在使用它"，如果有必要，Tango在银行的存款足够维持它一个多世纪的运营。他的声音中流露出对公司成功的自豪，但是他显然认为该应用仍有增长的空间。

另一家面向消费者的创业公司名为皮尔茨（Pirc），该企业主营一个更具体的领域：特殊的优惠券。沙因曼在硅谷的一个叫伯林盖姆（Burlingame）的小城市生活和工作。他50多岁，穿着一件不起眼的polo衫，能看出他刚吃过一顿简单的饭菜。这就是他：硅谷投资界最保守的秘密。在当地一个卖三明治的小店里，喝着被他称作"自己的毒药"的健怡可乐，沙因曼讲述了自己的投资策略。虽然他的投资组合听上去并没有一个统一的主题，但是 Tango、Pirc 和其他公司却有一个共同之处：那就是按照硅谷的标准，这些公司的创始人几乎都已经老了。这并不是说沙因曼是一位利他主义者，他并不是在慷慨地帮助试图谋生的老年人，也不是在倡导让世界变得更适合老年人。因为他曾说："我并不是在参与由老年人为老年人生产产品的行业，我从事的是技术行业。"但是，由于其他大多数的科技投资者和风险基金都在争夺同一群年轻的男性创始人，沙因曼却通过将投资范围扩展到老年群体而获得了竞争优势。

沙因曼曾说："在硅谷，我投资的每一家公司都很难从传统的种子基金中筹集到资金。"这一阶段是投资创业公司的最初阶段，而这种现象主要是由于其他投资者都倾向于投资像扎克伯格一样的创业者。"那些投资者会说，'我会把所有的种子基金都投到从斯坦福毕业的年轻人身上，那就是我想投资的地方'，或其他类似的人身上。"虽然并没有"一道铁栏杆"阻碍非年轻男性创业者获得成功，但是"你更像被困在一个有隐形偏见的房间里，你只有加倍优秀才能获得一半的成功。"

然而，由于创业者的年龄和性别这些人口特征和一家公司能否最终提供优质产品的能力关系不大，因此，这些被有偏见的投资者拒绝了的创业者就显现出了一种机遇，沙因曼在接受《新共和》(*The New Republic*)杂志采访时将其称作"所有被低估的机遇之母"。他说，"如果你随大流"，像其他投资者一样去追捧斯坦福毕业的年轻男性创业者，"显然你会有赚到几十亿美元的机会"。但是，"如果你选择了相反的方向并且投资对了，就有机会赚到数百亿美元。所以，我愿意那么做。"

他一边摆弄着他的可乐瓶，一边估算着：从他开始进行天使投资到现在，他的投资回报率是三倍，这还不算他现在持有的资产。如果他立即清算这些资产，回报率有可能是10或15倍，但他还想要更多。

以Tango这个视频通话软件为例，该公司的一个创始人比沙因曼都年长。沙因曼告诉我们，"他是一名以色列坦克指挥官，但创过很多次业，非常有经验。"他的联合创始人是一个曾在惠普和几家创业公司工作过的老手，按照硅谷的标准来说，这位联合创始人也老了。Tango这个应用瞄准的是消费者，而不是企业，一些早期的投资者都认为这很愚蠢。沙因曼解释说，人们普遍认为面向企业的业务对年长的创业者更友好，因为这些人工作了很长时间，而且往往很了解他们的客户，但消费者市场则是另一回事。"一些种子投资者对我说，一个55岁的人是不可能占领消费者市场的。"但Tango做到了，因为他们非常了解点对点技术（peer-to-peer technology），所以他们能够制造出让消费者喜欢的产品。"

Tango的创始人对客户的深刻理解与沙因曼所投资的另一位面向消费者的企业家有共同之处，这个企业家就是皮尔茨公司的创始人兼首席执行官丹妮尔·巴比耶里（Danielle Barbieri）。和巴比耶里交谈就像是在跟一个充满能量的闪电球说话，但是按照硅谷的标准，43岁的巴比耶里已经很老了。她除了在加州经营一家要求很高的创业公司，还要照顾她独自居住在北卡罗来纳州的83岁的母亲。巴比耶里每个月都会乘飞机到那里，看看母亲的健康情况，处理一些相关的问题和其他的文件。通常情况下，这些职责应该由家里的大女儿承担，但是巴比耶里却是四个孩子中最小的一个，她笑着说："我单身，而且是女性。"在她父亲去世之前，她也很关心她的父亲，她还说："我的大半辈子都是在老年人社区度过的。"

她和她的兄弟姐妹在长岛长大，那时候他们的家庭并不富裕。但是巴比耶里说，"我们从来没有感到缺过什么"，因为母亲"是我一生中见过的最会买东西的人之一"。巴比耶里经常在母亲旁边，看她从报纸的副刊中寻找优惠券和打折消息。"她会试着从报纸上翻到鸡肉、水果、麦片等所有东西的最好折扣，她会不厌其烦地浏览那些广告。"

巴比耶里的父亲第一次生病是在 2011 年。那个时候她在思科公司（Cisco）的一个面向消费者的小部门工作。思科是一家主要向企业销售网络设备和服务的大型科技公司。那一年，思科关闭了她所在的部门。她说："我的整个团队都离开了"，包括她曾经的老板丹·沙因曼。

不久之后她就被解雇了，她认为"这很好"，因为她需要更多的时间来照顾父亲，但是与此同时她却失去了日常的收入来源，她对自己说："嘿，我现在可能需要考虑攒钱了。"

让她经常手足无措的一件事就是隐形眼镜药水的价格。她说："不知为何，我的隐形眼镜药水使用量特别大，很大很大，而且它还很贵，基本上就像把药水——还有钱——倒进下水道里一样。"所以，她会在药水打折时再买。她说："你可以从中省下五美元，虽然不是什么大钱！"

但她永远面临着一个问题，那就是她不知道哪个商店才有她需要的打折药水雷努（ReNu）和爱尔康（Clear Care）。"所以基本上就是这样开始的，"她说，"我觉得这真是太傻了，我要么得去商店，要么就是为了知道有没有什么东西在打折，而花很长时间上网寻找这些信息，那个时候，找到这些信息并不容易。"

她与另一位思科公司的前同事共同创建的皮尔茨公司打算改变这一状况。这个公司的业务非常简单，但令人惊讶的是以前从没有人这么做过。它告诉消费者哪些他们最喜欢的产品正在当地打折出售，并为他们收集好相关的优惠券。巴比耶里说:"我花了一半的时间去做客户服务,这是非常有趣的。我曾收到过的一封电子邮件说,'哦,我很高兴终于有人这么做了,十年前我就想到了这个主意'"。

尽管皮尔茨公司没有明确针对老年女性人群,但巴比耶里觉得,这一群体可能在他们目前的客户中占了大多数。[她说:"我们的第一个用户评论实际上来自年龄较大的男性,他们说,'哦,这太棒了,我可以在西维斯(CVS)*买到像占边威士忌酒(Jim Beam)一样的非常便宜的酒。'这是真的,西维斯药店卖的酒价格非常划算。"]但最初激发她灵感的是老年女性消费者,她说:"我开始做这件事的时候想到的其实是我妈妈。"这项服务不仅适合像她母亲这样有固定收入的人群,也适合那些长期习惯于按照打折信息计划购物的人。她说:"他们已经习惯了这么做,现在有人提供这种服务,他们就会很喜欢。"

但依然存在挑战。当巴比耶里刚开始创建公司时,她很幸运认识沙因曼,而沙因曼也一直想投资那些价值被低估的、不寻常的创业者。在他种子基金的帮助下,巴比耶里才得以创办起皮尔茨公司。但募集到让公司继续发展的资金则依旧是个难题。

在谈到巴比耶里需要的A轮融资这一笔种子基金之后的更大资金时,沙因曼说:"我个人认为,如果她目前25岁并且在做同样的事,那么会有人愿意投资的,因为她非常善于说服别人,而且很聪明。"更别提她们的服务非常有用了,沙因曼称之为"对某种概念很好的证明"。事实证明,巴比耶里的客户在保持需求的同时非常忠诚。然而,她却一直未能说服

---

* CVS是美国的连锁药店,通常以零售店的方式销售非处方医药用品、日常生活用品等,有些零售店还提供简单的体检并配发处方药品。——译者注

风险投资者,她能够在不花太多钱的情况下吸引更多的用户。

"这是鸡和蛋的问题,"沙因曼说着,声音越来越大,"这是一个奇怪的情况,我认为有些创业公司应该得到投资。如果他们没有成功,投资者会说,'看吧,我告诉过你它不会成功的。'但事实却是,他们得不到任何投资所以才成功不了啊!"

 创新: 颠覆性和持续性

令人高兴的是,对与老年人需求密切相关的企业家的支持将很快增加,而这一现象是由于强大的经济理由——颠覆性创新(disruptive innovation)。这一理念首先由克莱顿·克里斯坦森于1995年提出,也是前文早餐奶昔案例的灵感来源,它包括向现有市场中的新客户或在新的市场环境中向新客户销售现有产品更简化、更便携或更低成本的版本。通常来说,这一过程对既得利益的公司是不利的。例如,在20世纪60年代末,丰田(Toyota)、日产(Nissan)和本田(Honda)的廉价小轿车在寻求低成本、可靠的个人交通工具的美国人中找到了广阔的市场。美国制造商一直忽视这些客户的需求,而更专注于制造更大、更强、更昂贵的车型,随着美国人开始购买更便宜的进口车,这些制造商就失去了大量的业务,而这些业务便为日本公司所得。以克莱斯勒汽车公司为例,20世纪60年代初,公司总裁凌·谭森(Lynn Townsend)通过专注于业绩而获得的销售收益,到了1969年就大幅下滑,该公司直到1978年才推出真正的小型轿车。到了第二年,该公司的新总裁李·拉科卡(Lee Iacocca)则向国会申请了整个汽车产业的第一份紧急救助。

THREE 3
未来是女性的

当克里斯坦森引入颠覆性创新的概念来解释这类剧变时，正是这一概念大火的最好时机。20世纪90年代末，互联网的第一次繁荣使世界各地都发生了翻天覆地的变化，整个商界都在质疑旧的假设，并在信仰上实现新的飞跃。对于那些感觉到网络公司步步紧逼的老牌公司来说，克里斯滕森的洞见是对他们所感受到的威胁的一种具有前瞻性且可被接受的描述。

即使到了1995年，那些使用互联网的群体可能依旧被认为是一个"小市场或新兴市场"，而这也是克里斯坦森所谓的颠覆性创新蓬勃发展的土壤。但是互联网迅速普及，因此，曾经只发生在少数几家不幸公司身上的"颠覆"，变成了饥肠辘辘的硅谷新贵和惊慌失措的财富500强高管的战斗口号。这个词在被推广时失去了一些特征，人们开始用它来指代任何可能改变现状的想法。克里斯坦森最近写道："这一理论的核心概念被广泛误解，其基本原理也经常被误用。"最初，这个术语应该只指两种情况：一种情况是指产品或公司在现有市场的低端档次找到立足点，另一种情况则是打开一个全新的市场。而在无法接受良好服务的年龄较大的女性消费者中，这两种情况都适用。

低端档次立足点指市场的底部群体对产品的需求低于当前供应的产品：例如，一辆廉价的、低功率的、没有花里胡哨功能的汽车，或一部功能类似于笨重、昂贵的笔记本电脑的廉价智能手机。在年龄较大而且以女性为主导的市场中，在低端立足点发生颠覆的机会已经非常成熟，以至于企业已经意外地做到了这一点。其中包括因斯特卡特公司、跑腿兔网和你好阿尔弗雷德三家公司，它们为老年人提供按需点单服务，而以往，这些服务都是捆绑式一揽子服务的一部分。从长远来看，或许这类与年龄无关的公司将会成为老年经济中最成功的低端颠覆者。又或许，企业家们还会看到老年人在爱比迎这样的平台上开发出新的使用方法，启发他们干脆为老年人开发一个更好用的新平台。或许，两者结合会更好。

随着企业想方设法为老年人提供曾经只面向年轻人的产品，在老年经济中，新市场的颠覆也很可能发生。保守来说，克里斯坦森的新市场颠覆模型仅指那些找到新客户的产品，因为有人已经知道如何使这些产品变得更小、更便宜或更简单。（例如，第一代个人电脑之所以能够进入一个未开发的消费市场，是因为它们比之前的主机更小、更便宜、使用起来更简单。）但实际上，市场颠覆这一说法也适用于那些以往由于老年观和遗忘而被排除在老年市场之外、现在才开始向老年人提供的产品。根据这一更广泛的定义，面向50多岁人士的在线约会服务可以被视为某种颠覆性创新，实际上，几乎所有面向老年人的技术服务也都可以视为颠覆性创新，而迄今为止，大多数科技行业都忽视了老年人的技术服务。但机会绝不止于此。随着婴儿潮一代进入老年阶段，未预料到的消费者需求将会出现，为解决方案（尤其是科技解决方案）创造新的市场。那些为新奇需求而服务的公司可能会获得巨大的发展，而这往往是以牺牲现有企业与其客户之间的长期关系作为代价的。例如，幸亏有了皮尔茨，老奶奶从当地报纸上寻找优惠券的刻板形象可能不久就会改变。

未来所有老年市场创新背后的唯一因素在于消费者本身。当某位像萨莉·林多佛一样的女性有某件事要做，例如在不牺牲独立性的情况下塞满她的储藏室，那么，那些提供生活援助的产品以及它所有的捆绑服务，甚至比要价昂贵还糟糕。额外的服务令人扫兴，会让那些本应避开它们的消费者感到厌烦。而当像凯西这样的女性需要交到更多同龄朋友，同时认为自己是个正常的、喜欢社交的人而非病人时，她们作为消费者需要的就是让她们感觉到正常的服务。凯西外出参加社交符合她的自我认知，而这是那些医学式的、旨在消除孤独的项目所无法提供的。

在不久的将来，那些能让老年生活变得更好的产品和技术，总的来说将会是那些为林多佛和凯西之类的女性服务的产品，更不用说为丹妮尔·巴比耶里一类的照料提供者和她母亲一类的照料接受者服务的产品了。无论是在美国还是在其他地方，这些产品通过颠覆性创新或者仅仅是对以前的产品进行改进，就很有可能彻底颠覆现有的市场。即使在大公司占统治地位的日本，现有的公司也会感到担忧。2016年年初，日本最大的Kickstarter（一个专为具有创意方案的企业筹资的美国众筹网站平台）式的众筹平台ReadyFor?公司对外宣称，他们一半以上的项目是由女性创建的，一半捐款也来自女性。ReadyFor?是由大学生米良遥（Haruka Mera）在东京学习时创立的，该公司的成功在一定程度上归功于其网站，它们的主要目的是帮助那些不敢让熟人为其职业目标投资的人。也就是说，最会帮助日本女性创业家的公司，本身也是由一位女性成立的，她懂得如何帮助自己的顾客解决问题，而这些女性创业家也最懂得女性消费者的需求。重申一次，制度往往倾向于使自己永久化，但在这种情况下，成功会产生更多成功。

老年妇女日益增长的经济需求是推动我们走向更美好老年的动力，而她们也比男性更少受限于当前的老年观中。在这个群体中，或者在那些照顾老年人的群体中，黑客和带头用户创新者的洞见，将成为这个引擎的火花。

企业、政府和非营利组织都需要支持这一过程，否则就有被历史车轮碾过的危险。做到这一点的方法很简单，就是把真正的钱投资到这一类人身上，以往企业面对这些人的需求往往都喜欢只说不做。现在，公司应该雇用和留住妇女，特别是老年妇女和照料提供者，让她们担任重要角色；或是资助她们创办的公司。

慢慢地，风投界可能会发生变化。丹·沙因曼表示，新兴基金现在正在效仿他的做法，投资于非传统的创业者。他还说："现在出现了其他基金，它们正试图瞄准同样的市场。"在过去五年里，有一种现象发生了变化，那就是"数以亿计的规模虽小但目标明确的基金正在崛起。"主要的 A 轮融资基金已合并且退回到了在种子一级的投资，其结果是，拥有数千万资本而非数十亿资本的"微型基金"出现了。"这就体现了创新的爆炸式增长，"他说。

不可避免的是，这些微型基金中有一些正在尝试沙因曼的方法。但他说："还没有人敢和我说一样的话——或模仿我的说法。"当有一只微型基金看好年长的创始人时，这一点仍是显而易见的。"他们都很谨慎，不敢和我一样用词，所以他们会稍微改变一下说法：'非常有经验，以工程为中心的团队'，或者其他的什么。""不管用什么术语，"你都可以看到其实他们的想法是一样的。

我想知道的是，这种新的行动涌入了沙因曼的创始人的私人圈子，这对他来说是否会是个问题。他认为根本不会这样。事实上，他说"资本越多越好"。很久以前，他想投资一家老年创始人的公司，但他不想亲自承担所有的风险，那时他只能把富有的朋友召集起来，组成一个支持者联盟。然而最近，"我找到了大量的资金，大家都认为'嘿，好吧，这很有趣'。"

沙因曼婉转地承认了以传统方式进行风险投资的价值以及投资年轻创始人的价值。人们走这条路有各种很好的理由。他说，年轻的创始人往往更急切，因为他们刚进入商界而且急需一些建议，因此他们往往会与投资者保持良好的沟通。"年轻创始人创造的价值令人震惊，不是吗？你无法反驳这一点。"

他喝了一小口健怡可乐，"但从另一方面来说，这并不是赚钱的唯一途径，我已经证明了这一点，以后还会进一步证明。"

4

双村记

克雷格（Craig）盯着他的脚，皱起了眉头。几个小时以来，他一直坐在副驾驶座位上，他的父亲肯（Ken）正在驾车匆匆穿过一片安静的、草坪经过精心修剪的社区，寻找肯的父亲老肯（Ken Sr.）的那辆被盗的车。"噢，伙计，可惜我穿的是拖鞋"，还处在假期的大学新生克雷格说，"要是我穿的是运动鞋，抓住这家伙的话，我们一定得好好教训他一顿。"

但这事看起来越来越渺茫。太阳低垂在天空中，肯把遮阳板拉下来遮住眼睛。两人都不想说出他们的想法：找到被盗车的机会在随着每一分钟的流逝而减少，当他们空手而归时，老肯的脸上一定会呈现一种失望的表情。

然后他们拐过一个街角，看到目标物就停在路旁。当肯还在刹车的时候，克雷格就从还在移动的车里跳了出来。他冲过去，用手掌拍打被盗车辆的挡风玻璃。"别动！"他喊道。同时肯将他的方向盘转向右侧，用自己的车把那辆车堵住。他惊讶地发现小偷不止一个，而是有三个。几个人面面相觑。

坐在前面的两个家伙17岁的样子。司机个子矮小，有些焦虑不安，但坐在副驾驶座位上的那个人又块头大又难看。经过片刻惊慌失措的眼神交流，他们爬了出来，向四面八方跑去。

肯急忙过去并抓住了司机的衣领。另一个一直坐在车后座的孩子跑开了，朝着城镇广场飞奔而去。那个大个子则朝树林跑去。

但他没能成功跑掉。大学曲棍球明星克雷格像一枚导弹一样飞起身，从背后把他撞倒在地。那孩子试图站起来，举起了拳头。

"想都别想"，克雷格说，"我立刻就能打倒你"。他是认真的。这不是荒野西部。这是世界上最大的退休社区"退休村"（the Villages），这里有规矩。而这些孩子偷了他爷爷那辆高尔夫球车。

* * *

让我们在这片由义务警员营造的正义景象前稍作休息，然后穿过佛罗里达州中部闷热的空气，鸟瞰四周。

当我们像鸟一样在空中盘旋时，你首先会注意到下面有很多球道，像翠绿色的变形虫一样伸展开来。退休村提供630洞的高尔夫球场，其营销部门会很乐意告诉你，这比世界上任何一个地方都要多。高尔夫球场周围环绕着5万多栋独立的房屋，主要以其相同的结构和整齐划一的绿色草坪而闻名。他们的车道看起来干净得简直可以在上面吃意大利面。而高尔夫球车的车道是总计超过100英里的沥青路，向各个方向延伸开来。它们跨越公路和公路下的隧道，不仅连接球场和住宅，还连接三个经过总体规划的城镇广场、众多的游泳池、健身中心和社区中心、几个钓鱼水库和一个马球场。退休村几乎每个家庭都至少有一辆高尔夫球车，居民可以搭乘它们去任何地方。在城镇的郊区，购物车道通往超级市场和大型商店。

最后，看看无处不在的高尔夫球车，5万多辆沿着道路稳步前行。有

FOUR 4
双村记

一次，仅仅为了好玩，村民们举行了世界上最长的高尔夫球车游行，并且还被载入《吉尼斯世界纪录》。没有哪个地方有这么多的退休人员聚集在一起，几乎与 55 岁以下的所有人分离，过着舒适而活跃的幸福生活。社区的发展已经被证明是非比寻常的，特别是近年来。2010—2015 年间，退休村的人口增加了一倍多。在撰写本书时，已有近 124 000 人居住在那里，并且这是美国四年来发展最快的大都市区。2011 年是美国历史上新房销售额最糟糕的年份之一，而该村则宣称其销售额占全国总销售额的近 1%。

有一个很好的理由让大量的人涌向退休村：它让居民感到高兴。社区风景优美，生活在其中的人体面优雅，他们通过过去的努力工作来获得它提供的休闲生活方式。

然而，退休村让我停了下来。不是因为我对那里的生活方式有什么特别的疑问：我希望人们能够根据个人特征来决定如何度过晚年，告诉他们应该选择哪种生活方式并不是我的职责。（此外，正如我之前提到的，我是吉米·巴菲特（Jimmy Buffet）的粉丝，没有哪一个真正的巴菲特粉丝会对轻松生活感到内疚。事实上，巴菲特已经宣布计划开设以玛格丽塔维尔为主题的阳光退休社区。）不，让我担心的是退休村惊人的叙事能力。这个地方的地理面积如此之大——比曼哈顿还大，而且越来越大——它描绘的生活愿景如此生动而又熟悉，一旦你知道它的存在，就很难把目光移开。这种规模的叙事能力能够改变我们对晚年阶段什么是正常的、理想的事物的理解，改变人们关于住在哪里以及怎样住的想法，更不用说那些试图理解什么能激励老年消费者的公司了。

想象一下，你正坐在世界上最好的餐厅。所有的灯在没提前告知的情况下都熄灭了。尽管你已经被告知菜单上有各种各样美妙的东西，其中许多是你从未体验过的，但你无法看到菜单。突然，附近的桌子上点上了一根蜡烛，而餐厅的其他部分仍然笼罩在黑暗中。你转过头去看，你看到了你见过的最好看的牛排和土豆。牛排可以用刀叉切割，土豆柔和地发着光，就像美味食物的金色余烬。但是，它仍然是牛排和土豆——而你只有一次千载难逢的尝试新事物的机会。你会点什么？

我其实真的很喜欢牛排和土豆，可能有点太喜欢了。但对于那些希望尝试鹌鹑蛋或血肠——甚至是意大利面和肉丸的人来说，如果他们只是因为牛排是菜单上唯一能保证提供的菜品就将选择限制于此，那就太可惜了。退休村提供的生活方式就像一顿孤独的、昏暗烛光下的牛排晚餐。对于那些正在寻找一种可行的生活方式来度过晚年的人来说，它似乎是唯一良好而又可靠的选择，仅仅因为它是最可见的选择。

对于产品开发人员、设计人员和营销人员来说，无法看到退休村生活方式的替代方案，是一个特别严重的危害。理论上，通过优先考虑消费者需求，老年经济创新者应该摆脱陈旧的老年观，解决老年消费者的上层目标和愿望，而不仅仅是基本需求。（在某些情况下，公司甚至应该会竞相定义未来的老年人想要什么。）但是，如果创新者们一旦考虑到其消费者的愿望时就立即把这个退休村作为答案，那一切都将是徒劳。如果你作为一个年轻的产品设计师内化了一个观念，即每个老年人都希望生活在一个阳光普照、休闲导向、年龄分隔的退休社区，那么无论你是有意还是无意，这个观念很可能会嵌入你的设计中。这样的话，退休村提供的服务可能会与大多数老年人自己想要的生活方式不符。尽管这个地方的知名度很高，但那里所提供的生活方式并不那么受欢迎——至少在全国范围内不那么受欢迎。65岁以上的人中有87%愿意在自己的家和社区里"在地老化"而非搬到这样的退休目的地，在50—64岁的人中有

71%愿意。

也就是说，少数人确实很喜欢退休村提供的服务，这很容易理解：从直觉来看，那里的生活很合理。在大家没有统一的、常态的、商定的方式来度过老年期的时候，退休村提供的生活方式是引人入胜的。作为一个仅仅被认为是可行的范例，它在黑暗中显得闪闪发光。不幸的是，这意味着它有可能掩盖过其他新生的、可供选择的晚年生活模式。如果老年经济企业提供产品和服务时，都认为顾客就和退休村的村民一样，那么任何希望以其他方式生活的老年人都可能发现自己无法获得想要的服务。老年人在贪婪地消耗社会资源的想法只会在我们的脑海中不断加强。最糟糕的是，正如我将要解释的那样，如果认为老年人正在一个环境整洁、和其他年龄群体分隔的天堂里挥霍丰厚的社会保障金，那么这会让其他人对他们反目，而此时主张经济紧缩政策的政客们有可能正在考虑削减福利支出。

简而言之，尽管退休村作为一种产品可能实现让老年人快乐这一值得称道的目标，但它作为一种理念则阻碍我们构建一种更好的老年观，还可能会给老年经济泼上一头冷水。但那些希望了解未来老年社会的公司依旧可以从这个地方学到一些东西。比起你能想到的任何其他的晚年生活方式，退休村的生活方式既合乎逻辑又引人注目。这对于正面临一个漫长而陌生的生活阶段的一代人来说是有意义的，而且也确实吸引了广泛关注以及热切的新居民。

在未来，任何晚年生活的成功愿景都将具备这些属性。事实上，一家值得注意的创业公司已经在尝试定义一种新的生活方式，而一些老年人也发现自己难以抗拒这种新定义。这个社区也是一种村庄，但它没有退休村最明显的缺点。它由老年人设计，为老年人服务，但它同时也为不同世代提供了一种和谐共存的方式。对于产品设计师和其他创新者来说，如果希望能够了解一个有抱负的、清晰的、吸引人的老年期可能是什么样子，那么第二个村庄就可以作为一个很好的起点。

然而，无论是第二个村庄还是其他任何关于晚年生活的另类视角，在一场争夺老年观话语权的斗争中，能否与退休村竞争仍有待观察。要想找到答案，我们必须首先探究退休村吸引力的来源。让我们回到它的街道和高尔夫球车道。是什么让退休人员想放弃一切搬到那里去？当他们这样做的时候会出什么问题？

退休村的生活方式

小汽车和舒适的生活并不是从一开始就代表退休村，它始于20世纪60年代末的一个错误。密歇根州的一位土地投机商哈罗德·施瓦茨（Harold Schwartz）起先通过邮购方式出售佛罗里达州的大片森林、农场和牧场，但1968年联邦法令禁止了这一行为。施瓦茨手里压了大量价值低廉的土地，因此他和一位合作伙伴建造了一个移动房屋公园，现如今这是退休村最古老的部分。也许是因为公园在一个偏僻的地方，所以没什么买主。经过十年的努力，这对搭档只卖出了400套房屋。

1983年，73岁的施瓦茨在亚利桑那州的太阳城拜访他的妹妹时，找到了他一直等待的突破口。在那里，德尔·韦伯（Del Webb）建造了世界上第一个经过总体规划设计的退休社区。就像施瓦茨设想的一样，太阳城是一个离任何附近城市都有数英里的文明之岛——凤凰城还没有扩张得那么大——尽管在它的野外更多的是毒蜥蜴而不是佛罗里达州的鳄鱼。但与施瓦茨的移动房屋公园相比,太阳城很漂亮。它的房屋、游泳池和道路布局得非常好,更重要的是,社区占地面积广阔,提供的服务也很丰富,吸引着手持支票簿的购房者鱼贯而入。太阳城不是一个像佛罗里达州偏远地区一样的、人们都想远离的地方;相反,它是人们趋之若鹜的目的地。

那一年,施瓦茨买下了他合伙人的土地份额,并让他的儿子加里·莫尔斯(Gary Morse)加入,帮助他建立一个新的佛罗里达太阳城。问题是如何启动这个项目:有什么能吸引第一批关键的购买者,并能让他们回到北方告诉他们的朋友,"来南方吧,这儿天气好极了"。

莫尔斯有了答案。他指示园丁们在当地的西瓜地里种上茂密的、修剪得很密的草坪,又挖了几个池塘和沙坑。最后,他在地上凿了9个小孔并插上旗杆,然后竖起了一块只有五个字的广告牌:"免费高尔夫!"

在随后几十年的迅速发展过程中,"免费高尔夫"的承诺仍然根植在退休村的服务理念中。现在有36个9洞的"小型高尔夫球场",对于居民来说是"免费"的(实际上由每月145美元的"设施维护费"覆盖,村里的所有住户都支付),以及11个18洞或27洞的"锦标赛"球场,这些课程向居民收取草坪折旧费。除了吸引运动爱好者,高尔夫在退休村生活的中心地位还体现为另一件更有成就的事:它使高尔夫球车无处不在,解决了大量存在的社区老年交通问题。事实上某些居民即使不被允许开车,也可以驾驶高尔夫球车进城,这可以使他们保持生活独立性,也成为退休村的主要卖点之一。

如今,当居民不去打高尔夫球时,他们可以去附近的游泳池和健身中心,可以玩网球、匹克球、地掷球和其他项目。专门的娱乐部门每周会组织一千多个活动,向退休村的公众开放。晚上,尽管有些人喜欢很早就上床睡觉，但是家庭聚会依旧热火朝天，酒吧和夜总会则让这里就像大学城一样，葡萄酒像啤酒一样普遍，啤酒则像水一样——事实上，一个中央微型啤酒厂直接利用地下管道把酒输送到一些餐馆，在这里，你用三美元就可以买到一杯马提尼酒。

这在一定程度上说明，当前这种以休闲和消费为导向的生活方式虽然尚没有普遍吸引力，但在一些老年人群体中取得了很明显的共鸣。退休作为一个生命阶段的观点正在衰退，因为越来越多的人说他们希望在65岁生日时还能从事现在的工作，或者在新地方找个工作或做兼职。但与此同时，仍有许多人为了追求美好生活而退休，这也造成了一个世纪以来一直困扰退休人员的身份问题：没有工作的话，你是谁？你客厅的高级副总裁？浴缸的海军上将？当你不知道自己是谁时，你怎么知道早上起床后该做什么？

相比于其他问题，现在退休所造成的身份损失感比20世纪五六十年代更令人困惑，当时"黄金年代"这个概念作为一种回应首次出现。一方面，那些"退休后继续工作"的人发现自己跨越了两种角色分类，在生产和休息之间摇摆不定，这是过去退休人员很少需要考虑的。另一方面，最初主要是男性在退休时遇到身份危机，现在这对男女都是个难题。在其他方面，晚年生活也都在发生变化——技术在进步、消费者的态度和需求在转变、寿命在延长、包括宗教团体等的机构变得松散、家庭成员分散在各地、孩子数量在减少、离婚率在上升——突然间，如果按照传统年龄你马上就要退休了的话，摆在你面前的将是一个意想不到的未知领域。

许多人无法忍受这种无拘无束的生活。我之前提到的社会学家戴维·里斯曼在1952年发表的一篇关于休闲和消费主义的文章中写道：

双村记

"那些走到前沿的人可能会为孤独和不适而付出代价。"如果生活的任何一个前沿都是"尴尬的",就像他说的,被"无形式"和"漫无目的"所困扰,那么退休生活就是如此。中年从事的职业就像生活在城里:无论你是屠夫、面包师还是烛台制造者,你都知道自己相对于同龄人处于什么地位。但如果你走出这座城市——或者说在过了退休年龄后活得足够长——上面那些职业标签就不再重要了。漫无目的的生活会摧毁一个人从社会中获得的身份认同感,如果只是出去旅游一个星期,你会感觉自己很自由,但如果一直这样,你就会感到不安。因此,不可避免地,有些人一进入老年期的前沿,就迫不及待地搬到这个最大的退休社区,在这里,生活似乎还有意义。

然而目前尚不清楚,退休村如何让大家的生活有意义。一些准居民看到村民们似乎很享受自己,且证据充足:他们张开双臂跳着华尔兹舞。然而,另一些人则偷偷摸摸地溜进来,就像一个牛仔闯进一家不熟悉的酒馆,四处张望,寻找可做的事。村民"老烟枪"唐纳德·希克曼(Donald Hickman)就属于第二类。"老烟枪"(我会继续用他的绰号来称呼他,否则将是一种浪费)的职业生涯漫长且辉煌,退休前在美国海军官至少将,但他很少提到这件事。在职业生涯的后期,他掌管海军系统供应司令部,并负责实现海军供应链的现代化。当时,因为他是军人,所以退休时间是确定的,随着他服役的最后一天日益临近,他决定用作战计划所采用的规划和实用主义来实现他向平民生活的过渡。

他说停止全职工作"只是目标之一"。但不止如此:问题是他会成为什么样的人以及他会做些什么。"你已经达到这个目标了:'我将要退休了'。但是,你打算做什么?"他说。同样紧迫的问题是:"那我想住在哪里?"

如今老烟枪会为新退休的人提供咨询，帮助他们处理这类问题。但在10年前当他最初退休的时候，他认为自己已经解决了所有的问题。他和妻子搬到佛罗里达州杰克逊维尔市的一个海滨别墅。但他们很快就发现，那里很无聊。老烟枪说："我们早上起来，在海滩上散步，回到家面面相觑，晚上又到海滩散步。每天早上和晚上都会在海滩上看到同样的人。不管我还能活多少年，这都不是我想继续过下去的生活。"

因此，他们重新考虑一番后上路了：在佛罗里达州四处旅行，寻找一个有更多事情可做的地方。"我们常回到退休村探望朋友，让我们印象深刻的不是房屋本身，因为在其他社区有很多更好的房子，而是里面提供的活动"——当地的报纸《退休村太阳报》（*The Village Sun*）上每天都会长篇幅地报道将要举行的俱乐部会议、游戏、体育赛事和其他活动。听起来不错，但他们担心会有一个隐藏的陷阱，因此他们买了一个比原来小的别墅来规避风险。老烟枪说："这个地方就像美梦一样因为太好而不可能是真的，总会让你觉得一定有什么问题。"

不难发现为什么有人会对退休村心存质疑。一方面，那里的生活成本确实让人感觉低得不真实：住房相对便宜；交145美元的设施维护费（加上小额保证金）就可以享受从高尔夫球场到健身中心和游泳池等各种设施，啤酒打折的时候甚至比苏打水还便宜。另一方面，这个地方还有有意思的新闻报道。如果你比该村的目标人群年轻，而且在读本书之前就听说过它，可能是因为媒体兴高采烈地渲染了最近飙升的性传播疾病的感染率。关于该村的文章和电视节目片段倾向于关注那些耸人听闻的细节——不是性病就是灯红酒绿的酒吧场景，或者是村庄设立的庆祝虚假历史事件的标语牌。然而，还有更重要的理由让打算入住的人担心。例如，退休村的开发者通过各种手段来利用当地的电视、报纸和广播等

FOUR 4
双村记

媒体，这些媒体往往不关注新闻，甚至宣传营销该村。① 也许对该村最严重的指控来自记者安德鲁·布莱克曼（Andrew Blechman）的书《休闲地》（*Leisureville*）（本章的一些历史事实出自该书）。该书认为，由于缺少儿童，退休村可以免缴当地的学校税。最终，通过关于退休村的新闻，你会感觉它很颓废，这既指它注重寻欢享乐，也指它正在衰落，因为如果某个社会不愿为其孩子的教育花钱，人们就会对它有这种感觉。

然而，就像老烟枪说的那样，十年前他还是和妻子搬了进去"看看到底问题会在哪里"。六年后他们换了一座更大的新房子，并长期定居。如果这个地方有隐情的话，他们也还没有发现。即使佛罗里达州其他地方的房地产泡沫破灭了，这里的房地产价格依然坚挺。合同里保证的退休村生活的方方面面从未变差：高尔夫球车道维护得很干净，草地也一直绿油油的，居民们仍然一如既往地友好和忙碌。最重要的是，退休村为老烟枪的身份问题提供了答案，不是通过为居民提供替代品来填补他们主要职业生涯留下的空白，而是通过一种强加的平等减少了他们对替代品的需求，如果这种平等发生在任何其他类型的社区，都会被认为太激进了。

在退休村，你花在车上的时间比花在高尔夫球车上的时间少，食品全都是可以负担得起的，房子在很大程度上惊人地相似，炫耀性消费在某种程度上也消失了。一个村民能做的最招摇的事就是装饰他的高尔夫球车并希望人们注意到。（那里的每个人都看到过一辆看起来完全像一辆黄色悍马的高尔夫球车，主人以三分之一的比例进行了忠实的复制）。或

---

① 例如，2016 年 7 月，某报的月刊杂志封面故事是第一公民银行（Citizens First Bank）庆祝"家乡银行 25 周年"增刊，该银行提供了城里大部分的抵押贷款，是退休村开发商的子公司。

者如果愿意，你也可以买一套社区里的"豪宅"；大多数有前瞻性眼光的村民都选择缩小居住面积，住在普通的单层房子里。就是这样：几乎没有其他主要的阶级符号，至少是钱能买到的那种。与此同时，还有许多其他奢侈品可以享受，但它们本质上都是公共的。无论收入或储蓄有多少，每个人都共享着闪闪发光的道路、高尔夫球车道、健身俱乐部、游泳池和体面且便宜的餐馆。高尔夫球在许多球场都是免费的，其余的球场也负担得起。在马球场，每个人都可以支持来自家乡的骑手，这对整个社区来说都是奢侈的享受。

"这里的开发商有一个愿景"，老烟枪的邻居简·博德里克（Jane Boldrick）说，"对于那些以前有职业的人来说，如果你有退休金和福利待遇，再加上社会保障金，就可以在这里过上他所说的百万富翁的生活。"另一位村民甚至断言，如果你完全拥有自己的房子，光靠社会保障金也能够在退休村生活。

对于老烟枪来说，作为一个在僵化的军事等级制度下生活了几十年的人，这里的平等感是他想要留下来的主要原因。"每个人都一样，这是我真正喜欢的"，他说。"从来没有人问过我'你搬来这里之前做过什么？'可以说这里没有社会等级，没有人说'我担任过某某主管'，我以前发现有些人很喜欢这些头衔。但是在这里，没有人在乎你来这里之前做过什么工作。"

退休村的这种均化效应（leveling effect）使其不像一个独立的生活机构，而更像贵族后代和普通家庭后代混合居住在一起的大学宿舍。通过所有的平等、活动以及物质上的舒适，退休带来的主要心理问题变得不那么紧迫。在社交方面，你是富人还是中产阶级、你曾经从事什么工作也都不重要了。正如老烟枪所说，没人关心你是不是"某某主管"，不必

FOUR 4
双村记

再用主要职业来定义自己了。关键在于，你不再是过去的你，而是现在的你。而且，因为社交几乎等同于"你现在做什么"，所以移居到退休村的人们往往会发现他们的社交生活丰富多彩。他们的社交日程安排得满满的，特殊时期就更是如此。李（Lee）是前文提到的高尔夫球车追逐战中肯的母亲和克雷格的奶奶，在一个新年前夜的下午，她谈起了当晚的计划。

"我们要去不同的家庭，每个人都要带些东西"，她说。第一家的女主人会提供葡萄酒，"我们其余的人只需带着一个空酒杯。然后我们从她家到另一家去吃开胃小菜，然后再到下一家喝咖啡和吃甜点，最后一家就只是香槟。我们永远不会离开街坊四邻。这太有趣了，每个人都会出来走动、大喊大叫。有些人开着高尔夫球车，有些人则不是。"说到这里她大笑起来，然后停了下来接着说，"我们好像重生了，之前邻居举办过一次庆祝生命的聚会，我在去参加的路上端着砂锅，感觉一切就像《草原上的小木屋》(*Little House on the Prairie*)。"

居民经常提到在"退休村的生活"中，他们知道自己与邻居的关系，知道在某一天该做什么。因此，退休村是对职业生涯结束后所带来模糊性的统一回应。但它真的能令人信服吗？先不说其他地方那些大部分宁愿在自己一直生活的家庭和社区中老去的人，即使是那些愿意完全退休的人，退休村的生活对他们到底有多大吸引力呢？

根据住在村外的朱迪·埃利奥特（Jodie Elliot）的说法，退休村的吸引力很大。埃利奥特和她的丈夫都40多岁。当她的父母从波士顿郊区搬到这个退休村时，她决定一起过来，但他们的两个孩子只能作为访客进入该村，因此他们做了仅次于搬入退休村的明智举动——那就是在退休村的大门外建了一所房子，他们可以在那里等待时机。这房子的建筑风格非常类似于退休村内的住宅,有带屏风的阳台式庭院和灰泥墙。主要的区别在于他们的房子更大,第二层有几间卧室和一个兼顾娱乐和学习的两用房间。

起初,埃利奥特说,"我想我们需要更好的学校,应该靠机场更近些"。但是当他们来到南方寻找适合度假的房屋时,就决定了,"不,我们可以住在这里!我们就住这儿吧。"现在,埃利奥特在家里教孩子们,而她的丈夫罗伯特在家办公。

"我们希望尽早退休。经过多年的考虑,我们决定不再用有线电视、最新最好的汽车……因为,我们更愿意为退休储蓄,并提前退休。这样做比拥有那些东西更有益。我的意思是,无论如何我们都能过得很好。但如果我们能提前退休……那么就可以玩了!可以骑自行车去做任何事情!"

埃利奥特一家已经有了高尔夫球车,受惠于父母给的访客通行证,他们可以使用退休村里的设施。但他们仍然渴望真正搬进去。

他们的女儿刚满10岁。她说:"所以我们可以在不到9年后入住,她是我们最小的女儿,按规定她必须满19岁。"(19至55岁的成年人可以住在退休村,只是不能购买房屋。)"是8年10个月——现在几点了?——还有3个小时。是的,我们肯定要搬进退休村。"

尽管埃利奥特在根据孩子的年龄倒数搬进去的时间是在半开玩笑,但事实是,即使对于45岁的她,退休村仍旧有一种吸引力。从她的角度来看,退休村不仅仅是天堂的等候室——而是最终目标。

怎么夸大退休村对埃利奥特等人的吸引力都不过分。就像在苹果公司新产品发布之前,人们有时会在苹果专卖店前露营数日。而在埃利奥特一家最终搬进退休村之前,需要在外面住十多年。

FOUR 4
双村记

 比他人更平等

虽然村民发现他们的社区既和谐统一又引人注目,但仍有一个很好的理由说明为什么它不能回答我们明天将如何生活的问题。退休村的生活可能运行良好,但是这种社区与其门外每个人之间的关系本质上是不稳定的,而且可能会变得更加不稳定。

让我们回到更早的类比上来,对于美国未开垦的前沿,其最容易被人遗忘的一个方面是各种人曾经在那里尝试过的几十种生活方式——超验主义者、乌托邦社会主义者、自由恋人、素食主义者(曾经被视为非常奇怪)、无政府主义者以及许多其他人。除了盐湖城摩门教徒定居点这个出名的例外,几乎所有的案例都失败了。无论是由于性格冲突、权力斗争、自然灾害、战争、疾病,还是仅仅由于美国社会缓慢向西的蔓延,前沿实验都失败并消亡了。最终幸存下来的唯一社区是那些在面对荒野自然和人类本性时都保持稳定的群落。

而面对我们不断延长的生命,人们在前沿开发出的定居点也没什么不同。人类的天性将超越房屋开发商的最佳规划,即使在退休村,也并不都是欢乐时光和高尔夫球一杆进洞的好事。这个地方的阴暗面让我怀疑它的长期生存能力。让我们从偷老肯和李的高尔夫球车的孩子开始说起吧。

在解决了体型最大的高尔夫球车偷车贼之后,大学运动员克雷格立刻站起来,抓住他的运动衫将他拖回肯的车里,一名路过的女子停下来指责孩子并警告克雷格不要让他离开。同时肯联系他的妻子杰姬(Jackie)

去报了警。很快三辆巡逻警车就来了。

肯说："有个孩子在骂人，还有一个孩子正在流血。"第三个逃跑了，所以警察问其中一个在押的人第三个孩子长什么样子，然后就去镇上看看他们能否找到嫌疑人。

肯说："他们在镇上抓到了一个大孩子，结果发现抓错了。他们把他带回来，并找到了那个真正的小偷。"

事实证明其中两个孩子是兄弟，他们的父亲那天早上刚从监狱出狱。第三个孩子由他的祖父监护。高尔夫球车盗窃是青少年犯罪浪潮的缩影。杰姬说："他们所做的就是偷高尔夫球车，要么用光汽油，要么喝光果汁，然后把车扔进湖里、池塘或其他什么地方。"

有问题的孩子们那天显然是想搞点破坏。肯说，开车那个孩子"真是个废物"。"当他们抓到他时，他说'我们肯定不会再犯。我们只是穿过了减速带'。"最后，法官要求孩子们写一封道歉信，杰姬说这封信一直都没收到。

"所以这基本上就是故事的经过"，肯说道。"我们拿回了车，是英雄。"事实虽然如此，但有一个问题仍然存在：除了正常青少年对混乱的迷恋之外，是什么让村里的孩子想要制造这么大的破坏。显然，有多种因素在起作用，包括社会经济问题和家庭生活中断。然而，有理由相信还有其他起作用的因素。在退休村和其他类似的退休社区，虽然设施都可能是一流的，但孩子们却是二等公民。

在距离退休村东南方向两个半小时车程的地方，有一个名为伍德菲尔德（Woodfield）的55岁及以上的封闭社区，那里每年允许儿童过夜访问的次数不超过30次，但白天的访问则不受限制。直到2013年11月，63岁的巴斯卡尔·巴罗特（Bhaskar Barot）都一直平静地住在那里，偶尔在家里照看 4 岁的孙女。但是在 11 月 14 日的早晨，这种宁静被打破了。巴罗特醒来时发现他的丰田凯美瑞和妻子的灰色面包车的引擎盖和侧面被喷上了巨大的黄色字母，看起来像是一个幼儿园孩子歪歪扭扭的笔迹。涂鸦一遍遍地写着："禁止儿童入内"。

在《休闲地》一书里，布莱克曼注意到退休村有一种普遍的对当地孩子的反感。"我在那里玩滑板总是遇到麻烦"，一个来自邻近城镇的未成年男孩告诉他。"我没有看到哪个牌子上写着'禁止滑板运动'，但不管怎么说，他们总会把你的滑板拖走。"问题不在于那些期望年龄分隔社区的人讨厌孩子——虽然在很大程度上是这样。但正如一位退休房地产开发商告诉布莱克曼的那样"他们不希望别人的孙子在泳池里小便。孩子们会弄得乱糟糟"。

但是孩子也是不可避免的。与大多数年龄分隔社区一样，退休村在其运营的前 17 年里并不提供学校。然而，随着它的发展，商店、餐馆和剧院越开越多，开发商的经营也变得越来越复杂，这就需要吸引人们到那里工作。在不那么雄心勃勃的封闭式退休社区，工人们通常从外面开车进来，然后在一天结束时开车回家。但退休村面积太大，离其他人口中心太远，无法支持这种模式。员工需要能够在退休村里生活，他们的子女必须在白天得到照顾和教育。值得称道的是，退休村并没有逃避它的义务：它为那些孩子建造了非常好的特许学校。多层教学楼闪闪发亮，周围运动场上的草地和附近的高尔夫球场一样茂盛。

这些学校和运动场证明了没有孩子任何社区都无法生存。但是，除了村里员工的孩子，当地居民的孩子仍然被禁止进入——原因包括和平与安静、成人对话以及最合理的理由，即从日益关注年轻人的媒体和商业环境中得到喘息。村民们不仅通过共享奢侈品并避免与超级富豪的装饰作比较来享受"百万富翁的生活方式"。他们还通过避开不假思索地赞美年轻人、毫不畏惧地贬低老年人的文化侮辱而获得价值感。在这方面，退休村让人感觉像一个理智的岛屿，但排斥年轻人是有代价的。当孩子们在对他们有内在偏见的地方长大时，有些人会怀恨在心并不奇怪。况且那些高尔夫球车开起来非常有趣。

把青少年的破坏行为归咎于退休社区的规则似乎是不公平的，事实上，许多全年龄段社区也有年轻人的不良行为。但是考虑一下：在美国，限制年龄的退休社区不仅是唯一受联邦政府保护的住房歧视形式，而且它们与几乎所有其他形式的社区都有着明显的不同。即使是19世纪那些实验性的前沿城镇也有儿童。当奇怪的行为源于奇怪的社会结构时，我们就该想想这些结构应该承担多大责任了。

我并不过分担心封闭式退休社区的居民和少数青少年之间可能会进行一场持久的恶作剧战争。相反，我担心其表现出的对抗代表了更广泛和更糟糕的潜在问题。我们以后会把这些盗窃和破坏性事件看作更大的代际冲突中的第一枪吗——像游击队攻击敌人的运输系统一样？很容易想象，这种小小的怨恨行为会造成巨大的后果，特别是随着老年人口的增长和年轻人口的变化。

自19世纪末20世纪初老年群体被定义为一个值得关注且令人同情的问题以来，老年人通过获得税收支持而明显优越于其他群体，而且在一定程度上，几乎所有人都这么看待老年人。因此，对于掏腰包的年轻人来说，对老一代人的支持不仅是无私的，而且还像是对自己的一种投资。

然而，为了让这种安排持续下去，年轻人必须能不断地在当今老年人的身上看到自己未来的样子，但这种认知很快就会受到人口压力的影响。随着美国成为一个像欧洲和其他地方那样少数民族占多数的国家，主要的人口增长将来自第一代和第二代移民，这既是由于移民现象本身，也由于移民家庭往往出生率更高。同时，美国、欧洲和澳大利亚的白人老年人比这些国家的大多数①其他种族有更长的预期寿命，这是一个极不公平的事实。这两种趋势的结果将是年长一代中的白人比例比年轻一代高得多。事实是当现在的年轻人老了之后，他们的面孔对那时的年轻人来说将会非常陌生。

现在，一个现实因素也加入了导致代际竞争的众多可能因素中。退休村作为老年观的一种标杆，加强了人们认为老年人不仅贫困而且贪婪的普遍想法：渴望资源的高尔夫爱好者享受着"百万富翁的生活方式"，这要归功于对工作年龄家庭征收的工资税。更糟糕的是，这意味着退休聚居区并非完全没有优点，那就是它可以作为躲避教育税的避风港。现在，居住在社区中的老年人越多，在学校上的花费就越少，这一影响在老年人口主要是白人而学龄人口主要是黑人或拉美人的地方尤为明显。这些趋势可以追溯到第一个主要的退休社区——德尔·韦伯的太阳城。正如布莱克曼在《休闲地》所说的那样，从1962年开始的十几年里，太阳城的居民投票否决了17项学校债券措施，最终导致预算严重不足，当地学区只能以交错的时间段来容纳学生。为了重新获得控制权，该地区最终取消了与太阳城在学校上的连接。

最后，我们还要考虑一个最大的压力并祈祷世代之间的契约不会破

---

① 在美国，这种趋势的一个典型例外是人口学家所说的"西班牙裔悖论"，即第一代西班牙移民比白人活得长。这种优势不管是归因于样本选择性（较健康的个体更有可能迁移）还是生活方式使然，在第二代移民中就消失了。

裂：支持未来庞大的老年人口将十分昂贵。考虑到我们即将到来的人口状况（假设老年人的生活方式几乎没有什么变化），对所有可能出现的问题进行了最系统解释的可能是经济学家拉里·考特利科夫（Larry Kotlikoff）和记者斯科特·伯恩斯（Scott Burns）的《即将到来的代际风暴》(*The Coming Generation Storm*) 一书。在书中，他们从数理角度论证了随着老年群体数量继续膨胀、出生率下降、医疗费用增加，仅仅为了维持社会保障、医疗保险和医疗补助的增长，2006年及以后出生的美国人就不得不交双倍的税。在日本等人口结构更为严峻、国债水平更高的国家，税收状况可能要更糟。

已经有人主张采取极端行动：限量供给老年人的医疗保健、减少或根除社会保障金（以及美国之外其他国家类似的制度）和公共养老金。但后果将是灾难性的：不断扩大的持续风险将全面地从集体转移到老年人个体上。考虑到世界各地曾经形成的家庭养老保障网已经崩溃，那么这种后果转换成丑话就是，我们的养老院会过度拥挤、人手不足，街上到处都是无家可归的流浪老人。

目前，"贪婪的老人"形象与慈爱的祖父母、未来的自己以及有价值的、贫穷的长者形象在年轻人心中势均力敌。但是，考虑到目前的人口和经济趋势，认为渴望资源的老年人阶层不吝惜自己的享受，却吝啬地对待孩子，这种想法可能会变得有害。如果这种老年印象得到支持，可能会在年轻纳税人中产生反感。值得一提的是，偷走老肯的高尔夫球车的孩子现在都到了投票年龄。

当然，老年投票群体（虽然不如许多人想象的那样统一，但如果社会保障或医疗保险受到攻击，它很可能会团结起来）将与任何对其利益构成威胁的人进行激烈的斗争——小罗斯福总统最初对社会保障的设计使老年群体深感自己对此拥有所有权。它会投自卫票，然后很快就会爆发一场内战：不是兄弟对抗兄弟，而是孙子对抗祖母。每个人都会忙着站队保卫其领地，以至于我们会忘了推进长寿的边界且为了过得更好而共同努力。当年轻人与老年人反目时，我们目前在反年龄歧视事业（劳动力、媒体形象、营销、产品和环境设计）中所获得的一切成就都很容易在这一对抗过程中消失殆尽。

以退休村为代表的生活方式尽管对居住在那里的人们来说是和谐一致并有吸引力的，但却可能呈现出一幅我们不想也不愿看到的更贫困（从各个意义上说）的晚年景象。在当前的政治和人口现实背景下，这种生活方式是不稳定的，企业也应该意识到如果要在产品和营销中支持这样一种愿景，或是假设典型的老年人渴望这样一种生活方式，就需要老年人放弃自己的资产、工作和其他支持形式。（就个人而言，商业领袖可能需要反思这样一个事实：代际怨恨会让节日聚餐变得尴尬。）

令人高兴的是，对于那些希望了解未来老年消费者可能希望如何生活的公司来说，还有另一种模式可以作为指引。它涉及许多与退休村相同的需求。然而，由于它的成员仍然与其他年龄的人生活在一起并有互动，人们就不会把老年人描绘成"贪婪的老人"——渴望逃离他们所依赖的社会。这种对晚年生活的憧憬，或许是所有人提出过的促进老年人关爱和幸福的方案中最激进的一种，但它的影响却很小。事实上，它很可能存在于你自己的城市而你甚至不知道它。这就是发生在我身上的事情：这种新的村落最初出现在我眼皮子底下，就在我可以从办公室窗户看到的波士顿的一个镇上，但多年来我竟一直没有注意到。

另一个村庄

琼·杜塞特（Joan Doucette）坐在麻省理工学院戴维·H. 科赫癌症综合研究中心（David H. Koch Center for Integrative Cancer Research）一楼的一家小咖啡馆里喝咖啡，自行车就放在旁边的支架上。学院不赞成把自行车带进大楼，但只有够强硬的人才能阻止杜赛特把自行车带进来，车把上飘扬着丝带，轮胎是白色的，还有一个装满黄色和粉色花朵的前筐。这位75岁的自行车手的举止同阳光一样明媚。杜塞特抬起头来，原来她是在看去芝加哥的旅行路线。

"我们有20个人要去"，她说。"我们要去河边旅行、要去博物馆……然后去俄罗斯的茶室。所以我们很忙。我们还要去参观摩天大楼。接下来我们中的很多人会去弗兰克·劳埃德·赖特（Frank Lloyd Wright）家。所以很忙。"

杜塞特说话时带着一种在我这粗鄙之人听来高度优雅的英国口音，使人联想到她的家乡萨里（Surrey），她于1938年出生在那里。杜塞特年轻时受训成为一名保姆——"这是我们能真正旅行的唯一途径"——并参与了美国驻伦敦大使馆的工作，该使馆将她派往国外，去照顾外交官的家人。然而，当其中一个家庭的男主人去世后，她随同这个家庭的女主人和孩子从匈牙利搬到了马萨诸塞州的戴德姆。她说："在我结婚和他们的母亲再婚之前，我一直是他们的保姆。那些孩子现在都50多岁了，我们的关系仍然很亲密。"

1970年，杜塞特在麻省理工学院开始了一段传奇的职业生涯，在学

双村记

院图书馆、校友关系部、交通研究中心（现在的交通和物流中心，老年实验室的所在地）、劳资关系和企业发展等部门工作了数年。她在麻省理工学院工作了25年，62岁退休。

她思考着，"我该怎么打发我的日子呢？"答案适时出现，她却不知道这答案多么具有革命性。

退休后不久，杜塞特和丈夫搬到了波士顿最古老的、在很多方面最为豪华的比肯山（Beacon Hill）上的一个新公寓。他们搬家的部分原因是，他们原来一直住在一间小公寓里，但当杜塞特退休后，她带着一箱又一箱一直放在办公室里的东西回家，现在她已经没有地方放这些东西了。在新社区，她不认识任何住在附近的人，因而很担心自己的社交生活。但不久，解决方案就随邮件而至。她收到了一封加入比肯山村（Beacon Hill Village）的邀请。"我丈夫说'这是为你准备的'。"

比肯山村本身并不是一个真正的村庄。相反，它似乎是一个松散的老年人联盟，他们已经生活在比肯山上，不想搬去一个专门为老年服务的社区或机构，而是想住在自己的家里，与老朋友们打交道，在最喜欢的餐馆吃饭，并像普通人一样尽可能久地参加自己喜欢的当地文化活动。

最初，关注点在老年人的需求上。比肯山村的许多创建者都发现护理存在问题，并决心找到更好的解决途径。创始人之一苏珊·麦克维尼·莫尔斯（Susan McWhinney Morse）写道，"我们每个人都亲眼看见了亲人年老时所经历的痛苦：佛罗里达州一个退休社区的母亲感到孤独和被遗弃；住护理院的父母被边缘化并且药物使用过量；一位叔叔家境贫寒却没有直系亲属能帮他走出困境。"

1999年，当那些比肯山村的居民们开始考虑做出一些改变时，我们的文化中普遍存在一些很明确的观念，即当你年老时，无论是住在独立或辅助居家机构中,还是住在乡村俱乐部退休社区或养老院,你只有一件事要做——搬家。

"为什么",苏珊·麦克维尼·莫尔斯写道,"仅仅为了'安全'我们就应该脱离自己热爱的社区呢?为什么我们要失去我们的历史、朋友、身份?为什么仅仅为了适应一个预先设计好的社区,我们就必须在不得不改变生活方式之前妥协?……为什么我们要求本已忙于工作和照顾孩子的子女接纳我们?财务问题又要怎么解决?搬家是一种选择,但只适用于能够负担得起的一小部分人。虽然我们承认温暖的气候和分隔的社区对某些人来说是不错的选择,但对我们来说不是一个可行或有吸引力的选择。"

他们提出的解决方案并不能完全解决每个人的所有问题,但这是一个开始。起初,比肯山村的成员同意互相帮助以解决随年老而来的小麻烦,并为彼此在大事上寻找帮助。今天,多亏了一支由会员和年轻人组成的志愿者队伍,比肯山村能够提供一些临时事务的帮助,如购买日用品、家访、照料宠物、轻松的家务活和维修。对于一些更大的问题,无论是与健康或护理相关的问题、财务问题或其他问题,该组织都会提供值得信赖的服务提供商的名单,他们会给比肯山村成员打折。

一位会员说:"我已经知道如果我不懂该怎么做某件事,只需要打电话给他们。可能发生的最糟糕的事情就是他们会去找解决办法。"她描述了自己为家里买一台漂亮的新电视机并把电视从商店搬回家的经历。然而,当她准备安装时,她意识到原来那台又大又笨的电视机放在一个高架子上,电视机太笨重了,她无法自己拆卸。于是就给比肯山村打了个电话,联系了一位年轻的当地妇女,帮她把旧电视机搬走,又安装了新的电视、电线等。除了比肯山村675美元的年费外,她还额外支付了一笔费用，但她觉得这次经历非常令人满意，因为她觉得自己可以信任比肯山村推荐的那个女人。

比肯山村还会为大家联络一些经过审查的司机——即使在这个优步流行的时代这种服务也很有用，因为有些老年人上下车时需要额外帮助。司机还提供很多其他服务，杜塞特说："他们会带你去买日用品，如果你要做手术，他们会来接你，最后会送你回家。去年9月，我需要装新膝盖时，就有人来接我。"

但比肯山村生活中最重要的方面可能乍一听起来最不重要：乐趣。

杜塞特是一位来自英国的移民，在美国没有任何直系亲属，所以退休时"我以为自己会变得孤独"。因此，当收到加入比肯山村的邀请时，她觉得该村能满足自己的社交需求而非医疗或照料需求。

2002年比肯山村首次向公众开放时，杜塞特和丈夫就加入了。在那个时候，它还只是十几个退休人员的幻想。但该村很快就开始建立其会员体系并与当地值得信赖的商家、供应商和承包商建立关系。杜塞特也开始了自己的规划，现在她的社交活动日程已经安排得满满当当。

"每个星期一会有一个电影小组来我家，一起喝茶、看一部电影，大约有十个人。每个月的两个星期二，我会和另一个小组在一家舒适的比肯山餐厅'75号栗子'碰面，聊些我们想谈的事情，大都是关于戏剧和电影的。别人管这叫'可怕的星期二'。然后每周三都有一群人在查尔斯街的一家餐馆聚会，主要谈论全球时事……星期四我让我的丈夫去参加'第一杯'活动，因为那是为男人准备的……他不是成员，所以我会设法让他参加。"杜塞特解释说，自己的团体非常受欢迎，她开始在城市的其他地方设立分会聚会，"这个周末我们要去芝加哥"。

当我第一次听到有人说在我麻省理工学院办公室的河对岸有什么特

别的事情发生时，我持怀疑态度。老年人在需要的时候互相帮助在理论上听起来很棒，但是我内心的实用主义让我想知道这样一个无私的集体到底能持续多久。毕竟，先锋时代许多乌托邦式的前沿社区都没有幸存下来。比肯山村，由有重大需要的人"搭建"起来，似乎注定要终结于善意但幼稚的历史垃圾箱中。

但是几年之后，比肯山村并没有像我担心的那样陷入困境。恰恰相反，它的规模和声誉都在增长，几乎每天都有人向我提起它，说它是老龄化过程中的一种新模式。随着时间的推移，我越来越看好比肯山村的前景，并把它视为一个警钟——一个为没有注意到它崛起的那些旧式的年龄分隔社区而鸣的死亡丧钟。

然而，很明显像佛罗里达州的退休村这样的社区如今即使没注意到这一点，也做得很好。但是，比肯山村的哲学也同样很吸引人，名声远远超出了它诞生的老式波士顿小丘。在美国，一个全国性的组织"退休村联盟"（the Village to Village Network）应运而生，旨在促进比肯山式社区的发展。据该联盟称，在撰写本书时，有190个村庄是根据"比肯山模式"构建的，除四个州外其他所有州都有，另有150个村庄正在开发中。这种现象也在国际蔓延。在老年实验室，我亲自接待了来自新加坡、英国、德国和中国的团体，他们都在前往比肯山的朝圣过程中顺道而来，希望能看看它是如何发展起来的。

这些村庄在过去十五年中如雨后春笋般涌现，并发展出多种模式。其中一种是具有传承精神的自发发展模式，其中带薪工作人员数量很少，全职员工只占1成到2.5成。因此，工作人员多为志愿者，其中大多数是社区其他成员。通常由那些较年轻、较健康的成员——一般是50多岁、60多岁和70多岁的人，他们为了参与社区的社交生活——偶尔为村里的

FOUR 4
双村记

老年成员提供照顾，这些老年成员都是 80 多岁或 90 多岁的老年人。他们通常提供与日常生活有关的照料活动，而不是需要专业人士或家庭成员参与的医疗类或繁重的照料活动。但成员们也会为彼此人生过程中不可避免会出现的、难以预料的难题提供帮助。

旧金山退休村（San Francisco Village）的总部位于城市雾气笼罩下的内里士满区（Inner Richmond）附近，在这里，一位很活跃的成员比尔·哈斯科尔（Bill Haskell）解释说，他原本加入当地的退休社区是希望发挥"传承精神"，但命运却另有安排。"加入后还没到一个月，我的伴侣就发现他不得不做开胸手术，所以我们无法为别人提供志愿服务，而是需要别人的帮助。作为主要照料者，我需要很多帮助。鲍勃（Bob）做了一个大手术，并发症很多。他在医院待了两个星期。"比医生原本说的三天要长得多。"然后是居家疗养期，于是我给退休村打了电话。"旧金山退休村为比尔推荐了几家经过审查的家庭护理机构。有时，比尔需要去商店或健身房，但没有安排专业的护理人员，退休村就会派一名志愿者陪伴鲍勃。比尔说："退休村的成员在我不能做饭的时候会带饭过来，不认识的人还会给我们带晚餐。"

尽管这种"传承精神"理论上听起来很有吸引力，但它也有缺点。首先，它很难推向市场。佛罗里达州的退休村起初是一个休闲社区，后来又增加了照料机构和服务，虽然它有照料功能，人们也能在那里获得相关服务，但大家都不会把它看作一个老年人去寻求照料服务的地方——尽管它确实如此，人们也这么做。与此同时，比肯山最初是一个致力于相互关爱的组织，直到后来才有了社交俱乐部的氛围。对护理的内在关注会吓跑那些不把自己当成病人的潜在成员。在旧金山的一个名叫史迪奇的交友网站上，当提到旧金山退休村的名字时，少数了解它的人会皱起眉头。在那里,以及其他许多城市,我听到的最常见的口头禅是:"哦,你知道,那不是给'老人'提供的吗?"这种情绪来自一家专为50岁以上人群开设的交友网站,尤其能说明问题。在社交方面,史迪奇网提供的服务与"退休村联盟"类似:通过促进交友、社交分享和旅行,创建全新的本地社交网络。然而,有一种严重的认知障碍阻碍着人们——即使有些人非常乐意参与那些明确为老年人而设计的服务,他们也不愿看到自己加入的是一个旨在为最高龄和最虚弱的老人提供照料的俱乐部。

比肯山的风气有时不仅对潜在会员不那么有吸引力,它也没有为退休后的身份问题提供完全协调的解决方案。然而,在许多方面,这是它的一个特性,而不是失败之处。在佛罗里达州的退休村,居民们发现自己能够摆脱过去的身份,但这只是因为他们的新社区与整个社会隔绝,并接受一种单一的、特定的生活方式。相比之下,比肯山则拥抱了复杂性。会员不仅可以自由地追求以休闲为导向的退休理念,还可以追求其他的抱负和动机,包括照顾他人、与其他世代互动、保护文化机构、志愿服务和工作。例如,琼·杜塞特退休后,回到了麻省理工学院最杰出的科学家之一鲍勃·兰格(Bob Langer)的实验室,从事一份兼职办公室工作。("哦,他主要研究组织工程学",她轻快地说。) 由于她在比肯山所扮演的积极的社会角色,她说:"我不知道我怎么有时间来上班。"

但是,如果比肯山拥抱复杂性而非明确性对其成员行得通,那么它也有责任定义并传播一种新的老年生活方式。比肯山微妙而复杂的理念很难与退休村里传播的故事的音量、生动性和简单性相竞争。然而,比肯山有一种反击的方式:加强自己的模式,并提供更多的服务和活动。增加社交活动的数量尤其能为那些正逐渐从原有职业的束缚中摆脱出来追求新兴趣的人创造机会。各种各样的研讨班、课程、俱乐部和志愿者机会提升了比肯山（Beacon Hill）模式的知名度，将其变成山上的一座灯塔（a beacon on a hill）。

然而，实现这种规模的障碍是相当大的。比肯山会员委员会的乔安妮·库珀（Joanne Cooper）表示，引进新成员一直是一个挑战。"两个新成员进来，四个老成员却离开了，离开的形式各不相同"，可能是"搬去一个更结构化的环境，或者不幸的是，去世了"。旧金山村相对来说较新，只有300个成员。该组织的领导人凯特·霍普克（Kate Hoepke）表示，她"对成员规模非常感兴趣。如果这种模式适用于300人，那么它也可以适用于3 000人。全国范围内有几万人是退休村的成员，但这个数字应该再扩大十倍。"她想知道问题是因为缺乏资金还是因为需要有远见卓识的人。"退休村联盟"的发展状况令人困惑，它在美国和全球范围内迅速扩展，但是入住成员数却增长缓慢，也许原因在于"现实状况在迅速变化，但是退休村的基础设施建设还没跟上"。

她是对的。如果人们想在老年期过一种激进且全新的生活，那就需要激进且全新的物质、制度和文化构架。在比肯山村和其他类似的地方，我们可能只看到了建设的开始。不过，这是一个令人鼓舞的开端。

 最好的时代，最坏的时代

今天，大多数老年人仍想与其社区保持联系，并且还要继续工作，尽管他们会有越来越多的残疾或健康问题。比肯山所呈现的老年愿景最接近于提供这种体验，但尚比不上佛罗里达州退休村体现出的广泛的凝聚力和带来的诱惑。比肯山的精神类似于哈罗德·施瓦茨（Harold Schwartz）在上世纪70年代设计的房车公园：潜力巨大，但尚未吸引大批游客，而佛罗里达州退休村则利用免费高尔夫球场实现了飞速发展。目前还不清楚究竟怎样做才能让"退休村联盟"发挥同样的作用，甚至还不清楚这个组织是否会在将来的竞赛中最终胜出，成功实现"在家养老"和"在社区养老"。

比肯山村和其他类似的组织并不完美，目前它们都太小了，也没有充分利用移动技术来提高连通性，这将是它们吸引更懂技术的婴儿潮一代必须得达到的要求。它们主要局限于城市地区，且更多面向中产以上的阶级，把很多人排除在外。尽管如此，随着新一代老年经济产品的兴起，它们会使人们更容易在老年期做更多的事情，而不仅仅是娱乐和放松，那么从目前的混乱状态中，很可能会出现类似比肯山村的新养老模式。

长期稳定性对这种新模式来说很重要。想想在退休村追逐高尔夫球车的情景，伍德菲尔德社区里"禁止儿童入内"的涂鸦，它们说明代际对立是这种旧有养老模式的特有弊病。按照这些年龄隔离主义理想构建的未来将不适合人们养老。在消费人口结构迅速变化的情况下，商业在其中也将难以发展：因为它的技能和洞察力会被浪费在封闭的社区里，它的钱包被掏空，因为没有人愿意雇用或资助消费者而非生产者（或接受者而非给予者）。

在退休村，"有很多人才没有被利用"，老烟枪希克曼说，他因在社区外的几个董事会任职而违反了规定。在那里，有一些像他和卡罗琳·莱布霍尔兹（Caroline Reibholtz，当地法院的儿童诉讼监护人）这样的人。但总的来说，主要是因为退休村如此与世隔绝，所以导致外面的世界无法了解内部居民巨大的优点和能力，反而将他们看作一大群衰弱的、没有话语权的老年人。

与此同时，在比肯山村，琼·杜塞特回忆了在波士顿查尔斯街上吃完一顿简单晚餐后发生的故事，"年轻的女服务员对我说，'哦，欢迎下次再来，我真的很喜欢你来这用餐，你太有趣了。'一个年轻人希望我们这些老人能度过愉快的时光，还说她喜欢为我们服务，这真是太棒了"。

2014年的一项研究发现，四分之一的比肯山模式的村庄正在积极努力改善社区对老年人的态度，对于主要依靠志愿者的小型组织来说，这个比例还算不错。每一天，通过走出去给周围的社区留下积极印象，比肯山和其他以它为榜样的村庄的成员们打破了老年人不适合融入社会的古老神话。

如果你和我一样，想生活在这样一个世界，即老年人和他们的孩子不是对手，而是相互投资、为彼此工作、互相帮助打造一些事物，那么与佛罗里达州退休村相反的这种乡村运动在美国和全世界都值得成为学习的榜样。基于比肯山模式的村庄正在英国和德国蓬勃发展。与美国一样，这些国家的老年人也希望避免依赖子女。其他关于代际整合的实验也如雨后春笋般涌现。例如，在护理领域，德国和瑞士有一个名为"帮助之家"（Wohnen für Hilfe）的有趣项目，为那些经过认真审查的学生提供租金补贴，这些学生希望住在老年人家中，帮忙做一些琐碎的家务。英国也有一个类似的住房分享（Homeshare）项目。德国的一项法律为82%的不愿意住在养老院的老年人提供最高可达1万欧元的建设费用，用于建设共享的社区公寓，每个租户每月最高可获得200欧元的补贴。

无论你的老年消费者生活在哪里，很有可能未来都将会是各年龄人群之间更加和谐、而非隔离的世界。尤其当互联技术和共享经济服务使得老年人比以往更容易走出去、做事、工作，并在他们长期生活的社区中和网上结识他人时，根据这种想法生产的产品可能比竞争对手卖得更好。例如，如果你在销售一种退休金融产品，你的广告画面是人们在海滩或高尔夫球场上活动还是在参与他们社区的活动？同样，如果你正在开发这样一种退休金融产品，你的投资组合中是否包括了大量依赖老年人和退休群体的房地产投资信托基金？当然，在不久的将来，这类产品将会有市场，但随着在地养老的普及，这类产品的市场规模可能会比原始人口统计数据所显示的要小。

未来的老年观仍然可能会出现一些问题。如果10个人中只有9个人想逃离退休目的地，那么这是不够的：如果企业、政府和媒体坚持认为正常的晚年生活就应该在年龄分隔的社区度过，同时花别人辛苦挣来的钱，那么不论现实如何，这种说法都很可能盛行。

然而，面向新的老龄化愿景的产品将讲述不同的故事。与社会联系更紧密、和其他世代更和谐的老年一代将成为自己的文化先驱，并不断驳斥关于老年人能力和动机的误解。随着这一过程的展开，老年人作为雇员和商业伙伴将变得更有吸引力，作为消费者将更受欢迎。在接下来的几章中，我将解释企业如何为这些消费者服务，并朝着老年的新愿景迈进。前沿生活现在可能会让人感到尴尬，但这种情况不会持续太久。

PART
2

第二部分

5

充分共情与卓越设计

我们已经勾勒出关于老年新观念的轮廓，现在是时候关注企业如何具体充实这幅图景了。新一代更好的产品将给老年人群赋能，他们又会反过来要求更多更实用的产品，形成一个积极的反馈循环。然而一个可能令人生畏的预期是，创新者和公司必须首先开发出第一代产品和服务。一方面，如果产品不考虑和顾及老年用户的需求——日渐衰老的身体和多年积累的生活经验——那么可能会令沮丧的客户转头购买其他品牌的产品。另一方面，确实做出这些改变的产品又常让老年人觉得屈尊俯就或把他们当成傻瓜，老年人会毫不迟疑地拒绝。这会导致为老年生活的新图景添加各种合适的产品可能就像用一罐喷漆给涂色书里的线条填色一样不可能。

然而，还有另一种思考产品并使之成功的方式：首先考虑如何让消费者轻松地完成要做的事。这并不是说要创造"易于使用"的产品——诸如超大号的橡胶遥控器、三个按钮的手机、应急响应吊坠等各种各样没人想要的东西。我说的轻松不是以高人一等的态度对待客户，而是让他们兴奋和高兴。我把这种产品开发理念的最极端形式称为卓越设计

（transcendent design）。我在不断深入的研究中发现，卓越设计可以为保守停滞的行业带来新生，并产生意想不到的跨界吸引力，人们会打破年龄性别的人口统计分类，找到自己作为消费者的最新、最好的能解决问题的产品。在某些情况下，卓越产品甚至会产生深远的下游效应，从住处的选择到晚餐的准备影响消费者的方方面面。

试图让年长的消费者感到兴奋明显挺好的，然而，面对关于变老的种种不清楚的叙述，要做到可不那么容易。这需要深刻理解顾客的期待、需求、挫折和希望。有时，公司可以通过组建新团队、招募新员工或咨询顾问来获取这种深刻的知识。然而，也可以通过有意识的共情行为进入客户的大脑——应用这种方法可能带来意想不到的收益。

但是先别着急。在通往更好产品的道路上，第一步并不需要这样的智力训练，只要适度的常识就够了。将老年经济产品设计得轻松的最基本原则是避免让年长的消费者感到沮丧。这是一个很低的标准，但大量的产品、产品包装和营销都未能达到这一标准。大多数消费品都是为假想的健康年轻用户所设计，这导致了一些明显的失败，比如需要用锋利的剪刀和攀岩手柄才能打开的翻盖包装。还有些不那么明显的瑕疵。以网页设计为例，随着交流方式从新闻纸转向背光屏幕，使用更广泛、更微妙的色彩组合变得可能。这会存在一个问题：除非你很用心，否则你的年迈客户根本看不到它们。即使没有任何疾病，随着年龄的增长，眼睛的晶状体会对蓝光逐渐变得不透明，这意味着到达视网膜的光线会呈现蓝光的对比色——黄色。因为这一过程是在几十年间发生的，没有人会注意到它。然而，这种影响是显著的：年龄越大，你就越不能分辨黄色和白色，蓝色和黑色、绿色或紫色。

当然，根据顾客不同程度的视觉敏锐度、灵巧度、力量和柔韧性做出改变的产品也不一定能保证成功。然而，如果不解决这些问题，就不可能产生卓越产品。我们的挑战在于要创造出一种不仅能带走挫败感，还能积极地带来某种程度快乐的产品。然而，为了弄清楚如何跨越这条分界线（从没有消极情绪到有积极情绪），我们也许有必要尝试一种充分共情的（radical empathy）行为。

阿格尼斯（AGNES）

梅赛德斯-奔驰的高端汽车市场用户往往是富有的人，换言之就是老年人。2000—2009年中期，梅赛德斯的母公司戴姆勒公司（Daimler AG，当时 DaimlerChrysler 的一部分）与我的团队合作，试图弄清楚他们的老年客户群体想要什么，以及如何为他们提供这些产品。为此，戴姆勒公司邀请老年实验室的部分工作人员和学生到它们在柏林的工作室，在那里，我们和戴姆勒及西门子（Siemens）的工程师、设计师、营销人员一起试图理解老年顾客，那时西门子正在为梅赛德斯生产汽车内部组件。

总的来说，世界上有两种高端汽车：一种专注于车内的人，另一种专注于路上的机器。（我将在下文解释，这两者都有相当大的老年市场。）冒着把问题降低到荒谬程度的风险，梅赛德斯汽车倾向第一种，这并不是说他们为了舒适而牺牲性能，而是这家公司的工程师和设计师出了名地总是能把最尖端的汽车技术和设计融入尽可能无缝的用户体验。

然而，根据我的经验，他们也往往是20、30和40多岁，我指的是做实际工作的人，而不是高级副总裁们。让大学毕业十年的设计师或工程师设计出一款老年人能用的产品是一回事；让他们设计出令老年用户激动不已的产品，那完全是另一回事。但当有人在展厅里盯上一辆梅赛德斯汽车时，激动不已正是他期盼的体验。这是一个很高的标准。戴姆勒公司知道，除非他们想办法始终如一地为老年司机提供这种体验，否则即便把世界上所有的技术都塞进车里，他们仍会被更了解客户的公司打败。然而，如何做到这一点过去是（现在仍然是）一个挑战。

有一个关于盲人和大象的古老谚语：一个人伸出手摸了摸大象的鼻子说："我觉得是树枝。"另一个人摸到了大象的尾巴，认为是根绳子。第三个人摸到大象的身体，以为他站在一堵墙旁边。没人了解大象的全貌。在戴姆勒公司，工程师们主要关注的是年纪较大的司机上下车的困难，这可以通过改变车门的重量或门把手的位置来解决。与此同时，设计师们觉得老年司机的问题是美学和功能之间的权衡，他们大多认为这是一个零和或非此即彼的命题。营销人员则确信，只要再多一个焦点小组或多一次实地观察，他们就能提供答案。我们的挑战是帮助他们看到整头大象。

几乎是心血来潮，我和我的团队决定以某种破冰的方式开始研讨会——这是一个有趣的活动，旨在迫使工程师、设计师和营销人员离开他们的舒适区，站在老年司机的角度看问题。我们想知道，如果给参会者穿上某种模拟老年的服装会发生什么？这种服装与模拟怀孕套装或模拟酒精损害护目镜类似，它们是拉玛兹（Lamaze）课*和预防青少年犯罪高中项目（scare-'em-straight）中很受欢迎的教具。在当时，护目镜—手套套装装备在老年医学家和护理人员的圈子中流行，这些系统用来模仿与老年有关的某些症状。我们决定做一个全身的版本，并直接用于驾

---

* 拉玛兹课是一种孕期课程，教导准妈妈们如何平稳安全地度过孕期。——译者注

车体验。

我们把这副看上去颇为滑稽的全套装备叫作"现时变老共情系统"（Age Gain Now Empathy System）。非常幸运——太过幸运以至于有些人觉得很可疑——这几个字的首字母拼出了"阿格尼斯"（AGNES）这个名字。

阿格尼斯 1.0 版本没有什么特别之处。我很幸运，我们团队中有一位运动生理学家，他对关节炎和衰老的身体有着深入的了解。他帮助我们设计出服装的单个组件。其中包括模仿随年龄增长而变黄的眼部晶状体的黄色眼镜。减少颈椎活动灵活性的拳击用颈部加强束带，它还使人难以保持一定姿势。绑在肘部、手腕和膝盖上的带子能够产生僵硬的感觉。除此之外，还有降低触觉灵敏度、同时增加手指运动阻力的手套。

这是一个一时兴起、相对匆忙的实验，但它给人的印象怎么夸大都不为过。它令人难忘的部分原因在于戴姆勒、西门子和老年实验室团队成员试图穿上这款服装时的欢闹。然而，也许最让人印象深刻的是穿上它之后我们玩的扭扭（Twister）和操作（Operation）游戏。当工程师、设计师和营销人员使用阿格尼斯时——无论是在汽车内还是在玩游戏时——他们不仅学会了尊重毫不畏惧地迎接每天挑战的老年客户，还以一种新的方式看待并珍视自己的相关生理功能。

每个人轮流穿上那套衣服，脱下它，汇报情况，然后交给另一个人，再重复这个过程。随着这一天慢慢过去，公司的团队发现了可能横亘在老年消费者和他们希望购买的兴奋和喜悦之间的一些摩擦点。或许更重要的是，这些工程师、设计师、营销人员——甚至高管们——最终都以同样的眼光看待客户体验。通过认识到他们一直在触摸同一只大象，他们作为一个统一的团队突破了数年甚至数十年的制度惰性。

这只是阿格尼斯的第一个原型。

在接下来的几年里，我们继续改进阿格尼斯，扩大她的应用范围，并提高她复现生理状态的准确性。她现在的特色是一套束在穿着者四肢的关键点上、与加重背心及髋部安全带相连的弹性绷带系统，用以减少灵活性和步幅，并迫使穿着者的脊柱姿势向前倾形成驼背。在头部，固定在身体上的头盔模拟颈部压迫，颈圈限制了转动的灵活性，各种护目镜重现特定的眼部疾病：从糖尿病视网膜病到青光眼。随着年龄的增长，人的双脚和地面之间的触觉反馈会逐步丧失，难以保持平衡，泡沫填充鞋会模仿这种情况，还有各式各样的手套模仿手指空间敏锐度的下降。

除了工程师、设计师和营销人员，后续版本的阿格尼斯被不同的首席执行官、首席财务官、首席营销官、总工程师和"首脑创新官"（head of innovation，一个近年来越来越受欢迎的企业头衔）穿过，他们来自（但不限于）如下公司：纽百伦（New Balance）、百事公司（PepsiCo）、联合健康（United Healthcare）、信诺保险（Cigna）、利宝保险（Liberty Mutual）、葛兰素史克（GlaxoSmithKline）、通用磨坊（General Mills）、哈特福德基金（Hartford Funds）、雷蒙德詹姆斯（Raymond James）、丰田（Toyota）、尼桑（Nissan）等。一位在任州长曾穿过它。前交通部部长安东尼·福克斯（Anthony Foxx）在2013年担任夏洛特市（Charlotte）市长时也穿过。当然，还有大量懵懂的大学生和实习生也穿过，他们可能会去做比上述所有人加起来还要重要的事情。

在任何情况下，我们的目标都不只是简单传递关于老年的信息：不仅传递冰冷的事实，而且传递深刻的、有感情的"啊哈！"时刻。从媒体上读到阿格尼斯的时候，人们关注的焦点总是她如何使穿着者的生理机能受损，但就个人而言，阿格尼斯的秘密武器是她在穿着者身上触发的情感。在学术层面上理解变老带来的困难是一回事；切身体会想要做某件事却徒劳无果，并且被比你年轻50岁的人设计的大量产品和政策所挫败，则完全是另一番感受。

西维斯（CVS）公司在体验阿格尼斯后做出了重大改变。2011年，西维斯公司带着一个想法主动联络了老年实验室。这家连锁药店顾客群的年纪比美国其他十大零售商顾客群的年纪都要大，因此他们那时（现在仍然）走在老年消费潮流的前列。

那一年的早些时候，包括美国全国广播公司（NBC）《今日秀》（Today）在内的新闻媒体意识到，阿格尼斯为报道老龄化的生理影响提供了一个很好的理由，老龄化是大多数观众正在直接或间接经历的事。很快，虽然还谈不上司空见惯，老年模拟装置的概念不再是那么边缘的学术概念。阿格尼斯第二次在《今日秀》露脸[①]后，西维斯公司邀请我在一个内部营销和战略会议上发言。我当时并不知道这家定期对店面进行改造的公司正在计划新一轮的翻修。他们的首席营销官问我，如果把阿格尼斯融入他们的设计思维中，会发生什么？

2012年11月的一个清晨，我的团队主要成员和西维斯公司的营销团队穿上阿格尼斯到新英格兰的几家店进行了实地考察。后来，我们在罗德岛文索基特（Woonsocket）的一家店面也做了同样的事情，西维斯公司在那里制作原型并测试新的、甚至有点激进的店面设计。

在现实的商店里，几个早上购物的人饶有兴趣地看着我们。公司在

[①] 纳塔利·莫拉莱斯（Natalie Morales）当时是《今日秀》的主播之一，她对这套装备半信半疑。节目主持人马特·劳尔（Matt Lauer）鼓励她将牛奶倒入一碗麦片粥中。"我感觉到了摩擦，"她说。"感觉关节完全被挤压。"劳尔开玩笑说："很明显，你的视力很奇怪，因为那不是麦片——那是一团不明混合物！"

这家店采取的一些设计措施似乎取得了成效。一个穿戴阿格尼斯的西维斯团队成员说:"我被迫缩着身子向下看,而且我真的不想抬头。"他说,西维斯公司标志性的灰色地毯铺就的路径,从前面入口一直延伸到后面的药房,帮助他找到了方向。商店的低货架也意味着,尽管受到身体活动性的限制,阿格尼斯穿戴者仍然能够拿到他们购物清单上的所有东西。

但阿格尼斯很快就开始发现问题。首先,西维斯公司和许多零售商一样,倾向于将重的商品放在较低的货架上。这种放置方式最大限度地避免顾客和员工被落下的重物砸中,但遗憾的是,正如戴着阿格尼斯的人们很快意识到的那样,这其实是把难以举起的物品,比如 Ensure 牌营养奶昔放在了难以够到的地方。这个问题并不是商店设计师靠自己能意识到的,因为去西维斯商店购物的典型老年人可以在没有帮助的情况下举起 6 包 Ensure 奶昔。她的手也可以向下够到膝盖——或者向上抬起略高于头部——这都没有问题。但当你让她同时做这两件事的时候——举起重物,同时达到她的运动范围的任何一个极限,麻烦就来了。向下弯腰或向上够使她处于不利的平衡位置,她的肌肉在极端状态下伸展或收缩时,她被迫要对抗自己的结缔组织和体重。这么说吧,在这种扭曲的过程中,抓起两升饮料变成了太阳马戏团的杂技。西维斯公司团队意识到,把重的物品放在臀部的高度对老年人更友好。团队成员在装卸底部较深的购物车时也遇到同样的问题,我们的测试者发现很难够到里面的物品。

其他问题包括商店的"棒棒糖标识"。这是一种 DVD 大小的圆形指示牌,从货架伸向过道,从过道的两端看,它们往往会出现视觉上的重叠,使得行动不便的阿格尼斯穿戴者要跋涉半个商店才能确定物品的位置。另一个例子是在某个商店的无须预约的一分钟诊所(MinuteClinic)

中，一名执业护士用黄色荧光笔为她的穿着阿格尼斯的"病人"标记了关键信息，而戴着模拟眼部疾病的黄色眼镜的病人根本看不到这些标记。

但是，阿格尼斯让我们领悟到关于老年人购物体验中最重要的（也是未被充分认识的）一点是，当你在应对哪怕是很小的感官衰退时，一个公共的零售店环境是多么危险。尽管我们参观的西维斯商店的货架都相对较低，但它们仍被安排成狭长状。当有两个并肩而行的人从这些峡谷中快速冲你而来时，很难解释如果你有平衡问题时会产生的幽闭恐惧症的感觉。他们不知道你有平衡问题或你看不太清，或者周围没有什么固定的东西可以抓住，除了满是可能会掉下来摔碎的东西的架子。在这种时候，你唯一能做的是咬紧牙关、小心翼翼、祈祷万事平安，直到他们通过。

除非，附近有一个安全区。这正是西维斯最终在通道上增加的项目。

对于西维斯公司来说，每个商店的改造都意味着对客户友好设计的巨大投资。体验过阿格尼斯之后，西维斯团队对改造翻修流程提出了许多建议。考虑到其中的利害关系，没有人会指责他们行事过于谨慎，只做了最低限度的改变：更大的字体和对比度更高的标识。

如果他们对"老年友好"做得太过度也不好，例如在商店各处安装扶手，让老年人在通道变窄时有东西可抓。如果真这么做的话，该团队就是在遵循一种由来已久的趋势，即首先将老年人视为病人，其次才是人。就像亨氏的老年食品一样，那才是一场灾难。

西维斯公司走的是另一条路。首先，他们用更大、更容易读的过道标志设计取代原来那些恼人的"棒棒糖"标识。更重要的是，他们不再用标识划分产品类别——这是抗酸剂，这是质子泵抑制剂——而是将产品根据问题分类，比如把治疗胃灼热的产品放在一起。这种做法不仅减少了标识的数量，避免重叠，还能更有效地服务客户的根本需求，即总是解决特定的问题，而不是购买特定的产品。这种新的思维方式带来的结果是，有些产品被移到商店的另一头。如今，在西维斯的大多数门店，你都能在挨着葡萄糖片和胰岛素泵的货架附近找到用于晚期2型糖尿病患者的弹力袜。它们曾经被放置在其他袜子和网球旁边，使得很多行动不便者不得不在商店里转来转去。

西维斯公司的其他改进包括更小、底部更高的购物车，更容易将重的物品放入或取出，以及更宽的入口。我们观察到年纪较大的女性刚进入西维斯商店时，会反复做同一件事：抓住购物车保持稳定，把购物袋放进去，然后停下来换一副眼镜。年轻的设计师未必会考虑这个问题，但有个空间让老年购物者可以停下来进行上述过渡，而不会觉得自己挡住了路，这点非常关键。

西维斯还做了一些其他的改变——比如，他们推出了背光信用卡机，比以前灰底黑字的要好得多——但真正打动我的是他们对"卡在过道"的创新解决方案。他们没有在整个通道里增加扶手，而是把长的通道分成了几个更短的通道，配上独立的、报刊亭式的展示区。因此，如今在许多西维斯商店里，可能会被一群打闹的青少年撞倒的老年人可以快速地向侧面迈一步，闪进通道的间隔空间，对老年人来说，这一策略无疑比原来那种希望、祈祷和准备应对冲击的方式好得多。

 思维模式

从某种意义来说，梅赛德斯-奔驰的对立面是宝马（BMW）。当然，二者都是德国的豪华车,他们的对立如同麻省理工学院和加州理工学院(Caltech),或者陆军和海军的对立。然而,梅赛德斯以为乘客和司机提供的奢华体验而闻名。与前者不同,宝马虽然非常注重人体工程学,但却是出了名地把驾驶员对其周围机器的控制精度放在第一位。在宝马的很多车型中,中央仪表盘组件甚至向驾驶员倾斜,离乘客较远,这个动作虽小,但意味深长。宝马的工程师们给司机提供了尽可能多的微调的机会。正如宝马的市场营销所宣称的那样,他们视汽车为"驾驶机器"而不是奢华的轿子,这给宝马公司带来了好处。然而,在几十年的时间里,以控制为中心的设计理念导致了如同城市扩张一般的仪表盘,一个由开关、旋钮和按钮组成的微型天际线占据了越来越多的汽车内部空间。到了2000年,驾驶宝马7大系列中任何一部车的司机有117个界面设备可供选择,这使得汽车内部好似波音737的驾驶舱,令人颇感不安。

2001年,宝马迈出了引人注目的一步,将几乎所有的旋钮和按钮都整合到一个名为iDrive的界面设备上。一开始,这个系统运行得非常好。它的特点是只有一个液晶屏,上面有很多菜单项,用户可以使用中央控制台上类似游戏操纵杆的输入设备进行浏览。除了可以向四个方向移动外①,用户还可以通过转动操纵杆来滚动项目列表,将操纵杆向轿车底部按压"点击"来进行选择。总之,这是清理业内最杂乱仪表盘的非常优雅的方式。只有一个问题:人人都讨厌它。

RAC(英国版本的AAA)网站上一篇言辞激烈的评论写道:"你对iDrive的最初反应可能是,'这更像是UDrive而非iDrive,高级泰语或粒

---

① 最早的iDrive系统操纵杆有8个方向,只在德国使用,很快被放弃。

子理论都比这容易学。"*"《汽车与司机》(*Car and Driver*)杂志将其描述为"一个就像詹姆斯·乔伊斯的《尤利西斯》一样简单明了的电脑界面。"美国国家公共广播电台(NPR)车迷天下节目(*Car Talk*)的传奇主持人汤姆(Tom)和雷·马廖齐(Ray Magliozzi)提出了最尖刻的批评,他们在网站上写道:"我们只希望在他们把这场灾难带入迄今为止无污点的其他宝马车型前,有人能走进巴伐利亚的人体工程学部门,炒掉一堆人。"对于他们正在评估的具体宝马产品线,他们列出的优点有"操作出众,内饰丰富,有很多附加功能。"缺点?"iDrive,iDrive,iDrive。"

不夸张地说,这些评论令人不安,但 iDrive 还有一个更深层次的问题,只有宝马公司知道。不只普通大众不喜欢它。最讨厌它的是老年司机。而且,就像梅赛德斯-奔驰一样,宝马的市场局限于买得起的人——主要是老年人——这真的是个非常坏的消息。

最糟糕的情况以前也发生过。1986 年,通用汽车推出了革命性的触摸屏界面,这在同类产品中尚属首例,它是别克的里维埃拉(Riviera)和后来的瑞塔(Reatta)轿车的标准配置,在奥尔兹莫比尔(Oldsmobile Toronado Trofeo)中作为价值 1 300 美元的附加配置。这是当时最尖端的仪表盘界面。然而,司机们不喜欢将目光从道路上移开来操作它,并发现菜单系统令人困惑。20 世纪 90 年代早期,通用汽车结束试验,重新回到按钮、旋钮和开关。某个地方的工程师痛苦地呼号,然后是沉默。

围绕着宝马的问题是,他们这次是否把客户逼得太远、太快了。在此之前,宝马的客户总能经受得住工程师们的挑战。如果真是这样,这

---

* iDrive 直译是"我开车"的意思,UDrive 直译是"你开车"的意思,这里讽刺地表达"我受不了这个系统,还是你来开这车吧"的意思。——译者注

将是一个非常昂贵的、令人尴尬的错误。难道宝马需要像通用汽车在上世纪 90 年代初所做的那样，回归到旧的、拥挤不堪的仪表盘上？

宝马死也不会同意。在整个 2000—2009 年，宝马都在坚持使用 iDrive，这在汽车圈被认为是传奇性的不屈不挠，甚至可以说是顽固。然而，如果当初抛弃 iDrive，宝马公司就是对老年人犯了设计的大罪：仅仅因为"他们不懂"就不让老年人用他们最好的技术。那样的话，前景颇为黯淡：个大的、棕色、无聊的汽车产品，用来解决所谓的老年人的局限性，而不是满足消费者的实际需求。

事实是，老年人确实懂技术，当婴儿潮一代全部进入六七十岁时，他们将成为有史以来最精通技术的老年人群体。有两种力量在某种程度上使得人们认为老年人害怕或不懂技术。第一种力量是我前文提到过的简单的时间巧合。从 20 世纪 80 年代开始的大约 20 年间，人们分成两大类，一类是在办公室（后来在家里）使用电脑的人，另一类是直到退休都根本用不着电脑的人。（在这两个极端之间存在着灰色地带：比如，婴儿潮中较老的一些人在预定的工作流程中加入计算机，而较年轻的那些人从未在没有电脑的办公桌上工作过。）结果是计算机能力随着年龄增长而下降正巧与早已存在的、以叙事为基础的观点相吻合，即老年人无法学习新技术。如今，我们仍坚持认为老年人害怕科技，尽管事实上越来越多的年长者能在办公室相当舒服地使用个人电脑、后来又相对轻松地使用平板电脑和智能手机。

然而，还有另外一个原因导致老年人在技术接受度上受到不公正的指责。在很多情况下，由于他们已经花费了很长时间以特定的方式做某件事，他们对于如何解决给定问题的思维模式与他们最习惯的方法或工具紧密相连。就人的能量而言，潜在的老年用户使用新技术的实际成本和沉没成本要比年轻人高。因此，当他们感觉新的做事方式的价值没什么了不起时，他们通常只是耸耸肩，说不，谢谢，不值得。根据我的经验，当老年人拒绝一项技术时，并不是因为他们无法学习或太固执，而是技术的供应商还没有提出足够令人信服的理由让他们想去学习。

因此，让老年人感到兴奋和愉悦的设计不应止步于生理因素。在发布一款新产品之前，至关重要的是要确定产品是否很好地契合了客户已具备的思维模式，他们依赖这种思维模式理解这个世界并在其中生活。如果产品因为在设计和营销中没有考虑到这些思维模式而无法和客户连接，那是生产者的问题，而不是消费者的问题。我们老年实验室的观点是，如果老年人不喜欢一种技术，并不是因为他们笨，而是因为这是一项糟糕的技术。这并不是说这个假设的坏技术本身行不通。只是"好技术"的定义需要改变，一项技术不能被认为是"好的"，除非它能让包括老年人在内的所有潜在用户认可并喜欢它。

对于 iDrive 来说，问题在于如何让它变得"好"，不仅在完全相信 iDrive 可靠性的工程师的眼中是好的，而且从老年司机的角度看也是好的。首先，宝马必须弄清楚客户到底不喜欢它什么。这是一个很难回答的问题，因为除了不是人们习以为常的样子外，这个系统似乎没什么固有的令人讨厌的地方。尽管很难说清楚，但其中确实有些东西是让老年司机们看不顺眼的。

2007 年，作为深入研究其系统可用性的重大努力的一部分，宝马给老年实验室快递了一款从汽车仪表盘分离出来的 iDrive 界面原型，装在通常用于单独运送钻石或美国核发射代码的手提箱里。我们把它装在实验室的一辆测试车上（我们叫这辆车"罗西小姐"），研究不同年龄的驾驶者在真实的路况下如何与它互动。然后我们和试车驾驶员进行长时间的讨论，他们喜欢什么，不喜欢什么。

我们碰巧还在实验室的台式电脑上安装了 iDrive，参与者可以在操作小型驾驶模拟器的同时使用它。那正是我们取得突破的地方。

在车里，我们的参与者发现很难准确描述 iDrive 的输入设备与什么最相似。它是为汽车驾驶舱而改装的操纵杆的变体？还是一个以三维形式呈现的、设计的目的不仅仅是换歌的 iPod 点击轮？在开车时，这很难说清楚。然而，在电脑桌面上，iDrive 是什么就变得很明显了。特别是对于老年用户来说，它并不是革命性的界面。相反，它让人想起一个非常糟糕的电脑鼠标。

当然，它不是鼠标——原因之一是屏幕上没有光标。更准确地说，用户会遇到一系列菜单项，其中一个选择字段用高亮显示，可以通过方向输入旋钮来移动字段进行选择。除非在完美空旷的高速公路上，边开车边使用真正的鼠标是非常困难的。但这无法改变一个事实：当人们使用 iDrive 并期待鼠标时，他们发现屏幕上没有指针，加之控制旋钮的操纵杆式操作，让人感到不和谐。仅就年份而言，我们最年长的研究参与者使用电脑鼠标的时间最长——某几个人可以追溯到 20 世纪 80 年代早期，那时我们最年轻的参与者们还穿着尿布。另外，我们的年轻参与者当然熟悉电脑鼠标，但总体而言他们在鼠标上花的时间较少，而在操纵杆、iPod 和笔记本电脑触控板上花的时间相对较多。由于年轻人丰富的使用经验，iDrive 仅仅是各种方向输入设备中的一个。与此同时，老年参与者较少的经验意味着他们只能将其比作电脑鼠标——这一点很不利。

年纪越大就越习惯于以某种特定方式做事情这个观点听起来像是对老年人心理可塑性的迂腐的批评。事实并非如此，"固步自封"常常是一件非常理性的事情。还是以汽车为例，老年人往往难以接受盲点预警系统等安全技术，这很遗憾，因为这种系统可以挽救生命。例如，年长的司机可以使用盲点预警系统在换车道时避免转动整个上半身来检查自己的后方（由于颈部灵活性的降低）。这是一项伟大的技术，但是考虑一下：如果你已经在高速公路上开了50年车，而且没有发生过重大事故，那么你作为司机的驾驶习惯一定是相当值得信赖的。从这个角度来看，突然去"修正"如何变道的思维模式是相当不合逻辑的——尤其当它关乎生命。说服老年司机改变习惯是汽车制造商、保险公司和政府正在面临的挑战。

最终，我们认为把 iDrive 系统变成真正的鼠标来更好适应老年司机的思维模式是一个坏点子。但我们推荐另一种改变。司机们表示他们感到沮丧的一个主要原因是 iDrive 的菜单系统相当复杂，就像一个由运河、小溪和支流组成的网络，如果你想打开空调或换收音机频道，就必须在其中穿插。年轻用户很乐意通过试错来熟悉这些水道，但年长的用户发现他们不仅迷失在小溪中，而且还因为不适应像鼠标的控制旋钮而缺乏合适的船桨。宝马新设计的原型把一些快捷键放置在控制旋钮的周围。其中一个快捷键可以立即将用户带到顶层菜单，省去在屏幕上反复寻找"返回"键的麻烦。老年测试组很喜欢它，原因一目了然。宝马也许做不出更好的船桨，但在波涛汹涌的时候，这个按钮至少可以让用户迅速进入更友好的水域。

从2009年款车型开始，宝马在 iDrive 第四代中引入快捷键及其他改变。恶评终于平息下来。该系统现已成为宝马所有车型的标准配置，从更一般的概念来看（公平地说，其他豪华车制造商也独立推出了这一概念），它很快成为杯架之后被模仿最多的汽车座舱功能。

如果像人们所说，模仿是一种恭维的话，那么总的来说，iDrive 连同它后来的改进做得相当不错。不过，值得强调的是，如果2009年的改版车型主要是由于帮助老年驾驶者而获得声誉，那么无论年轻还是年老的消费者都会拒绝这一系统。使iDrive变得年龄友好的改变之所以最终取得成功，源于它让每一个年龄段的驾驶者都能更好地驾驶，而不仅仅是老年人。

 ## 卓越设计

除了思维模式的重要性，我们还从宝马iDrive的研发经历中学到另一件事：用一种直觉的、令人愉悦的方式来解决无障碍或思维模式问题，使得每个人——甚至是年轻的、非残障人士——都从中受益，这个目标是能达到的。

"无障碍设计"（accessible design）这一术语指的是制造残障人士可以使用的产品。楼梯侧方的轮椅坡道就是无障碍设计的一个例子。同时，帮助所有人的设计决策——包括残障人士和非残障人士——被称为"通用设计"（universal design）（该术语的其他表述包括"整体设计"（design for all）和"兼容设计"（inclusive design））。一个经典的案例是杠杆式门把手，它可以用肘部、假体、残肢、患关节炎的手甚至是膝盖来操作。产品具备无障碍和通用设计特征对于任何一个既追求功能又希望满足人性化需求的社会来说都是必不可少的。

但我认为还有另一种、甚至可以说是更高层次的无障碍，被错误地归为通用设计：卓越设计。它本质上是一种通用的设计，在10分制中能得11分，它的无障碍属性如此有用，以至于残障人士和非残障人士都非常欢迎它——甚至是渴望它。在老龄化的未来，如果形塑我们观念的决定性力量将会是那些更易满足老年消费者需求的力量，那么卓越产品和设计将是这一过程的先锋。

产品可以通过以下两种方式来实现卓越。第一种不太常见的方式是明确地为老年人或有特殊残疾的人设计某些东西，结果让每个人的生活都更好。

1988年的一个晚上，热爱烹饪的贝特西·法伯（Betsy Farber）正在削土豆皮。① 她的手腕有关节炎，这对她没有太大的困扰——当然，除了她需要用手做些事情的时候，尤其在厨房。斯坦福大学的戴夫·帕尼亚克（Dev Patniak）在他的著作《倾心关怀》（*Wired to Care*）中写道，那晚法伯手中的削皮器有锋利的刀刃，但在她握不太紧的手中，削皮器又窄又滑的圆柱形手柄不断旋转。她的丈夫山姆（Sam）注意到她的沮丧，就过来帮她将土豆皮削完。

给这个安静的家庭画面按下暂停键，思考一下：太多的时候，这种从日常挫败中获得的洞察力，就像蒲公英的种子般在每天的忧虑和疲劳中随风飘散。即使受挫者找到了解决问题的方法，她也几乎没有机会在更大范围内实施她的解决方案——尤其是如果这个想法是一项商业创新的话。我们已经讨论过，在一个优先考虑年轻男性看法的经济中会发生什么：年轻人（主要是男性）继续解决他们看到的问题，结果，老年人（大多是女性）被迫与世界互动（并在严酷的劳动力市场上竞争），只有不合格的工具来帮助他们。

---

① 有些记录认为那天晚上被削掉的土豆实际上根本不是土豆，而是一个苹果。但这种差异并不影响故事的寓意。

按照惯例，当用到不好的土豆削皮器时，当时已经退休的法伯夫妇应该做的是：皱起眉头，继而担心他们在家里继续做事的能力，最终放弃烹饪，搬到提供餐饮的某个住处，在远非必要之前就接受依赖他人。

但这次沮丧的时刻与众不同，因为洞察力的种子碰巧落在了可能最肥沃的土地上。山姆·法伯退休了是事实，但他是从他在1960年创立的著名厨具公司科普柯（COPCO）退休的。炊具已经融入他的血液。厨具大牌公司Farberware以他家族的名字命名，是该行业最知名的品牌之一。

发明一种适合关节炎患者并符合人体工程学的炊具是法伯的第一个好主意。但第二个主意，或许也是更重要的一个，是将一位名叫帕蒂·摩尔（Patty Moore）的设计师拉到合作队伍中。

那时，在为老年人设计产品方面，摩尔可能是世界上最重要的思想家，这并不是说当时的竞争不激烈。从十年前开始，她用三年时间戴着白色假发、化着老年妆、拄着拐杖游历了100多个城市，并一举成名。她的全套装扮包括耳塞、迫使她弯腰驼背的身体支架，还有模糊视线的方形边框眼镜。装备好后，她乘坐城市公共汽车，在商店里买东西，打出租车，试着使用公共电话亭，还有——总是记录下让她感到力不从心的建筑环境和物件，总是观察周围的人是否忽视她的困境，或者更糟，取笑她。

不用说，阿格尼斯很大程度上得益于摩尔的人类学研究方法。事实上，摩尔的卧底工作做了一件阿格尼斯做不到的事，那就是传达变老带来的某些社会衍生后果。担心在药店摔倒而受伤是一回事。摩尔在她的伪装中发现了另一层担忧：害怕在公共场合摔倒后的尴尬；害怕被认为是无用的或累赘的；害怕成为隐形人；害怕被厌恶。当她建议对商店和公共基础设施进行年龄友好化的改变时，其目的不仅仅是让老年人更安全。通过对抗那些对老年人身体构成威胁的东西，她试图让他们免于害怕。

摩尔、法伯夫妇以及一个优秀的产品设计师团队做了一次实验。他们戴上手套，紧紧地包住手指关节，尝试做饭。结果很糟糕，这正是实验的目的。实验完成的时候，他们发现了不少已有餐具没有解决的痛点。每一个痛点都构成一个机会。

法伯接下来制造的炊具最显著的特点是它们超大的椭圆形把手，即使是在患关节炎的人手中也不会转动。如今，无论你多大岁数，你家里很可能都有一些这样的炊具，因为事实证明这种把手不仅对老年人有用，而且对每个人都有用。法伯的公司奥秀（OXO）取得了巨大的成功，它的产品已经成为直觉的、用户导向的跨能力设计的代名词。

某些设计界人士可能会对我认为奥秀餐具构成卓越设计的想法翻白眼。该公司的产品经常被用作通用设计的典型例子——也就是说，适合每个人的设计。为什么要在"通用"之上再加一个等级呢？

首先，我在这里不是要贬低通用设计战略，它确实让每个人的生活变得更好，包括老年人和有各种残障的人。回到杠杆式门把手的例子，几乎无一例外，只要能找到门把手的地方，如果没有电动开门器的话，都应该安装杠杆式门把手。就连非残障人群也从中受益：他们在一年中的364天可能都不在乎一扇门装的是球形门锁还是把手型门锁，但有一天，当他们要把一个很重的箱子搬过去时，他们会感激那个只用肘部就能操作的把手。

杠杆式把手和奥秀餐具的不同之处在于：除非绝对必要，否则更换门把手并不能让人们从沙发上起身，开车去家得宝（Home Depot）购物。杠杆式门把手很好，几乎适用于每个人，而且没有真正的污名，但没有人特别想拥有它们。所以,从务实的角度来说,当我思考那些将在未来改变每个人生活方式的产品时,那些有用、但不鼓舞人心的产品不会排在榜首。

奥秀土豆削皮器那样的产品是不同的。当大多数人用朋友家的大门把手开门时,他们漫不经心。但是,那些已习惯使用光滑的木制圆柱形马铃薯削皮器的人们在试用朋友的符合人体工程学的产品时,他们会停下来对自己说:"我想要它。"当我思考那些随着社会老龄化会改变人们做事方式的产品时,这样的产品浮现于眼前。就我的经验而言,如今很难找到一个没有橡胶椭圆形把手的削皮器。削土豆的方式似乎只是我们生活中微不足道的一部分,但我们很难否认这个事实:在过去的几十年间,一种人类已经做了上千年的活动发生了巨大变化。

如同奥秀案例所揭示的,出于对无障碍的共同推动而产生的卓越设计可能令人惊艳。不过,实现卓越设计还有另一种方式:当创新者创造出让所有人的生活更便捷的产品时,几乎作为副效用,老年人和残障人士可以借此完成以往做不到的事。很多时候,这样的创新对相当广泛的人群都非常有用,以至于它们甚至不被归为"无障碍"。以电动车库开门器为例。到 1921 年,福特 T 型车的迅速普及使得许多家庭必须有一个新房间:车库。这些早期的车库通常都有被风吹来吹去的谷仓门(很多车库就是谷仓),打开时会占用空间,也不安全——远谈不上理想,而和现在一样,当时汽车是许多家庭最宝贵的财产。底特律的一位发明家 C. G. 约翰逊(C. G. Johnson)发明了第一扇向头顶上滚动的车库门。它们解决了谷仓门的所有问题,但最初是用沉重的木头做的,而且没有今天这样的弹簧助力。因此,并非所有约翰逊的客户都能打开它们。五年内,约翰逊发现有必要发明一种辅助产品:第一个电动车库开门器诞生。

约翰逊创立的公司——升降门公司（Overhead Door Corporation）——今天仍在运营。他的配套发明也是如此。第二次世界大战后，随着郊区的兴起，居民必须买车，它们变得无处不在。然而，直到与遥控器结合，车库开门器才成为每个车库的必要组成部分。起初车库门与开门器是硬连线的，开门器被安装在车道尽头的一个由按键操作的控制杆上，司机可以开窗操作。突然间，车库开门器——曾经看似只有不强壮或虚弱的人才用得上的技术——变成了有点儿懒的人也使用的技术，而且每个人都想要一个。由于有了车道上的车库门控制杆，后来又有了无线电遥控，车库开门器成了家家户户的标配。随后，它又使老年人也能进出车库，这有点像个"马后炮"。如今，它们给人的印象已不再是"辅助性的"，尽管它们无疑起到辅助作用。

类似的故事还有微波炉。微波炉也许是为独居老人创造的最伟大的发明，对大学生、忙碌的父母和几乎所有其他人来说，它碰巧也是伟大的发明之一。再一次，因为被看作懒惰或忙碌的人的工具，而不是针对有残疾的老年人，微波炉避免了污名。[1] 与此同时，手颤抖的人，比如在从烤箱里拿东西的时候可能会被烫伤的人，每天都依赖它。微波炉还有一个附带的好处，就是比起其他厨房热源更不容易引起火灾烧毁房子。最关键的一件事也许是微波炉推动了整个预制食品产业的发展，为那些每晚可能只吃烤奶酪三明治的人提供平衡的晚餐。

近年来卓越设计最重要的例子就是微型触摸屏超级计算机，此刻它可能就在你触手可及的地方。诚然，智能手机仍然存在许多无障碍问题，而且对于许多认为自己面临陡峭学习曲线的人来说，完全接受智能手机

---

[1] 如果微波炉被称作"老年烤箱"，我打赌你在购买前会疑虑再三。

生活的价值主张还不成立。然而，智能手机让视力有问题的人能够在线放大文本，即使不联网也能照亮餐厅菜单。对手颤抖的人来说，今天手机对声音指令的响应几乎和触摸输入一样便捷。对听力有问题的人来说，可以用震动代替响铃，可以用短信代替打电话。没有一项最新技术比短信对聋哑人的帮助更大。

重要的是，智能手机使上述所有成为可能，同时又不会疏远、分离或婴儿化老年用户。在第一代苹果手机（iPhone）上广泛使用的卓越设计，已经被证明是过去 20 年里最能改变生活的科技力量之一——对所有消费年龄段而言都是如此。与此同时，为满足智能手机带来的新需求，下游产业如雨后春笋般涌现，无处不在的智能手机带来的生活方式的改变不胜枚举。

随着世界的老龄化，卓越产品将继续塑造我们的生活轮廓。他们有时也会拯救生命。老年实验室大约有一半团队致力于研究驾驶员行为，包括不同年龄的驾驶员如何与不同的技术互动。我们最近在《人体工程学》（Ergonomics）杂志上发表了两篇关于汽车显示器字体的研究。你可能想不到字母"e"的形状——中间的空白区域是圆的、宽大的，还是小的、四四方方的；它的小水平线是真正水平的还是轻微倾斜的——可以拯救人的生命，但事实确实如此。

到目前为止，关于汽车仪表盘界面，我还有一件事没提：如果设计正确，司机花在查看它们上的时间是多么地少。司机应该能够在不到一秒的时间里理解仪表盘上显示的内容，因为他们辨别屏幕上内容的时间越长，他们看路的时间就越短。

我们和可能是世界上最知名的字体设计公司蒙纳公司（Monotype）合作，邀请各个年龄层的司机进入驾驶模拟器，用眼球追踪设备来确定他们看显示屏的时间。显示屏装有两种字体，一种是"人文主义"字体，另一种被认为是"方形怪体"。

"我们测试的人文主义字体和方形怪体代表了设计哲学的两个极端"，老年实验室的科学家乔纳森·多布雷斯（Jonathan Dobres）解释说。"方形怪体死板而统一。它的许多字母和数字看起来非常相似。它的字符内部和字符之间的间距紧密"——指"o"和"e"这类字母内的空隙以及字母之间的空白。这些设计因素赋予了它技术的、未来主义的外观，使它成为20世纪60年代科幻电影和电视节目的主要字体。反过来，人文主义字体"有更大的开放间距和多变的字母形状"，多布雷斯说，"这给它一种更有机的感觉，大多数排版师认为这种字体应该是高度易读的。"

"大多数排版师"是对的：弯曲的、人文主义字体缩短了测试驾驶员把目光从道路上移开的几毫秒宝贵时间。第一次研究的结果提示，不同人群在阅读时间上可能存在差异，于是多布雷斯决定进一步挖掘。他设计了一项新的研究，在电脑屏幕上短暂地闪现一组6个字母。参与者要做的就是说出他们看到的是一个真实的单词"garden"（花园）还是一个假词"erdang"。起初，每个人都能读懂展示给他们的字母。但随着时间缩短，要想确切地说出在屏幕上看到了什么变得越来越困难，甚至是不可能了。结果表明，年龄较大的参与者要破译快速闪现的字母尤其困难。然而，当这些字母以人文主义字体而不是方形怪体出现时，他们辨别起来就轻松多了。

今天的许多汽车界面中仍然可以看到这种怪异的字体，主要因为它看似是直接从电影《银翼杀手》（*Blade Runner*）里跳出来的。然而，随着有关风险的安全数据不断出炉，这种情况很可能会改变。

但是，你可能有理由怀疑，人文主义字体是否有被称为"老年人字体"的风险——仅用于确保老年人的安全？就像"老年人的车"，这不是会让年轻和年长的购车者都不喜欢吗？

这可能是个问题——但事实上字体识别具有统计意义的显著差异不是从50或60岁开始，而是从30岁就开始了。（确切地说，我们有理由推测20多岁的人也会受到影响，只是在我们的样本中没有那么显著。）老化，特别是眼部的老化，开始得比大多数人认为的要早。此外，安全是每个人都希望的。已经有一家美国的汽车公司和一家欧洲的汽车公司根据我们的研究进行了改变，一家日本公司也将很快加入进来。

在即将到来的日子里，帮助所有人（包括但不局限于老年人）的设计决策和产品将在老年经济中发挥巨大影响。特别值得一提的是，卓越产品就像涨起的潮水般抬高所有的船只，不管它们是全新的还是已经勇敢地面对了几十年的风暴。当你阅读本书后面的章节时，请记住这些广泛有用的技术力量对新船和老船都有同样的潜力。它们可能包括自动驾驶汽车；物联网，尤其表现在智能家居中；以及按需经济和共享经济。虽然不是传统意义上关于老年人产品的讨论内容，但与任何明确针对老年人的产品相比，这些影响深远的力量可能对老年人的生活产生更为深刻的影响。当这些产品上市后，期望老年人会充分利用它们。年轻人可能最先接受先进的、互联的消费技术，但是通过将这些产品融入生活，如今老年人获益最多。老年人将形成下一个主要的高科技成长市场——那些在产品设计中懂得充分共情的公司将最先分得一杯羹。

6

健康、安全和天马行空的思考

"快去死吧。"你可能会以为这是邦德（Bond）的敌人在鲨鱼出没的泳池上对英雄喊出的台词，也可能是一个备受期待的重金属歌手对着一群狂热的粉丝在咆哮，也可能是一个手拿放大镜的小孩子对着人行道上的蚂蚁喃喃自语。

还可能是全球人口老龄化最严重的国家的财政大臣在社会保障改革会上对一群政府官员说的话。事实上，财政大臣这个头衔远不能描述麻生太郎在日本政界的重要性。在我写这本书时，他还是副首相、金融担当大臣和负责消除通货紧缩的担当大臣。其中，消除通货紧缩是日本首相安倍晋三的"安倍经济学"中重要的经济目标之一。在 2008 年到 2009 年，麻生太郎任日本首相。他所到之处都有记者跟随，他所说之话都有记者记录。

2013 年 1 月，麻生太郎宣称为了国家的利益，年老生病的人应该去死。该新闻在国际媒体中迅速扩散开。"如果你想死的时候却被迫活着，那是天理不容的。我醒来一想到那些治疗的费用都是由政府在负担，我就会感到非常糟糕。"麻生太郎还认为："除非让那些人赶快去死，否则这个问题无法解决。"

当时已经72岁的麻生太郎因为一些与人口相关的激进观点在日本享有一定名气，他曾在演讲中将那些生活不能自理的人称为"插管人"。他在早前担任日本首相期间，也曾对日本创纪录的老年人口有过类似的抱怨。他说："我看到那些67岁或者68岁的人参加班级聚会时路都走不稳，还经常要去看医生……我为什么要为这些只吃喝却不能发挥任何作用的人买单？"[①]

遗憾的是，我并没有为他的言论感到震惊。在不同的文化中，这种认为老年时期的价值远低于20多岁或40多岁时的价值的错误想法非常普遍。然而有趣的是，与老年人口的平均寿命持续增加不同，麻生太郎的观点也许并不能长期存在于我们现在的世界。在老年经济中，特别是与基本的健康和安全需求相关的部分，消费者的需求正在发生变化，新技术正在兴起，它们将以意想不到的方式满足消费者的需求，而且往往有助于削减开支，产生的净效应将使得老年期的价值增长超过其成本增长。明智的国家将不会急于避开这类投资，而个人也将尽其所能成为其中的一部分。

从事老年健康和安全业务的公司必须乘风破浪，否则就会面临船毁人亡的危险。到目前为止，我已经描述了创新者是如何通过满足老年人的需求和欲望——亚伯拉罕·马斯洛需求层次理论中的高层需求——而获得成功的，这些机会的产生主要是因为我们过于从问题和医疗的视角看待老年人。其实，面对较低层次的需求，创新者同样可以从一系列策

[①] 他也曾冒犯过年轻人。2014年他在札幌的一次演讲中说道："现在很多人认为老年人口的数量越来越多会带来很多问题，但事实上那些不生育的人问题更大。"

略中受益：聚焦于消费者，关注带头用户，并融入卓越的设计。在不久的将来，这些产品不仅会证明麻生太郎的观点是错误的，而且将成为我们晚年生活的基础。

当前，人口老龄化似乎被当作一种危机。例如，麻生太郎对老年人的敌意并不是无中生有：传统上认为，日本老年人产生的开销对于日本政府而言是一个天文数字。65岁及以上的老年人占日本总人口的比例已经超过四分之一，超过所有其他经济主体。历史上还没有一个国家的人口老龄化程度达到如此之深。因此，悲观主义者长期以来认为人口老龄化是导致这个岛国持续遭遇经济危机的罪魁祸首，并且预测最终还会导致社会的失败。

事实上，日本在应对与年龄相关的开销日益增多的问题上做得还是相当不错的。日本的医疗卫生开销差不多占GDP的10%，略低于发达国家的平均水平，并且远远低于美国的17%，其社会保障计划花钱也相对较少。同时，尽管日本的抚养比按照传统的方法计算（15岁以下人口加64岁以上人口比上工作年龄人口）看似很高，但是如果仔细分析日本的劳动力构成，情况就没那么严峻。由于老年劳动力参与率提高、生育率下降以及女性就业率持续提高，日本非工作人口与工作人口的比例预计在2032年时会有所改善。

不要以为有麻生太郎这种想法的人只在日本才有。在2014年出版的一期《大西洋月刊》（*The Atlantic*）的封面故事中，受人尊敬的美国肿瘤学家、生物伦理学家、《平价医疗法案》（Affordable Care Act）的主要制定者以西基尔·伊曼纽尔（Ezekiel Emanuel）也同样希望自己在老年时死去。在题为《为什么我希望在75岁时死去》（*Why I Hope to Die at 75*）的文章中,他从个人层面和公共开支的角度举了一个非常详实的例子来证明超过75岁之后人活着就没有意义了。(这个标题具有误导性——他的想法不是在75岁时主动寻求安乐死,只是拒绝非姑息治疗。)

他认为,尽管预期寿命在延长,但是平均花在处理一种或多种功能性生理限制(这可能是一种会阻碍你爬楼梯或者使你必须依靠辅具站立的健康问题)上的时间已经超过了寿命增长的部分。(从广义上讲,这是正确的,尽管他提到的数据掩盖了不同群体之间的差异。你如果越富有、受教育程度越高,你的健康预期寿命就越长。)每个人都不希望自己的晚年生活是慢慢地衰老等死。大多数人都希望能有所谓的"疾病压缩",也就是寿命延长的同时病程尽可能缩短。负责国家医疗卫生开销的政府官员也热切地祈祷这样的结果。但是,正如伊曼纽尔所指出的,发病率的压缩并不会在所有人身上发生,甚至对大多数人都不会发生。

更令人担忧的是失智症的威胁一直没有消失,包括阿尔茨海默症,这些问题在短期内不太可能得到解决。伊曼纽尔写道:"很多人并不认为在可预见的未来可以找到治愈的方法,相反他们还对未来失智症'海啸'的到来发出警告(其实这海啸一直都在)。在2050年到来之际,患有失智症的美国老年人口数量将提高300%。"同样,这也是一个合理的担忧,尽管美国失智症确诊数量的增加只会是由于老年人口数量增加导致的。事实上,失智症比率相对于人口老龄化的程度似乎还在下降,只是下降幅度很小。

但即使没有失智症,我们大脑的处理速度也会随着时间的推移而逐渐减慢。伊曼纽尔还认为创造力会随着年龄的增长而急剧下降,这是他的论述中最薄弱的部分。① 他论述到，所有这些加起来就是一种枯燥、令人沮丧、渺小的生活："意识到我们的能力在逐渐减弱，我们能够选择的活动和项目越来越少……如赏鸟、骑自行车、陶艺，等等。之后，随着走路也变得越来越困难，以及关节炎的疼痛限制了手指的灵活性，生活开始以坐在书房里阅读、听书或做填字游戏为中心。"伊曼纽尔认为个人生命超过 80 岁以后就会妨碍他的孩子们的生活，因为子女最终都需要承担起沉重的照料负担，但在此之前他认可老年人也能扮演一些重要的角色，如导师和祖父母。

简而言之，对于正在经历变老的人，对于老年人的家人，对于整个国家和世界而言，"老年期"都是一个问题。如果这个说法听起来很熟悉，那么应该可以追溯到 20 世纪初，那时候社会集体认为"老年人"是需要解决的问题。宣布某个事情是一种问题其实就是它有负面价值的另一种说法：没有它世界会更好。正是由于有这样的观点作为准则，让进入老年期的人去死的这种呼吁就显得不那么令人惊讶了——这是我们现在关于变老的观念所产生的自然结果。甚至早在 1905 年，当"老年人"的问题还没有凸显出来之时，伊曼纽尔书中提到过的 20 世纪初非常有影响力的一位医生威廉·奥斯勒（William Osler）就曾开玩笑说，60 岁以上的人应该有一段安静的时间沉思，然后用氯仿致死。然而，尽管当年轻人看着那些苦苦挣扎的 90 岁老年人时，可以轻巧地评论说这样的生活不

---

① "目前，诺贝尔物理学奖得主获得重大发现（而不是得奖）的平均年龄为 48 岁"，他写道，以证明年轻人比老年人更具有创造力。但是，提供这一数据的作者实际是想说明，平均年龄 48 岁证明一流的科学家也是到一定年龄才能具备意义深远的创造力："虽然年轻、有思想、取得重要性突破是对那时候（20 世纪二三十年代）的物理学家的描述，但事实证明，这是对普遍的年龄—创造力模式，甚至是对当今物理学的一种拙劣描述。"与此同时，做出诺贝尔奖级别重大发现的平均年龄正在提高。

SIX 6
健康、安全和天马行空的思考

值得过，但真到那个时候，几乎每一个人都希望自己能够长命百岁。借用麻省理工学院著名经济学家保罗·萨缪尔森（Paul Samuelson）发明的术语，尽管大部分人的叙述性偏好（stated preference）是宁愿死也不愿遭受多重疾病的折磨，但我们的显示性偏好（revealed preference），也就是我们真正会为自己和自己爱的人选择去做的，往往是不惜一切代价地活着。往往这些代价可能会非常高，包括时间、精力、医疗和照料的开销等。

由于我们对晚年生活价值的看法（价值很小，甚至可能一文不值）和我们的生存意愿（为了活着愿意付出所有，甚至更多）之间存在着巨大的差异，通常用来维持老年人生命的方法常常让我们觉得不值得花如此多的钱。坦率地说，当我们花了很多钱得到的只是满足老年人最基本的健康和照料需求时，我们就会感觉像被敲竹杠了。正是由于这个原因，应对世界人口老龄化所面临的挑战往往被称为危机而非机会。我们不能得到一个看起来值得我们为之付出的结果，但是我们别无选择只能付出，因为另一种选择要么是衰弱，要么是死亡。

人口老龄化的确是我们所面临的挑战，我对其中很多甚至大部分的问题都没有答案。例如，我不知道有什么先进的技术可以降低老年人最后阶段的医疗开销，按照伊曼纽尔和其他研究者的发现，这些开销占到生命最后一年花费的三分之一。我不知道如何治愈阿尔茨海默症或者减缓衰老的速度。我不知道如何减缓随年龄增长开始下降的大脑处理速度（那些向你兜售"大脑训练"课程的人也不知道）。

但是，随着健康和安全产品的自动化和市场化，很多因老年人口而产生的开销将会减少。更重要的是，尽管会有慢性病带来的健康问题，那些目前还不存在或者看起来有用但没有受到重视的产品，将提升我们晚年的生活质量。这些产品在未来很可能会需求巨大，从而提高我们对老年期的叙述性评估，使之与我们的显示性评估更加接近。而且随着那种可怕的"被敲竹杠"的感觉减轻，整体的危机感也会有所减弱。

当今的悲观主义者在展望未来时，看到庞大的、曾经自豪的一代人被时代蹂躏，再也无法从事有意义的追求。坦白讲，他们的想法在一定程度上是正确的：我们身体系统的瓦解是生物体的宿命。但是这种观点忽略了绽放的青春阶段与完全失去自理能力阶段之间的灰色地带。在这个中间阶段，人为的力量扮演着至关重要的角色，其重要性就相当于生物学决定了我们能做什么一样，这种人为的力量甚至能够让我们想象一种无拘无束的老年生活。对于每一位被困在家中玩填字游戏（伊曼纽尔曾略带偏见地抱怨过的一种有趣的消遣游戏）的祖母，有多少是真正缺乏能力参与更加有意义的活动，又有多少是因为技术系统、交通、工作场所和文化期望等一切对老年人全面参与社会不友好的社会环境因素造成的？然而，随着健康和安全产品的改良和价格下调，老年期很有可能会发生转变，老年人有更多能力参与到社会中。即便是年轻人也可能会承认老年价值在提高。老年经济将不断增长，从而鼓励企业在老年产业领域有更多投资。

 魔法机器

当我和老年学领域的人讨论如何在不让银行破产的前提下提高老年人医疗照护服务的价值时，大多数人都认为利用科学技术有助于实现这一目标。但是当我进一步询问具体包括哪些技术时，大部分人都会立刻提到两种：老年照料机器人和药物提醒系统。就我所知，这一领域所包括的内容远不止这两种，但由于这两种技术非常华丽并且与我们当下对老年的观念一致，因此我们总是最先想到它们。

我并非要诋毁那些研究这些问题的天才技术专家，他们中的一些人已经取得了惊人的成果。在那些可以帮助健忘人群（这个群体绝不仅限于老年人）追踪药物使用情况的巧妙系统中，最典型的一个例子可能就数我在麻省理工学院的同事戴维·罗斯（David Rose）发明的智能药罐（Vitality GlowCap）了。他在科技设计圈以"魔法物品"而闻名，例如他设计的单一用途的联网设备，包括通过伞柄发光来提醒人们可能会下雨的伞、可以报告股票走势的水晶球等。智能药罐的功能也同样是简单的（尽管其中蕴含的技术非常复杂）：它会在你需要吃药的时候发光。另一个表面上看起来技术含量很低，但实际终端处理非常复杂的药物管理工具叫作吃药提醒（PillPack），这是一个网上药店，能够在消费者下单时根据服药时间提前将药片分装在小塑料信封里，而不是按照药的类型装袋。当然这种方法也有缺点，它会按照预先分配好的方式进行分装而无法根据处方进行调整，但它对于健忘的人来说仍然非常实用，而且对于经常出差的人也很方便。

总的来说，如果像智能药罐和吃药提醒这样的发明能够提高药物使用的规范化，那将是一件非常好的事情，因为这将拯救很多的生命。这也会为保险公司节约资金，同时帮助制药公司从现有的患者那里获得更多的业务，这一点对于这两个行业而言都是显而易见的。但是，我们也不要自欺欺人，这样的发明只能在一定程度上改善生活质量，而不能彻底解决某一类问题。

同时，能够协助个人进行日常活动（包括吃饭、洗澡、穿衣、如厕、移动以及控制大小便）的照料机器人将彻底颠覆我们现有的照料方式，这可能会结束现在所谓的"照料危机"。不幸的是，我对这种机器人在未来10—15年内能否市场化心存怀疑。尽管机器人在不断改良并且可以很好地完成诸如折叠衣物一类的精细化任务，但是未来人机互动可能的最高标准之一就是如何协助最虚弱的群体执行这些动作，而这些照护工作仅次于对婴儿的护理。我认为，只有当其他家务机器人被证明可以安全地在日常生活中使用之后，那些能够精准地识别出用户何时需要洗澡以及知道如何协助洗澡或者如厕的设备才可能出现。

但是，这并不意味着企业和政府没有在为实现这样的目标而付出极大的努力。如果照料机器人真的成为自然老化的一部分，也许最早会在日本实现。到2025年，日本将面临30万专业护理人员的短缺。正因如此，2015年日本政府额外预留了724亿日元（按照2016年的汇率相当于7.2亿美元）来发展护理行业。同一年，日本的产业大臣和厚生大臣宣布将花费53亿日元（5 300万美元）用于护理和医学领域的机器人研发，足足占到机器人研发总预算的三分之一。目前，日本丰田和本田公司已经制造出了可以拉小提琴或者在人群中安全穿梭的人形机器人。也许日本最有意思的护理机器人就是由日本理化学研究所（Riken）研发的RoBear，它可以将人轻轻地从床上抬起并放到轮椅上或者从轮椅上放回床上。但不幸的是，上述提到的这些机器人都只在概念上证明了其可能性，还没有形成产品投入市场。

尽管在不久的将来这不太可能发生，但假如技术的确是安全的，我会全力支持由机器人协助提供照护。通常人们担心使用护理机器人，是害怕有一天它们真的被广泛应用时，会导致一个反乌托邦的未来，到那时疗养院的老年人和虚弱的人从醒来、如厕、穿衣、吃饭和吃药都由机

健康、安全和天马行空的思考

器人来负责,直到一天结束他们都看不到另一个人类。我们必须时刻保持警惕,避免任何类似这样发展的苗头产生。但目前有另一种反乌托邦式的情形正在发生,尽管这在科幻小说里没有出现过,但是仍然令人担忧。在很多发达国家,包括美国、欧盟和日本,绝大部分的老年照护都是由非正式的照护者完成的。从年轻的专家到工作的父母,再到那些自身已经65岁的老人,这些照护提供者所承担的责任非常之重。经济学家曾经试图量化这些非正式照护服务的价值,得到的数字是非常巨大的:根据兰德公司基于劳动统计局收集的数据所进行的分析,单就美国而言每年就高达5 220亿美元。这些数字展示了当前老年照护的机会成本,但并没有体现出照护提供者长期职业生涯受到影响的代价以及女性所承担的不成比例的负担。这些数字也没有考虑到照护对企业的影响。工作者的疲劳和照护相关的日程安排问题会导致缺勤现象,甚至更糟糕的"假性出勤"(presenteeism,即员工躲在办公桌后面焦虑不安地偷偷预约医生、查看老年交通时间表)。一项估计表明,虽然很难量化,但老年照护相关的"假性出勤"对企业造成的损失可能是缺勤造成的10倍,仅在美国每年就高达数千亿。这些还只是非正式照护造成的,现在美国每年还要增加2 200亿美元正式照护服务成本用于提供专业的家庭和机构照护。

应该说,照护是一件美好的事情。它是一种爱的体现,因此当要将照护自动化时,很多人都犹豫了。正如著名的麻省理工学院研究院雪莉·特克(Sherry Turkle)在她的畅销书《群体性孤独》(Alone Together)中所言:"长远来看,我们真的希望让子女更加容易地离开他们的父母吗?"虽然她所批判的主要是针对陪伴机器人(稍后会详细介绍),但相同的顾虑也适用于协助老年人身体活动的机器人。理想情况下,如果这类照护机器人只是帮助人类减轻照护负担而不是完全替代人类,那就不容易引起道德上的争议了。但在实践中，至少在某些情况下，这类机器人很可能会造成人际互动的减少。特克认为，我们构建的老年照护体系的思维框架不可避免地将导致这样的结果。因为这个体系假设"我们能够提供给老年人的资源是非常有限的，因此机器人的使用是不可避免的。"

然而，在给予特克所应得的极大尊重的同时，我担心在现有对老年期消极的观念中，我们面临的选择可能不在于使用机器人还是使用充满人情味的人类照护者，而更可能在于是利用技术手段提供良好有效的服务还是直接放弃那些最衰老体弱的人。像麻生太郎和伊曼纽尔这样的公共知识分子所认为的，老年期的生活已经没有什么价值，因此完全不值得为其付出。伊曼纽尔认为老年人的需求就是社会的负担："即便不是绝大多数人，也有很多所谓的三明治世代的成年人正在承受着非常真实而沉重的经济和照护负担，他们被夹在老年父母和孩子之间。"他说得没错：老年照护需要消耗个人和国家大量的时间、金钱和精力，并且这样的代价只会越来越高。不难想象，即便那些愿意将自己的房子进行抵押以使得他们爱的人能够获得最好的医疗服务的人，当上升到照料全国范围内的老年人时，他们的脸色也会变得苍白。

这么看起来我们似乎陷入了两难的境地。一方面是年轻一代对于生活充实（以及经济运转）、不受缚于世界历史上最艰巨的老年照护责任的合情合理的愿望。另一方面，事实上我们都希望当我们自己最终需要照护时我们可以受到人道的对待。将自动化技术引入照护可能会改善这种状况——既减轻非正式照料者的压力，同时成倍提高专业照护服务人员队伍的力量。但这也可能会为合理化的忽视创造机会：噢，比起人，祖母更喜欢她的机器人，所以我不用经常去看她了。

不管怎么说，技术的进步是一件好事，近期内能够颠覆照护方式的技术虽然远不如机器人技术那么炫酷，但也不会在伦理道德上产生那么多麻烦。

 隐形的技术和幕后工程师

使用机器人提供照护的最大问题在于其冷漠性。即使是设计得最充满人情味的照护机器人，也只能用冰冷、精确的执行器代替人身体的接触，用数学上固定不变的算法取代人类的思想。但是"技术"这个词包含的远不止电线和电路板构成的机械玩意儿，也从来没有人说过使用技术就必须把人从照护提供者中划去。

事实上，在当前越来越以技术为中心的生活中，我们不仅仅依赖于网络和接入互联网的设备，还有极其复杂的后台流程，例如谷歌引以为傲的专利搜索算法、保证亚马逊和沃尔玛可以正常运转的供应链等。对消费者而言，这一类的技术创新基本上是看不见的，但它们却彻底改变了世界各地人们的日常生活。对于老年人的健康和安全，同样会有隐形的技术支持服务彻底颠覆传统的照护方式，减轻一部分由"照护危机"带来的财政压力，同时还将保留专业照护中的人情味。

在旧金山特雷罗山（Potrero Hill）社区的Stitch.net办公室附近（事实上非常近，但凡正常人的手臂都能将棒球从这边打到那边）有一个正在改建的仓库，仓库一侧是一排非常普通的门。其中一扇门的入口没有任何的名字，尽管里面的公司并不是以完全隐身的模式在运转，但它的很多事情都是保密的。这家公司叫作Honor，被称为居家照料领域的"优步"。

进入这扇门后是一个狭窄的入口，微型棕榈树盆栽布置得很有品位，再往前是一间宽敞的共享办公室，里面摆满了一排排超大尺寸的电脑显示器。尽管空间很大，但是噪声却很小。人们的谈话都是轻言细语的，即便是办公室里那条热衷社交的小狗杰茜（Jessie）在跑过来打招呼时也会尽量不叫出声来。在房间的另一端，自然光透过磨砂玻璃窗照进来，头顶的天花板看上去像是用灰色的 2×4 英寸的小块木材做成，立在同样颜色的狭窄的柱子上。这种令人不安的感觉就像是当你在退潮的时候走在繁忙的码头下，却发现一群技术工作者一直躲在下面悄无声息地工作。

Honor 的联合创始人兼首席执行官赛斯·斯特伯格（Seth Sternberg）年近四十，是一名高高瘦瘦的自行车手。按照当地的标准，他在硅谷已有多年。在 2005 年，他与现在的商业伙伴桑迪·珍（Sandy Jen）及另一位合伙人共同创立了米博（Meebo）。米博的主要产品是基于浏览器来聚合各种即时通信应用程序，包括 AOL、MSN、Facebook 和 Google 的即时聊天工具。2012 年，谷歌用 1 亿美元收购了米博。很快，斯特伯格和珍就开始讨论新的思路，他们不仅要解决一个新的问题，还要解决一种新的问题类型。

斯特伯格带我们走到 Honor 的午餐桌前：一块面积大到足够在这个镇上用来出租的深色实木板。

"很多从硅谷开始的事情"，他说，"都是因为它们做起来比较容易，而你并不知道人们是否真的需要。"在这种技术优先的方法下，很多人都会发现他们推销的问题解决方案根本没有人想要买，因为这些问题本身就不存在。同时，在这种风气下，最成功的消费品往往是由于其迎合了人类最深层的欲望：七宗罪。例如，Tinder 满足了淫欲，TaskRabbit

满足了懒惰，Twitter满足了骄傲等，而上述三种加上愤怒和嫉妒就是Facebook。

我很清楚当你使用技术去解决一个与罪恶无关的问题时会发生什么。正如我们在俄亥俄州参观宝洁公司的概念店时看到的一样，他们把治疗糖尿病的条形码强塞给那些不愿意使用的人们，因为他们没有解决消费者关心的问题：价格。

当斯特伯格和珍寻找新的项目时，他们决定尝试一种不同的方法：先找到正确的问题，再寻找解决方案。"我们希望要解决的问题能符合一些非常关键的标准。至少，当我们面对客户时，能够从他们的眼睛里知道我们正在做的事情可以真正改善他们的生活。"

2013年，当斯特伯格飞往康涅狄格州的西哈特福市去看望他的父母时，他的母亲到最近的机场布拉德利国际机场来接他，他们一直等待的点子出现了。斯特伯格说："在我小的时候，我们经常由于她的超速驾驶被抓住。即便是在去蒙大拿的路上，限速高达80英里每小时，她也总是'一马当先'。"

但是，当她这次在康涅狄格来接他时，他发现她看起来比以往要小心翼翼很多。"你为什么开得这么慢？"他回忆道，"她说，'开车比过去难了好多'。"

这件事让斯特伯格想到5年或10年后的生活。照料最终会成为一个问题。他说："如果我不想成为那样的孩子，对着母亲说'你必须离开你的家'，那我需要做什么呢？"因此，他开始研究居家照料行业，之后的发现让他很兴奋。

他发现，专业的居家照料主要是一些小型公司和个人在做，还有一些较大的特许经营商加入。由于缺乏主要的参与者，因此整个行业没有任何规模优势。通常而言,如果你需要一小时的专业照顾,你必须至少付出三小时的相关费用来负担路费和间接费用。更糟糕的是,由于即便是最大的公司也只有很少的专业照顾者,工作安排总是会出现问题,导致很难将合适的服务提供者与服务对象的特定需求匹配起来。此外,语言障碍也是个问题,个性也会导致冲突发生。

斯特伯格的描述听起来好像轻描淡写,但我个人从精疲力竭的成年子女那里听到了很多交织在一起的关于寻找护理专家的痛苦故事。一般而言,如果故事的结局是愉快的,那往往是由于最终找到了照料者。哦,谢天谢地,玛丽来了。在别人向我们推荐她之前,我们已经找过三家公司了。我真不知道没有她我们该怎么办。

起初,斯特伯格只关注照护问题中的一小部分:出院。当病人要出院时,这可能会发生得很突然,很多时候都没有照护者能够来接病人回家。有时候,老年人早上就出院了,但是需要等到他们的子女晚上下班后才能被接走。斯特伯格生活在加利福尼亚,他意识到如果他的母亲在康涅狄格住院了,他甚至连这一点都做不到。随着越来越多的家庭被地理距离分隔开,他绝不是唯一面临这一问题的人。因此,他开始思考如何为出院的病人提供随叫随到的专业照护人员。

他说:"交通是一个问题,为他们回家做准备是一个问题,需要确保药物都准备好了,确保他们可以上楼之类的,而这并不容易。"20%的医保病人在出院后30天内又会重新回到医院,这一问题往往就源于从医院到家庭的过渡管理不善。

他和珍认为,如果有足够多的照护提供者和足够强大的技术设施,就能很快创建一套照护服务来快速可靠地解决出院问题。然而,这一想法启发了很多其他的可能性。毕竟,将专业照护者输送到医院或是附近

SIX 6
健康、安全和天马行空的思考

其他地方并没有太大区别。是否可以创建一个网上的居家服务一站式商店？当斯特伯格仔细考虑过这个想法后，他意识到为他母亲请一个长期照护者是另一个他无法在加州解决的问题。他需要飞到康涅狄格州，面试大量的提供者，然后飞回加州，信任一个陌生人会照顾好自己的母亲。

斯特伯格、珍和其他两位合伙人创建的 Honor 现正在旧金山湾区和洛杉矶市区运营。在前两轮融资中，公司筹集了 6 200 万美元，其中一些投资者还是硅谷最有影响力的风险投资家。斯特伯格从不会透露其公司客户和专业护理者的确切数量，这些都是公司一直守口如瓶的细节，但似乎两者数量都在持续增加。他声称公司拒绝了 95% 的照护应聘者，之所以能够具有如此高的选择性主要是由于申请者数量非常大。他的公司在员工待遇方面具有良好的声誉。他们的员工都是真正的雇员，而不是独立的合同工，这对公司而言责任重大。同时，Honor 允许客户以一小时为单位购买服务，比行业标准规定的三小时最低服务时间有了很大的改善。斯特伯格认为公司有能力在招聘更多员工的同时提高服务的效率，他将之归功于公司规模和强大的数据处理能力。例如，当你拥有大量的专业照护者并且详细掌握他们现在的位置和计划前往的位置信息，那么你就可以通过算法计算出如何减少交通时间来使成本最小化。尽管这些方法对 Uber 和 FedExes 这样的公司而言已不再新鲜，但在护理领域还是具有创新性的，并且有潜力降低现在专业照护服务中不菲的间接费用。此外，Honor 匹配其"照护专家"（斯特伯格这么称呼他的员工）和客户的方法更是史无前例。例如，如果你的母亲只会说普通话，并且养了很多猫，那么她的照护者就必须会说普通话并且对猫不过敏。否则，"照护专家只会一直打喷嚏，这对你母亲而言是非常糟糕的。"斯特伯格说道，"而且那对照护专家而言也是非常痛苦的。"

事实上，由于规模大、数据分析能力强，Honor 在匹配客户和照护专家时参考的因素可以不局限于语言和共同爱好。毕竟，只要有足够的时间和数据表，那些老牌的公司也能考虑到这些问题。斯特伯格说，还有更加困难的问题需要解决："如果你要为你的母亲购买居家照护服务，你是希望来的人专业技术强还是客户服务好呢？"这听起来似乎是人们不愿意做的选择——难道我们不能两个同时满足吗？但是斯特伯格对此有答案。如果你的母亲"只需要一部分帮助，你无须过度考虑服务的技术，而是更应该关心客户服务。但是如果你的母亲已经是失智症晚期，甚至已经无法带她出去散步了，那么评判标准就变了。你只需关心照护专家是否足够专业，是否知道如何让你患有失智症的母亲外出散步。这种情况下你重点考虑的是技术而非客户服务。"

如果让新的老年照护消费者来做这样的决定，大部分人是不知道应该如何回答的。"但是我们可以通过对大量的数据进行分析来发现答案。"他说。而且，Honor 根据这些标准给每一位护理员进行评分，从而将专业护理员与最需要他们相应技能的客户进行匹配。

也许将 Honor 与居家照护领域的前辈们区分开的最引人注意的技术就在于它的低调。它不像 RoBear 或者其他解决照护短缺的机器人那样华丽。当然，Honor 也提供手机应用程序，当然它的客户也可以简单地通过固定电话预约照护专家。但这家公司之所以能够成为科技初创企业，真正的原因还是其深度数据分析所带来的高效率的日常管理和匹配过程。这些数据处理过程都由那些藏在码头一样的天花板下的工程师们悄无声息地建造并维护，而对其客户和照护专家而言，这一切都是隐形的。

SIX 6
健康、安全和天马行空的思考

 降伏医疗保健之龙

当我在思考如何使未来老年人的健康和安全产品变得更便宜有效时,我很容易就想到了 Honor 的例子。这家公司目前的发展非常迅猛,上述有关其规模、资金以及影响范围的介绍也许在本书出版的时候就已经过时了。坦白说,我希望这种情况发生。我希望它的成功能够吸引更多精明的董事会和风投公司的企业家和创业家,因为老年消费者是值得认真投资的。

医疗保健领域的成本一直在提高,请回忆一下麻生太郎让人们"赶快去死"。因此,没有哪个领域比医疗保健领域更需要这类注重效率的技术创新。与音乐、床垫和餐饮行业不同,医疗保健行业并没有在与硅谷的激烈竞争中被打垮。科技公司的创始人历来都在回避健康领域,因为这一行业的监管十分严格。Honor 主要提供的非临床居家照护服务只是照护领域中的一小部分,这类服务不受美国食品和药物管理局(the US Food and Drug Administration,FDA)或者国会保护病人数据流动的健康保险流通与责任法案(HIPAA)的严格监管。多普勒实验室(Doppler Labs)是 Hear One 耳塞的制造商,这款耳塞可以播放音乐、打电话,还可以放大自然声音,也是在宽松的非医疗监管的领域运营。"如果你真的需要医疗器械,你需要去买助听器。"公司的首席执行官在 2016 年 9 月这样告诉《快公司》(Fast Company)的哈里·麦克拉肯(Harry McCracken),"现实情况就是这样,是监管决定了谁需要医疗器械谁不需要。"但是,麦克拉肯指出:"作为一家创业公司,多普勒强调他们的产品并不是为了和助听器竞争，他们花了大量的时间思考自己的技术可以怎样帮助听力有缺陷的人们。"果然，在 2017 年年初，多普勒并没有试图奋力进入传统的助听器市场，而是与一个两党国会小组合作，开始推动一种新的、非管制类别的助听器。

医疗卫生行业的管理和制度结构非常严格，因此只有为数不多的科技公司敢于在该领域进行创业，而且大部分故事都是警示性的，以反对狂妄的道德警告收尾。在这些故事中，冒险家们装备上各种新奇的信息技术企图进入该领域，他们以为这条龙很容易被征服（看在上帝的份上，这一领域中传真机还盛行着），但他们从未停下来思考一下，如果这头野兽看起来如此好对付，为什么到目前为止还没有人征服它？今天，任何尝试在这一领域进行探索的人，都会在沿途看到很多烧焦的骨架，而且很多都是最近才挖出来的，他们中的大部分人在刚踏上征途时都曾非常高调地进行过一番宣传。在 2013 年，美国食品和药物管理局命令基因分析公司 23andMe 撤销其主要业务，因为该机构认为 23andMe 变得无法沟通且无法提供足够的证据证明其检验的准确性。该公司需要两年的时间恢复元气，其产品也会变得更加局限和昂贵，然后再花两年的时间恢复对疾病风险的基因检测，最后才能获得美国食品和药物管理局的批准。Theranos 是一家承诺只用一滴血就能对数十种疾病进行检验诊断的公司，但在 2016 年，由于监管机关认为其产品的可靠性太差，其创始人被要求不得拥有或者运营医学实验室。在接到命令的短短几个月内，该公司关闭了实验室并裁掉了近一半的员工。同年，Zenefits 的首席执行官由于帮助员工绕过一个必修的 52 小时的培训课程而辞职，该公司面向企业，为了销售其健康保险经纪服务，不惜亏本为客户提供免费的行政管理软件。正是由于上述这些故事以及其他一些监管导致的灾难性结果，在科技行

SIX 6
健康、安全和天马行空的思考

业这似乎已经成为一种公理，正如马克·扎克伯格曾经所言，医疗卫生领域对于那些喜欢"快速行动、打破成规"的创新者具有一种独特的抵抗力。在 Zenefits 的首席执行官下台后，公司将其座右铭从"准备、行动、瞄准"改为"诚信经营"。

那些逃过了被监管机构彻底击溃的医疗创新，也很容易遭到医生的反对，他们的重要性即便不会超过监管机构，至少也是相等的。医生们有理由担心信息技术会让他们承担过度的数据管理责任，或者为了优先考虑医院和保险公司的底线而牺牲他们的效率，或者更糟糕的，切断医生与病人之间的沟通交流。在 2016 年美国医学协会年会上，协会的首席执行官詹姆斯·马德拉（James Madara）在他的演讲中对很多医疗科技产品的价值提出了质疑："从无效的电子健康档案，到直接面向消费者的电子健康产品的爆炸式增长，再到质量参差不齐的应用程序。"在机器人手术和高级辐射治疗技术这些真正有价值的发明中隐藏着"很多所谓的数字化的技术进步，这些技术要么没有足够的实践基础，要么还不能有效地工作，要么甚至还会阻碍医护服务开展、让病人感到困惑、浪费我们的时间。"① 他说，"这是 21 世纪早期数字化的狗皮膏药。"

想象一下，如果马德拉的担忧成真：这将是一个互相连接的设备彼此进行沟通，通过各种健康数据对人类的健康情况进行量化，除了变化多端的算法和负担过重的医生，没有人从各种统计噪声中对数据的意义进行解释的世界。目前，医生和护士周围已经充斥着大量由科学技术发出的视觉和听觉警报，而一些关键的信息有时候反而被淹没成为背景音，

---

① 据计算，现在的医生平均每天有 50% 的时间都是在向众多的电子健康记录系统中输入数据。"美国医生已经成为这个世界上最昂贵的数据输入劳动力。"马德拉在他的演讲中说，"这简直就是浪费时间。"

这可能会造成致命的疏忽。对于如今的重症监护室，马德拉形容为"听起来就像是充斥着刺耳的铃声、警报和哨音的原始沼泽"；电子健康记录仪以不断发送提醒的方式记录自己的贡献。想象一下，除了嘈杂声，从Fitbits到联网家居的各种信息都在持续传递着。

从医生和监管者的角度来看，唯一可能变得更糟糕的，是这些新奇的数据流将会把医生完全排除在外。麻省理工学院媒体实验室（Media Lab）的前主任、新媒体医学（New Media Medicine）创始人弗兰克·莫斯（Frank Moss）在2011年《纽约时报》的专栏中将观点总结如下：

> 这将从一个"数字神经系统"开始：你穿戴在身上和安装在家里的隐形无线传感器，将持续监测你的生命体征并且追踪影响你健康的日常活动，包括计算你走路的步数、吃饭的数量和质量。腕带会测量你的兴奋、注意力和焦虑程度。绷带会监测你的伤口感染的情况。浴室里的镜子能够计算你的心率、血压和氧气水平。
>
> 然后，你将自动得到一些建议。能够分析数据并且以可视化形式呈现结果的软件会让你真正理解你的行为对你健康的影响，并给出改善的建议来帮助你预防疾病——这是目前为止削减医疗成本最有效的方法。

自这一观点发表以来，越来越多的证据表明将医生排除在外是行不通的。我们已经看到美国食品和药物管理局谴责23andMe直接向客户提供DNA检测结果，因为这些结果很可能会导致错误的医学建议。其中最令人担心的就是对乳腺癌风险的检测，这可能会让患者寻求一些不必要的预防性手术，在2017年美国食品和药物管理局批准23andMe进行的检测单中该项检测仍然是被禁止的。在陷入监管问题以前，Theranos 曾有过类似的尝试，他们甚至设法改变亚利桑那州的法律，允许向病人直接提供某些验血的结果。（事实上，除此之外，导致这家公司在 2016 年倒闭的更重要的原因在于他们提供的血液检测是不准确的。）

马德拉的意见与监管机构的一致。"直接面向消费者的数字化健康设备——只用很小的字体写明'仅限于娱乐'"，结合"我们笨拙的电子记录系统"，再加上前面提到的医院中刺耳的警报声，就有了"我称之为的数字化的反乌托邦世界"。很多企业急于推出新产品，但对马德拉而言，这些产品往往只会制造更多麻烦，从而使公司最终走向倒闭。而造成这一结果的正是众多像莫斯这样的技术专家，他们"预测不久后的将来，数字化医疗将不再需要医生，病人们可以在很大程度上自己照顾自己……然后遵循算法进行自我治疗。""有谁最近看了报纸吗？"马德拉问道，"有谁在跟进那些不断开展的调查研究和明显言过其实的新方法？那些幻想并没有得到什么好的结果，是吧？"

* * *

在医疗保健屠龙者的故事中，一个接一个的骑士承认自己过于狂妄自大，幸存者最终都逃回到消费品科技领域。在一部小说中，这样的结果可能会传达一种诗意的正义感。但在现实世界中，医疗效率低下的恶龙仍在困扰着人们。不管它的一些潜在的杀戮者看起来多么令人讨厌，它仍然需要被消灭，或者至少剪断它的翅膀。

也许，现在需要的是一种愿意向医疗保健行业的很多既有制度表达更多尊重的技术创新。这些数十年来一直承诺要"解决医疗保健行业的问题"的技术公司最根本的问题，在于他们从来没有充分考虑过与这一行业相关的所有消费者。我的意思是所有的消费者：不仅仅是病人，还包括医生、医院管理者、保险公司、美国食品和药物管理局以及其他你能列举出来的名字。在很多情况下，这些改变都是把医院和保险公司的需求放在最前面，一般都是增加医生的工作量或者削弱医生的角色，促使监管机构动用手中的权力。

五年之后，弗兰克·莫斯的论调有所改变。与其他深受科技公司影响的行业相比，他写道："医疗保健行业是一头另类的野兽。"事实上，即便这一行业所特有的一些障碍都消失，医疗技术产品也不可能实现他们的倡导者提出的所有承诺。斯克里普斯医疗集团（Scripps Health）2016年的一项研究结果显示，可穿戴设备及与健康相关的手机应用并不能在整体上影响医疗保健方面的开销。现在，莫斯倡导"健康指导"，为此他成立了云医疗保健公司（Twine Health）。公司会充当病人与医生之间的中间人，一方面通过技术追踪病人的健康数据，在对数据进行分析后提供给初级保健医生使用，另一方面在病人看起来要退出医疗计划时进行干预。

热衷技术的人也许不想听到这些，但至少在短期内，符合这种思路的模式也许是唯一能让信息技术在医疗保健领域充分发挥作用的模式。眼下，为保险起见，任何医疗保健决策的反馈环路中都必须有人的存在。事实上，当新型的可穿戴设备和智慧家居技术越来越成熟后，老年人独立生活将变得比以往都简单。随着时间的推移，当人们习惯依赖这些技术后，这些产品将不再只是可有可无地提升生活品质的消费，而更像是一种全面的生活支持系统。

我们来做一个思维实验，想象在不久的将来，相互连接的小工具和应用程序无缝融入老年人的生活。她有一台用于协调大部分日常事务的家用电脑，能够管理食物库存和送货、叫车、报警等。她的社保支票会自动存入她的银行账户,而她的开销也会自动从账户减去。药物管理系统会告诉她什么时候该吃药,并且自动续药,甚至会根据她的可穿戴设备、智能马桶①和其他一些设备检测到的血压和血糖指数在一定范围内调整剂量。一个智能秤能够在早上和晚上记录她的体重,对数据的波动进行动态监测。

让我们放大智能秤来看一下,在前文所述的技术中,智能秤是科幻性最低的一个。很早以前,老年实验室就与一家重要的医疗设备制造商合作,对一个智能秤进行临床测试,如果使用者出现任何令人担忧的体重波动,它就会提醒呼叫中心。对于某些患者,如那些服用循环利尿剂治疗充血性心力衰竭的患者,保持稳定的体重至关重要。所谓充血性心力衰竭,是指心脏不能根据需要有效地在全身输送血液,因而造成液体在肺部、肝脏和其他地方聚积。利尿剂通过使肾脏排出比平时更多的水来减少体内的总水量,以防止液体聚积的情况发生。当充血性心力衰竭患者认真服用利尿剂时,他们的体重可以保持很好的平衡。可是,一旦他们忘记服药,他们的体重会快速上升。因为他们不能排出水分,而且这些水分会充满他们的重要器官。

制造商对他们的这个智能秤在实验室里的表现非常有信心。然而,任何应用科学家都知道,在现实生活中,一些意想不到的变量往往会潜入。为了了解智能秤在现实世界中的使用情况,我的一个研究生帮助这家公司在大约 12 名充血性心力衰竭患者的家中安装了该智能秤。他们都在每天早晨服用利尿药物,并在早晚测量体重。我们预计,如果他们中

---

① 智能厕所在日本比在其他任何地方都普遍,但目前正在风靡全球。在撰写本书时,市场上有一些型号可以分析尿流量等指标。很多型号都具有的一个被埋没的属性就是内置坐浴盆,它可以使患有帕金森病或其他协调性受损的患者独立如厕。

有谁有一天忘记吃药,那么从那天晚上开始信息将出现在智能秤上,到第二天早上这个人的体重毫无疑问会增加。

令人意想不到的是,一位友善的老年女性持续在晚上增加体重,但大部分情况下会在她醒来前减掉。这听起来完全没有道理:超过10磅的体重每晚都会消失在稀薄的空气中,到第二天结束时又一定会长回来。我的学生尽职尽责地去看发生了什么事。他认为智能秤是没有问题的,患者很健康并且按时按量服药,她也没有尿床。所以他向她询问了一些关于她夜间日常活动的情况。

"噢,我每天晚上都会做同样的事情。"她说道,"我会做饭、吃饭、喂猫,然后称体重。"

等一下,能再重复一下最后那句话吗?

"我会喂猫然后称体重。"

原来这两项活动是密切相关的。一旦菲菲(Fifi)享用完它的华丽盛宴,她就会把它抱起来,然后抱着猫直接去称体重。而她在早上称体重时就不会抱着毛茸茸的猫。体重的差异会导致智能秤失效。这正是制造商担心的那种失灵,这种失灵不会发生在实验室里,因为那里通常没有宠物。

现在,让我们回到之前假设的那位与智能秤、智能马桶以及其他智能家居高度连接的祖母。只是为了讨论,我们想象一下如果她犯了同样的与猫相关的错误,可能发生的最坏情况是什么?

假设在未来任何足以获得美国食品和药物管理局批准的药物管理系统会被设计成避免做一些类似增加五倍药剂这种轻率的事情,我们看看这些智能家居可能会做些什么。当她抱着猫站在秤上时,智能秤会发出信息告诉她需要去看医生,并且呼叫优步来接她。但是她没有这么做,相反，她只是关掉了那个又大声又烦人的提醒。同时，她的厨房会提示她立马减少钠摄入量，因为这会导致她体内积聚更多水分。她的家用电脑指示她的送餐服务系统给她送一份无钠的午餐，但由于这样的午餐太无味了，她在日常活动的休息期间拿起电话，点了快餐作为晚餐。到了晚上，她正在享用大量高盐食物，同时她不确定是否需要服用下一剂利尿药物，因为她知道用药有什么地方不对，即使她也不确定哪里不对。就这样，她的健康突然间面临着真正的风险，因为她身边没有人会询问她每天晚上的活动安排，或者询问她关于猫的事情。

在这个例子中，危险的发生仅仅是因为计划不周和运气不好。现在我们想象一下，假设有一个邪恶的演员参与进来。计算机系统涉及的部分越多，那些充满恶意、不请自来的客人乘虚而入的可能性就越高。在2013年，发生了一则让许多科技博主都觉得好笑的新闻，一种叫作"My Satis"的价值4 000美元具备多种可以用智能手机控制的功能的智能马桶，被揭露任何在其蓝牙范围内的人都可以通过智能手机打开、关闭或者让马桶向空中喷水。不可否认，表面来看这的确很有趣。但是，如果这样的设备不是连接到水管，而是一个人的银行账户，那么个人账户里的钱就可以被他人自由支取。至少在护理增强型智能家居尚未成熟的早期阶段，很长一段时间内，对这类问题保持警惕的人可以发现很多在单调简单的研发设施环境中根本不会发生的问题。是的，算法可以识别出异常情况，比如当你的信用卡公司怀疑你是否真的在马耳他的一个仓库里买了10 000只橡皮鸭。但是，一旦智能家居承担起生命支持的角色，在问题得到解决之前关闭操作将不是一个可行的行动方案。至少到目前为止，这样的系统所需要的判断最好还是交由人类完成，无论是家庭成员、朋友还是专业照护者。

即使在电子健康记录领域,也有人呼吁重新引入人类的角色。自动化系统很容易引起人们对危险药物相互作用等问题的关注,但由于它们的输入仅限于医疗记录数据,因此它们可能会做出不理想或不充分的治疗建议。例如,这样一个系统可能会正确地为有哮喘症状的儿童推荐药物,但是只有人类才能发现那些未被录入健康记录里的信息,比如发现孩子父母的衣服是否有香烟的味道,并且告诉吸烟者熄灭烟头,或者至少到外面去抽。斯坦福大学医学院的一个研究小组在《美国医学协会杂志》(Journal of the American Medical Association)上写道,这种观察"改变了诊断的算法,而且当工作主要围绕计算机而不是病人展开时,这种观察到的信息很容易被忽略"。

国际象棋大师加里·卡斯帕罗夫(Garry Kasparov)被认为是有史以来最伟大的大师,他提出了一个术语:半人马。他用这个词形容当人类和计算机组成团队时,能够比任意单方都表现得更加出色。在这个比喻中,人类做出高层次的创造性决策,而机器则用计算能力来支持这个过程。将之用到护理领域,高科技和高度人性化的结合将有潜力创造出一个比任何一方都更行之有效的组合。Honor将这种方法应用于照护,而目前医疗健康行业的时机也已成熟。这一系列的行动是否会降低医疗成本尚待观察,但它很有可能会改善健康预期寿命,从而使老年人能够按照自己的意愿比以往任何时候都活得更长久。

哈利·波特与翡翠城

不过,如果你不知道半人马和其他技术措施对健康和照护所做出的承诺是什么,那么你支持伊曼纽尔和麻生太郎对未来老年生活的看法也是情有可原的。在外界看来,技术似乎永远无法改变我们所认同的老年期的低叙述性价值,使之与我们的高显示性价值相匹配。最炫目的技术,如照护机器人,充其量只能让人感觉具有科幻感。每当公司将可靠的信息技术应用于医疗健康领域时,它们似乎都会大打折扣。而那些看起来确实有效的技术,就像使 Honor 的高效率成为可能的那些技术一样,至少到目前为止,基本上还不为人所知。

但与此同时,从事基础研究的科学家和工程师们仍在继续推进每一个技术领域,这一过程不可避免地(尽管不可预测)会带来一些惊喜。其中一些很可能会改变我们生活和变老的方式,而且比人们想象的要快。正是这样一个新兴的有关智能家居技术的发现,使我在潮湿的夏日穿过麻省理工学院的校园,与电气工程和计算机科学教授迪娜·卡塔比(Dina Katabi)会面。我们坐在她位于麻省理工学院 Ray and Marie Stata 中心九楼的办公室里。在我进去时,她提醒我不要绊倒一块嵌在门框底部的有机玻璃。这是她在楼下的机器店专门定制的,作为一道屏障:人很容易跨过去,但又高到足以阻止她那只非常小巧的约克郡小猎狗米卡(Mika)到处乱跑。实际上,有些实验室是允许宠物进入的。

卡塔比是世界上顶尖的无线电波专家之一,她主要研究无线电波如何互相影响以及如何与其周围的世界相互影响。有一次在白宫,她告诉奥巴马总统:"如果你足够了解无线电波,你会发现它们是非常神奇的生物。"回到她的办公室,正如她尽力解释无线电波的行为一样,很明显它们对她来说就像狗和猫对你或我一样是有形的。与此同时,米卡蜷缩在一个角落里。这些内容她以前都听过。

我们讨论的智能家居系统具有跨代吸引力,也就是说,这一卓越的产品可能会"意外地"在帮助老年人的同时，也为不同年龄群体都创造出更好的生活。我心目中认为最有可能成为家庭设备控制中心的原型是亚马逊的 Echo。这是一款语音操作的计算机，它的智能个人助理 Alexa 已经能够完成各种任务，如播放音乐、阅读维基百科文章、预测通勤时间，以及控制灯光和暖气。或许最重要的是，Alexa 能做的事情还在不断增加。其他具有类似功能的竞争者包括 Cortana、Siri 和 Google Assistant，它们分别是微软、苹果和谷歌产品中的智能个人助理。

卡塔比温柔的微笑打断了我杂乱无章的思绪。她告诉我，当然，你可以让 Alexa 完成所有这些事，甚至还可以学会做越来越多的事情。尽管如此，有些看似简单的事情却无法实现。比如说，你设置了一个唤醒闹钟：它知道什么时候出发，但它不知道你在哪里。她说："如果你告诉 Alexa'早上八点叫醒我'，那么它就会在早上八点响起闹钟。但它不知道你是离开了床还是仍然在床上。"我被这个想法震惊了，因为我从来没有想过闹钟是一种缺少维度的技术。但是我又想，的确是这样的：它与时间和人进行互动，在 Alexa 案例中，它还与互联网有互动，但它不知道它位于你家中的什么地方，也不知道你在哪里。当真正无缝的智能家居发展成熟之时，它将需要能够识别出目标的位置以及人在其中的位置。

在地点问题上，麻省理工学院中没有比我们现在所在的这个建筑更引人注目的了。阿瑟·C. 克拉克（Arthur C. Clarke）曾经说过，任何足够先进的技术都无法与魔法区分开来，而 Stata 中心正是由这些技术构成的。这座建筑是由普里茨克奖获得者、建筑师弗兰克·盖里（Frank Gehry）设计的，里面有麻省理工学院著名的计算机科学和人工智能实验室（Computer Science and Artificial Intelligence Laboratory，CSAIL）。这是校园里最古怪的建筑，甚至有些人会说它杂乱无章。它不是用混凝土和铬合金建造的，而是用木头和茅草。看到它会让人想起哈利·波特最好的朋友罗恩·韦斯莱（Ron Weasley）的魔法之家那个超大版本的洞穴。彼此倾斜的房间随意地堆靠在一起，一种无形的力量使其保持着稳定。

这么形容是合适的，Stata 中心正是卡塔比最初以哈利·波特的魔法制品命名的一项技术的发源地。在 J. K. 罗琳的书中，中了魔法的活点地图让哈利奇迹般地揭示了大厅里徘徊的教授们的位置，从而让他在晚上可以溜到学校周围。卡塔比的版本与此类似：一个能够在复杂的空间环境中探测到人所在位置的跟踪器，即使隔着墙壁也可以探测到而且不会发出任何 X 光。

卡塔比出生在叙利亚大马士革的一个医生家庭，她本不应该成为无线电波的巫师，因为她的父亲、祖父、姑姑和叔叔都是医生。她在高考中取得了叙利亚全境第六名的成绩，并考上了大马士革大学的医学专业，这是一个令人垂涎的专业，只有最好最聪明的学生才能考上。在学习期间，她很快就升到了班上的第一名，因此当她突然从医学转向电气工程时，所有人都感到非常意外。她说她需要学习更多的数学知识。我问她她的父母对此是否感到惊讶。

"他们非常愤怒"，她说。部分原因是因为叙利亚政府对工程类工作的监控比对医学类的要严格很多。"基本上，唯一能让你掌控自己生活的职业就是医学专业。"

她选择了第三条路。毕业后，她来到麻省理工学院攻读计算机科学硕士学位，紧接着是博士学位。她的论文将控制理论（该理论主要用于设计高效发电厂）应用于计算机网络问题中，并引入了一种新的理论方法让信息通过互联网更高效地传递。她的导师是计算机科学和人工智能实验室的一名资深科学家，他告诉《麻省理工技术评论》（*MIT Technology*

Review），她的论文"改变了这个领域的出版标准"。很快，卡塔比成为麻省理工学院的一名教授，主要研究信息通过有线和无线网络传递的创新方式。

她为信息传递领域打上自己烙印的一个方面就是所谓的傅立叶变换（Fourier Transform），一种对现代电子设备运行至关重要的数学工具。傅立叶变换用于将复杂的信号分离成单个的、组合的电波模式。例如，它可以被用来找出哪些不同的音调构成了某人声音的特征。这是一个非常多功能的工具，应用范围包括通信信号处理、股票期权定价和核磁共振成像等，但其计算极为复杂。与来自麻省理工学院计算机科学系的一组同事一起，卡塔比找到了一种方法，使得这种变换在某些条件下计算更加简单，这是自1965年以来第一次取得这样的进步。她很快就开始思考利用复杂的无线电信号中隐藏的大量数据还能做些什么。她想知道她能否用这种技术在住宅内对人进行定位。

当然，通过物体反射的波来确定距离早在几十年前就已经实现了。然而，无论观察者是希望用雷达还是希望用其表亲声呐来探测物体，它都必须是对在广阔的空间中相对独立存在的一种物体：例如广阔蓝天中的一架飞机，或者深蓝色海洋中的一艘潜艇。从20世纪80年代中期开始，探地雷达开始商业化。然而，探测拥挤公寓的雷达似乎不太可能出现，至少在卡塔比出现之前不太可能。

她计划通过在房间内发送类似Wi-Fi的信号来实现定位，这种信号与Wi-Fi属于同一频段但结构不同，并且功率远远不及Wi-Fi。通过那些到达人的身体后会反射回来而非从附近的桌子、椅子和墙壁反射回来的信号，计算其返回的时间就能够确定人的位置。然而，这种方法面临着一个新的挑战：尽管人类主要是由水组成的，能够反射无线电波，但像桌子这类坚硬的表面是更加理想的反射器。

但有一件事是桌子和墙壁不能做到的，那就是四处移动。你还记得关于霸王龙的古老神话吗？传说中恐龙的视觉依赖于运动。（"别动！如果我们不动他就看不见我们。"在电影《侏罗纪公园》中，山姆·尼尔（Sam Neill）就是这样警告他的年轻同伴的。）卡塔比设计的系统与此类似。当它发出与 Wi-Fi 同频的无线电信号到房间里时，它的传感器可以检测到从各种表面返回的杂乱无章的信号。但是当有人走过的时候，理论上系统只专注于接收那些从人身体上返回的信号，因为与从桌子和椅子上返回的信号不同，身体反射回来的信号会随着时间变化。卡塔比认为，这样一个系统应该能够测量运动中人的方向和距离。至少，当人们没有坐着看电视，而是四处走动的时候，探测器就能进行定位。

然而，当她和她的学生开始测试这个系统时，意外的事情发生了。他们设置了不同的方式将位置数据可视化，其中一种是以折线图的形式。当她和她的研究生走到传感器前面时，代表距离、位置或高度的线会不断上升和下降，这一变化与预计相符。令人意外的是当人体测试对象静止时这些线条的变化方式，它们呈现出一种波浪状的模式，每五秒钟左右就会出现一次峰值。卡塔比让她的学生站在传感器前屏住呼吸，神秘的波峰变平了，这只意味着一件事：这个系统比她想象的更精确，能够检测到呼吸中细微的腹部运动。之后，团队注意到了一些之前被呼吸动作掩盖的情况。当测试员继续屏住呼吸憋到眼睛鼓起来时，一系列更细微、更频繁的波使线条上下跳动。这只有一个可能性：心率。卡塔比的团队已经制造了一种设备，它能探测到的远不止是房屋里甚至墙那边休息或运动中的人的位置，它还可以监测生命体。

问题在于这项技术可以用来做什么？

该系统在军事领域的应用是显而易见的，它作为智能家居设备接口机制的潜力也是显而易见的。卡塔比的团队很快演示了用手势控制房间灯光的方法。通过确定居住者何时离开和关闭不使用的灯，这项技术可以减少一个家庭的能源消耗。她甚至开始考虑可以在家里玩的电子游戏，也许是增强现实版的《使命召唤》（*Call of Duty*），你需要跑来跑去保护自己的家不受坏人的破坏。就在这个时候她想到用"活点地图"作为这项技术的潜在名称，后来又觉得这太异想天开了。

在 2013 年，她被约翰和凯瑟琳麦克阿瑟基金会（John D. and Catherine T. MacArthur Foundation）授予"天才奖"，这一奖项是对那些展示出"非凡创意并在其领域孜孜不倦地进行创造性追求"的人提供大量的无附加条件的现金奖励。除了可观的奖金，这一奖项往往会把科学家、艺术家和其他人推向公众的视线。在接踵而来的媒体采访中，卡塔比提到她不仅打算将自己的发现应用于智能家居，还计划应用于医院。

然而，正如经常发生的那样，卡塔比的生活也出现了不幸。她收到消息说，她的祖父摔倒了，并且情况很严重。同一个月内，她的一个研究生的祖母也发生了同样的事情。幸运的是，两位祖父母很快被家庭成员发现，并且都已脱离生命危险。但是在卡塔比的脑海里，家里发生这种情况的风险仍然存在。因此，当她在一开始以其 Wi-Fi 追踪技术创立公司时，她就将公司的使命设定为监视和预防家中的跌倒行为。她把公司命名为翡翠（Emerald）。

2015 年，白宫举办了有史以来第一个开放日，此次开放日以"包容性创业"为主题，主要关注那些不是由年轻的白人所创立的企业。卡塔比在开放日向奥巴马总统展示了翡翠的技术。在我看来，由于她充分了解翡翠系统的功能，活动的录像非常有趣。总统走过前一个展示者的桌子，在媒体的围观下与卡塔比及她的研究生扎克·卡贝拉（Zach Kabelac）和法德尔·阿迪布（Fadel Adib）握手。她说："我们正在展示的产品叫作翡翠，是老年人的健康伴侣，它可以帮助人们待在家里是安全和健康的。"

虽然我们无法确切了解奥巴马总统当时在想什么，但如果他像大多数熟悉老年安全技术的人一样，他应该会在心里细数一遍相关技术。世界上到处都是设计用来检测跌落的传感器系统原型，通常都是由压力敏感地板垫或佩戴在人身上的加速度计组成，这些设备几乎从未投入生产，更不用说在市场上取得任何成功了。这些设计似乎从来没有成功过，要么与用户或护理者的需求不相符，要么太贵，要么被认为是侵入性太强或太幼稚。然而，即便总统有任何这类想法，他也会把它们藏在心里，毕竟卡塔比是他的客人。然后，卡塔比让阿迪布故意跌倒来演示如何利用设备检测该情况，并向奥巴马解释如何可以透过墙壁检测到跌倒。听到这里，总统开始感兴趣了起来。

随后，卡塔比表示翡翠一直在追踪阿迪布的生命体征。她给奥巴马看了一张代表阿迪布呼吸动作的图表，然后让阿迪布屏住呼吸，这张图上的曲线描绘了他的心率。总统停顿了一下，紧接着"哇"了一声。

卡塔比慢慢解释心率的特征，卡贝拉不得不提醒她，阿迪布还在屏住呼吸，这让奥巴马不禁笑出声："可怜的家伙……他的脸真的开始发青了！"

他继续说道："关于跌倒的那部分我能够理解，因为那是一个很大的动作。"但是，"我很惊讶你能设计出这么灵敏的传感器，从这么远的距离都能探测到如此细微的运动。"

事实上，这个系统既高度敏感，同时又模糊得让人放心。虽然翡翠能够在复杂的环境中检测到微妙的动作，其成像能力却几乎为零，但这并不是缺陷，而是一种特色。除了可以大概测量出个体是高是矮、是站或坐，翡翠无法呈现出个体的脸部或身体图像，这一限制降低了潜在的隐私侵犯的可能性，虽然翡翠仍然会检测到很多老年人可能不愿意与人分享的事情，例如星期六晚上在卧室里发生的事情。

这是用户可能会发现翡翠存在的缺点之一，另一个更重要的问题，如同应急救生报警器一样：没有人想要"老年人"的技术。当卡塔比告诉奥巴马总统："我相信你一定看过这样的广告，'我跌倒了……'"

"就在你戴项链的位置，"奥巴马插嘴道，"的确，我的祖母自己一个人住，所以这也是我们最担心的问题。"

"对于老年人而言，"卡塔比说，"我们知道要让他们记住戴上挂饰是非常困难的，而且即便他们记住戴上了，也常常会忘记去按上面的开关。"

"是的，或者他们会觉得戴那些东西很奇怪。"奥巴马说道，"他们会说'我不喜欢戴这个'。"他模仿一个脾气暴躁的人轻蔑地发出一声"啊"。

这是一个玩笑，而且是一个很犀利的玩笑。我唯一想补充的是，任何人都有权对一项不称心如意的技术感到不舒服。翡翠通过避免将产品穿戴在身上，解决了救生报警器的一个主要失败点：如果一定要用的话，用户必须在早上决定是否要戴上它。但是，翡翠潜在的"老年人设备"的标签仍然对其未来在市场上取得成功构成威胁。

自从我们见面以来，卡塔比和我一直在讨论如何改变这一点：如何让这样的系统摆脱年龄的限制，同时又可以用来拯救老年人的生命。不管她选择哪条道路来实现她非凡的发明，从理论上讲，如何使得这样的系统能够跨越年龄的障碍成为普通家居的一部分，是值得我们认真思考的。

有几种可能的方式。一种是将该系统集成到智能家居中，用户通过手势和语音来控制连接的设备。这种方式虽然有点冗余，但是当人们正在学习动态地使用一个全新的界面时，这种冗余还是有用的：因为它给了用户（和系统）两次获得正确命令的机会。例如，如果你指着一个灯泡说："灯泡，开。"你的智能家庭电脑就会知道①你想要打开的是那个灯泡，②不要打开灯泡后面的电视机。

或者，在未来的某个时刻，这类家居系统将发展到难以想象，你可能无须召唤活点地图中的人和选择里面的东西，所有这些都可以通过翡翠和小型的无线射频识别跟踪系统的结合来定位。由于GPS导航系统的出现，人们在纸质道路地图上艰难识别方位的日子已经渐渐被淡忘，我们现在对GPS导航系统的使用已经习惯成自然。家里也会发生同样的事情吗？这一天也许会突然到来，你再也不用到处寻找你的钥匙，不用担心你十几岁的孩子在哪里，也无须购买昂贵且用途单一的防止入侵者的警报器。卡塔比的研究生在自己家里测试了一些翡翠的原型，卡贝拉告诉我，他在旅行时已经开始用它当防盗器了。

除了这些不分年龄的功能，该系统还将实现其最初的目的：在许多情况下，通过将有关老年人的重要信息传达给他们的护理者，使老年人在家中保持安全。通过让护理对象而不是其护理者来设置可以共享的信息量，一些不可避免的隐私问题将得到解决。在最少隐私保护、最多信息的极端情况下，成年子女可以在任何时刻看到他或她的父母在哪里，他们是否吃过东西，他们的步态是否正常，他们是否偏离了正常的习惯。在情况的另一头，这个系统可以模仿哈利·波特的另一项魔法技术，这项技术是在韦斯莱的洞穴中发现的。罗恩的母亲韦斯莱夫人拥有一个钟，钟上面每个家庭成员都对应一个指针，一共9个，从钟面上可以找到每个家庭成员的位置，包括"工作""家""学校""旅行""迷路""监狱"和"生命危险"。对于最注重隐私的用户，Wi-Fi追踪系统可以提供一个更为简化的结果：只有"生命危险"和"一切都好"。许多三明治一代护理者都希望在家庭成员，无论什么年龄，遇到生命危险（如躺在地上不能动）的时候收到警报，而且将此方法应用于整个家庭将为该技术增加一个不分年龄的元素。毕竟，年轻人和中年人独自在家的时候也会摔倒并撞到自己的头，或是被橄榄噎住，或者吃一些会导致过敏的东西，又或者……你应该大致理解了。关键在于，即使在处理诸如健康和安全等重大问题时，尖端技术产品也可以避开对老年人的标签化。恰恰相反，正如亚瑟·C.克拉克所言，它们可以而且应该是有趣的，甚至可能是"近乎魔术的"。这种卓越的技术的出现，将再一次提高老年人的独立性，同时促进其健康，这两者都有助于提高晚年生活质量，从而将又一块鹅卵石从长寿的"危机"面移动到"机会"面。

当然，你可以合理地指出，像翡翠这样的技术，即使它被设定为尽可能少地使用有关老年人的数据，在某种程度上也不可避免地会使隐私受到侵犯。那些希望保持独立的人会因此而拒绝使用吗？

事实上，对于翡翠或类似系统所造成的隐私问题，老年人可能不太像你想象的那样担心。在日本最大的电信公司日本电话电报公司（Nippon Telephone and Telegraph）的帮助下，老年实验室在2011年进行了一项研究，该研究建立了一个用药提醒系统，可以确定药瓶的情况，根据重量判断用户是否在正确的时间取出了正确数量的药片。这个被称为"e-home"的设备可以独立使用，也可以作为一个非常简便的双向视频聊天和短信系统的一部分,将老年人的家与成年子女的家连接起来。当父母漏服了一剂药时,成年子女就会收到提醒,该系统也为地理上分离的两个家庭提供了轻松沟通的模式。总的来说,参与研究的老年人对该系统非常满意,更重要的是,在共享模式下使用的人比自己单独使用的人评价更高。他们完全不介意他们的孩子知道他们是否忘记吃药。

很奇怪的是,即使你是一个认为照护技术具有侵犯性的老年人,你仍然可能会出于隐私的原因而渴望使用这些技术。在未来,我们中的许多人将面临的选择不是使用或者不使用技术支持系统。相反,我们需要在使用系统或与孩子同住、搬进辅助生活照料中心和住进疗养院之间做出选择。与许多机构环境下的全面监控相比,一个相对非个人的电子系统可以在保持对你的健康进行监控的同时显著减少对个人的干扰。同样地,未来有关护理机器人使用的选择也会遇到相同的问题。考虑到机器人可以在提供帮助的同时,避免亲密的可能令人感到难堪的护理服务,以及不会像人那样做出判断和传播流言,很多人还是会选择由机器人提供照护。即使在今天,你可能会发现自己在做这样的决定时甚至都没有意识到这一点。想象一下,假如你去西维斯买一些可能令人感到尴尬的东西,你会希望结账台那里有收银员还是自动结账?我知道我一定会选择自动结账。

同时,在机器接管家庭护理之前,完全可以通过技术实现监控方向的扭转并保护被照护者。例如,卡塔比建议,翡翠的用户就可以利用其产品监督保姆的工作。"如果你雇用保姆来照顾你的孩子,你就可以通过翡翠确保他们没有把孩子独自放在房间里而自己整天都在看电视。"她说,同样的情况也可能发生在水管工在你上班时去你家进行修理的时候,你也许希望确保他只待在厨房里工作,而不是走进你的卧室。"你不想安装摄像头,这太冒犯了。"而且许多政府要求你在拍摄时必须通知他人。但是其他技术可以更有效地实现这一目的,而且(至少在某种程度上)不那么令人毛骨悚然。赛思·斯特伯格举了一个例子说明他的公司是如何颠覆照护者常规的监控关系的。"开始创立 Honor 的时候,我们就知道在这个领域里存在着难以置信的欺诈行为。"我真希望自己能说对此很惊讶,但关于家庭和机构中照护问题的故事比比皆是。欺诈已经是最轻的问题之一了。

斯特伯格说,Honor 的申请者都需要经过多次安全审查,甚至按过指纹。然而,在公司成立早期,一位护理专家开车去了一位客户家,他在 Honor 的应用程序上签到之后就开车离开了,而那位患有严重失智症的客户永远也无法报告自己没有得到服务,但 GPS 追踪系统立即发现了这一违规行为。斯特伯格说:"我们的系统非常可靠,能够百分之百地发现他,然后立即把他从系统中剔除。"与此同时,该系统也可以保护护理专家不受客户的伤害。"更常见的一种情况是,我们接到家人的电话说'我妈妈说没人来提供服务。'我们可以查看 GPS 记录,然后说,'你知道吗,实际上确实有人去了。'从某个时候到某个时候之间他们都在那里。你妈妈只是不记得了。"

任何想通过网络联系到老年人的公司都应该认识到安全和欺诈检测措施是必需的。最近的一份报告估计,美国老年人每年因诈骗损失的金额高达 365 亿美元,如果平均分配的话,每人将损失约 750 美元,而事实并非如此,7% 的受害者损失超过 1 万美元。这些骗局大多是通过电话进行的,但就像所有以前在固定电话上发生的事情一样,骗局正在转移到互联网上。

在离 Honor 公司不远的史迪奇网的总部中,玛茜·罗格说,网上约会正遭受欺诈的困扰。在她客户的体验中，其他一些约会服务，包括一些专门针对年长用户的约会，都充满了骗子艺术家，这一指控在旧金山湾举办的史迪奇网活动中得到了几位参与者的证实。挫败感的来源之一是那些看起来年轻有吸引力的异性发出的直白信息。罗格说，一位史迪奇网的用户形容她在竞争对手网站上的经历"就像置身在红灯区一样"。对她有兴趣的年轻人并不像他们所说的那样。"她不是30岁，而是60岁。给她发短信的人都是骗子。"

在史迪奇网，罗格为其用户建立了一个多层次的验证程序，类似于爱彼迎对其房东使用的验证程序。它不能阻止每一个骗子，但它可以确保人们没有编造自己的身份，这在很大程度上让用户在使用其平台时感到轻松。罗格说，事实上，用户在她的网站上交谈时比她预想的还要舒服得多。她之前并没有计划建立社区论坛，但有一天，出于一时的冲动，她决定在史迪奇网定期会面的通知中加入一个评论部分。很快，成员们就对在论坛上能够自由交谈感到非常享受。尽管这个论坛是公开的，充满了陌生人，但由于史迪奇网已经采取了验证措施，不允许任何人匿名，因此交流还是相对文明的。在这件事的鼓励下，罗格在网站上添加了免费聊天论坛，结果表明论坛很受欢迎。她从电脑屏幕上挑出一个叫作维吉米特黑酱（Vegemite）的主题，这是一种由酵母提取物衍生的澳大利亚食物。"天哪，这曾是最受欢迎的主题。"她说。这是调味品吗？它可以吃吗？这两方面都有争议。因为罗格已经制定了相对严格的安全措施，她的成员们，其中很多来自澳大利亚，发现自己可以自由地互相讨论，近乎狂热。

乐趣是魔法，恐惧是悲剧

乐趣而不是恐惧，渴望而不是忧虑，才是激励消费者的因素，即使是只关注基本的身体需求和人身安全的高科技产品也同样适用。我们现在面临的一个价值数万亿美元的问题在于，如何解决这些基本层面的问题，同时提高（而不是牺牲）老年人做他们想做的事、实现他们的目标和享受乐趣的能力。例如，强化的网络安全不应该让人感觉像在劳改营，而应该创造一个安全的地方，在那里可以讨论维吉米特黑酱的优点（如果有人想知道的话，这个酱与其说是蘸料，不如说是一种佐料。）跌倒探测系统的使用应该是愉快的，以至于所有年龄段的人都会想方设法购买一个。家庭护理公司应该提供能够说你的语言并具备你所需技能的护理人员，而不必刻意去解释这些问题，等等。

将乐趣、令人愉快的用户体验和老年消费者的愿望放在首位的产品绝不局限于未来派或高科技。例如，许多医疗服务从医院转移到零售场所，其主要目的就是让患者不易感到自己是个病人。比如说，人们更愿意在去透析的路上与朋友相约在星巴克而不是在镇上一个人迹罕至的地方接受一整天治疗。① 健康产品维持客户积极的自我形象的另一种可能方

---

① 这个想法在 MinuteClinic 达到了逻辑上的极端，MinuteClinic 是一家无须预约的步入式医疗诊所，最初由一位父亲构思形成，他想不通为什么他的儿子需要在紧急护理室中等待两个小时才能接受简单的链球菌测试。西维斯在 2006 年收购 MinuteClinic 就是一个很好的例子，它说明了大公司如何接近由带头用户创建的具有潜在破坏性的创业小公司。西维斯不仅消除了一个潜在的竞争对手，而且这样做还创造了两家公司之间的高利润协同效应。无须预约的方法当然有其缺点，但如果模仿是最高形式的恭维，那请看看沃尔格林（Walgreens）、沃尔玛、克罗格（Kroger）和其他地方纷纷开始设立步入式门诊的事实吧。

法是在做市场营销时强调产品的表现而非对疾病的缓解。Soylent 是一种替代饮食的奶昔，专为太忙而不能吃东西的网络工作者而设计。Ensure 是一种专为需要营养的老年人而设计的营养补充型奶昔，这两种产品本身有一定区别，但最大的区别在于市场营销。

在级别最高的老年照护机构中，甚至有可能把重点放在老年人想要的而不仅仅是老年人需要的服务上。比如养老机构和护理院，这些机构以将健康统计数据优先于幸福感而著称。正如阿图·葛文德（Atul Gawande）在其关于衰老与死亡的著作《最好的告别》（Being Mortal）中所写，"我们没有好的标准来衡量一个机构在帮助人们生活方面所取得的成果。相比之下，我们对健康和安全的评估非常精确。因此，你可以猜到那些开养老院的人关注的是什么：他们更加关心父亲的体重是否减轻了，有没有错过药物治疗，或是摔倒，而不会关心他是否孤独。"然而，有一些地方确实将老年人的愿望作为主要的关注点。例如，比肯山退休村就是一个很好的非正统的例子。当然，如果你对养老机构熟悉，就知道也有一些开明的传统机构并不像葛文德所写的那样"被设计成除了安全没有（老年人）关心的其他任何东西"。

在有这样名声的地方，长长的等位名单是很常见的。这是自由市场应该解决的问题：理论上，供不应求就应该提高供给来满足需求。但现在的市场没有做出这样的反应，这主要是受到一直以来对老年期的观念所产生的持续影响。将老年群体仅仅视为有待解决的问题，会导致产品的设计目的被定位于消除老年生活中的消极因素，但却无法提供诸如乐趣、喜悦和神奇等积极因素。老年人使用这些产品能达到的最好情况就是使生活质量从低等上升到中等水平，但无法再继续上升：例如找到晚年的价值，对晚年生活感到兴奋和满足。由此可知，如果你不了解更好的生活是什么样，你很可能会认为晚年生活是没有价值的。

然而，随着婴儿潮一代提出他们的需求，新的产品潮将积极地为晚年生活增加价值。虽然老年产业的兴起会对老年人的生活产生有益的影响，但围绕这一趋势的经济发展还不清楚。在个人理财方面，当我和财务顾问谈论老龄化所带来的不可预见的成本时，即使他们中最具前瞻性的人也说，在他们的行业中，几乎还没有为迎接一个更积极、更充满高科技的老年期做任何准备。的确，缩减护理服务——当你用在线点菜式的护理服务取代传统的护理模式时——可以帮你省钱。但还没有人专门为大量缩减护理服务的人设计出高流动性的储蓄产品。例如，以前妈妈也许每周需要搭车一两次去杂货店和医生办公室。现在，她可以很快叫上一辆优步到她门口——也许很快将变成一辆自动驾驶的优步——每天带她去保龄球馆。这对她来说生活质量可能会得到极大的改善，但这样的生活开销是非常大的，他们过去是不会做这样的安排的，因为在她开始存钱的那个时代，优步和来福车还只存在于科幻小说中。

在老年保健和护理领域创造优质产品所产生的金融效应被严重低估。我所说的不仅仅是更平稳或电动的轮椅这类对已有产品的升级，还包括创造全新的产品类别。例如，老年实验室发明了一个叫作 Paro 的机器人，这是一种由实验室研究员雄泽沙巴塔（Takanori Shibata）制造的机器海豹。它的大小大致相当于一个大点的婴儿或者小点的学步的儿童，它可以移动头部和脚蹼、发声，也会对你眨眼睛。它配备了传感器，可以检测触摸、光线、声音、温度和它自己的姿势。当你爱抚它并给予表扬时，它会记住它当时在做什么并重复这些行为。相反，如果你打它，它会记住相关的行为并避免再出现该行为。实际上，你可以训练它，但如果你没有给予它足够的关注，它也会变得非常令人讨厌。我们在老年实验室

健康、安全和天马行空的思考　SIX 6

有两个 Paro，平时我们必须关掉它们，因为没人费心教它们不要整天哭。Paro 之所以是海豹而不是狗或猫，是因为我们对狗和猫的动作已经非常熟悉。对我们大多数人来说，对海豹都比较陌生，因此当 Paro 投放到市场中时更容易被接受。它对失智症患者的影响往往是非常深远的。它可以减少焦虑，而且有趣的是，它还可以减少日落期易怒症——阿尔茨海默症患者常常会在日落后变得易怒。与许多原型机器人一样，Paro 已经存在十多年了；与丰田和本田的人形机器人不同，Paro 是可以买到的。日本、美国和欧洲国家（包括意大利和法国）的一些机构和私人住宅中都有使用它。然而，购买 Paro 需要几千美元，少数拥有这个机器人的个人通常会将之用来出租。

尽管最新和最好的机器人可能价格仍然昂贵，但随着下一代 Paro 和其他陪伴式机器人的出现，整体的价格将会下降。不管怎样，它们成了一个原有养老计划外的开支。直到不久以前，陪伴式机器人还从未成为任何人医疗成本考虑的一部分。现在它们已经存在了，虽然它们对维持一个人的生命并不重要，但如果证明它们的确能给你母亲的生活带来快乐，你难道忍心不给她买一个？① 如果它们最终被证明能够延长老人的生

---

① 人们对陪伴式机器人产生的伦理问题提出了强烈的质疑，尤其是雪莉·特克尔在《群体性孤独》一书中讲到的。其中最主要的观点是认为陪伴式机器人的存在，实际上使失智症患者更加迷惑了。正如特克尔所描述的，即使人们知道特定的机器人只是一台机器，而不是一个婴儿或一只海豹，最终也会给它起个名字并和它交谈。难道这种亲密的关系不能保留给真正的人，如孙子女吗？一个陪伴式机器人是否能减轻成年孩子缺席的罪恶感？它到底是为成年子女服务还是为父母服务的？在许多方面，是否为某人提供陪伴式机器人（或者，可能是像电影《她》中那种非实体的声音）的两难选择反映出了家庭在求助有偿护理或护理机构时所做出的选择。坦率地说，陪伴式机器人可能并不对每一个人都适合，但是它们增加了一个家庭的选择，这是一件好事。不管怎么说，如果一个成年子女能够为他的父母提供一种能给他们的生活带来许多快乐的东西，也许至少他可以从内疚中得到些许解脱。

命，或者以其他可量化的方式提高生活质量，政府和保险公司可能也无法拒绝陪伴式机器人。Paro 和它的同类产品远远不是唯一适合这种描述的产品。也许在当下，这类产品还没有成为必需品或还不存在，但很快就会有一个全新的产品类别，它们将产生巨大的作用，完全融入我们以后的生活中，以至于如果一个人没有它们，我们反而会感到奇怪或残忍。类似的情况已经在医疗保健之外的领域发生：例如，联合国人权理事会会谴责禁止使用互联网的国家。这一做法有争议性地将互联网（曾经被认为对日常生活不重要的技术）归类为一种事实上的人权。

这一趋势也许能为其自身发展创造融资机会。我们不知道，一旦技术赋予了老年人更长久的安全且自主的生存时间，老年人会做些什么。但他们中很多人想做的一件事就是工作。

很快，被过时的老年观所束缚的老人们就会发现他们的视野开阔了。许多看起来像哈利·波特中魔法般的更好、更符合其需求的产品将支持他们进行探索。这些产品不仅能让他们保持健康和安全，而且能增强他们的独立性、幸福感和对生命意义的追求。当这种情况发生时，"快去死吧"的想法将会变得荒谬起来。老年期将会有很多等待我们去体验的事情，而且我们也会有更多的时间去实现它们。

在这样一个未来，数万亿美元的问题将从"怎么做"变为"做什么"。考虑到所有这些额外的时间和自由，我们究竟会选择做什么呢？

7

追求幸福

有助于人类健康和安全的产品浪潮席卷而来，预示着人们的老年期将会更长、更独立。但是，它不会带着"说明书"一同出现，因此我们还要想想在延长了的那几年寿命里能做些什么。基于我们目前对"衰老"的观念，健康的老年人有但只有一些社会认可的消遣方式，包括休闲、消费、做志愿服务和与家人共度时光。然而，随着婴儿潮一代进入老年期，他们将需要更多的选择，包括努力工作、追求浪漫和社会抱负、贡献文化作品——而这仅仅是一个开始。随着晚年生活的选项越来越多，那些从事老年经济并取得成功的公司将发现自己已走在时代浪潮的前列，他们会预测老年人需要什么样的生活，并分析实现这些晚年生活目标需要什么工具。

通过这样做，他们将帮助老年人提升在亚伯拉罕·马斯洛的需求层次中所处的水平。将马斯洛需求层次理论分解成《美国独立宣言》中三项神圣的基本权利——生命、自由和追求幸福的权利——有助于我们理解这个理论。处于最底层的需求（如食物、住所、医疗保健和安全）主导着目前很多关于老年人的创新设计，可以说与"生命"相对应。许多人发现，出于各种现实目的，我们老年期的权利从这里开始，到这里结束。然而，经过改进的医疗保健产品，在不牺牲老年消费者自我意识和愿望的前提下为老年人提供健康和安全的保障，将很快帮助我们从生命水平上升到自由水平。因此，随着年龄的增长，你不仅会发现自己能活动，即使你患有糖尿病和缺血性心力衰竭等慢性疾病，你也还能做很多你想做的事情。为了便于讨论，让我们假设您还存了一些钱（诚然，这是一个很大胆的假设）。那么问题就变成了：你将如何实现第三个不可剥夺的权利？你将如何利用你新获得的自由去追求幸福？或者是为后代留下遗赠？或者是追求意义？

虽然可能没有像下面罗列的那么具体，但退休财务顾问一直在向他们的客户提出这个问题，他们总是问："你退休后的目标是什么？"

"好吧，不一贫如洗就可以。"

"嗯。"

"尽可能长时间地保持健康。"

"好的。"

"还有……我想放松一下。"①

"你可以放松一下。"

"还有……我不知道。"

别担心，我们都不知道。

我喜欢把生命按 8 000 天分成一组一组的。从出生到上大学，大约有 8 000 天。从上大学到中年危机时期共 8 000 天，从中年期直到退休又是

---

① 在我们关于人们如何描述"退休期"的研究中，"放松"是使用频率最高的一个词。

一个 8 000 天。

最后你还有一个 8 000 天的周期。如果你活到 90 岁或 100 岁，这个周期甚至可能长达 12 000 或 16 000 天，并且这种可能性越来越大。这最后一段周期不同于在它之前的日子。举例来说，与生命的前三个阶段不同的是，那些还从未经历过最后阶段的人根本无法想象，正在其中努力奋斗的人们是受着什么的激励。在这段"每天都是重复"的时期里，通常人们前一天晚上上床睡觉的时候并不知道第二天太阳升起时将有什么会激励他们，或者他们能追求什么。当然，他们会从打开从办公室带回来的箱子开始，也许会去度假。但是当最初美好的"蜜月期"结束时，接下来该怎么办呢？

这种集体性盲目的原因包括我前文已经详细讨论过的老年观。重要的是，工作——我们教育和主要职业生涯背后的活力之源——被常规化的退休剥夺，但却没有任何实质性的替代物来填补这一空白。其中一部分问题在于，尽管退休的最初含义已经流行了一个多世纪，但是人们的寿命更长、更健康，这是个新现象。女性在老年寿命和整体健康方面受益最大。1990 年，只有日本和安道尔的女性健康预期寿命超过 70 岁，但如今，40 个国家的女性已经实现了这个一度引人注目的数字。（日本和新加坡的男性也是如此。）

这段新的更健康的岁月是一片开放的前沿，完全没有文化路标可以告诉年轻一代应如何度过他们的生命。当我们年轻的时候，我们总是期待着下一件事：毕业、婚礼、也许有孩子、也许有一份新工作或加薪。然而，在以后的生活中，除了陪女儿走过红毯，或者出现在孙子孙女的洗礼仪式上之外，就没有类似的里程碑了。上了年纪的人庆祝的最后一个关于自己而非他们后代的仪式，是退休派对。不会再有什么仪式会说：

"嘿，这个家伙真是把退休后的生活过得井井有条，让我们听听他的经验吧！"

事实上，除直系亲属之外，年轻人和老年人之间的互动是有限的，通常是在婚礼、洗礼……是的，还有葬礼上。年轻人对晚年生活的印象主要是基于这样一种情景：老年人参与的目的似乎是为年轻人鼓掌，或在电视上，老年人的目的通常是娱乐年轻人。年轻人看不到老年人设定个人目标并努力实现它。这并不是因为他们没有目标。这是因为老年人被藏起来了，看不见了。他们在地理上远离了年轻人，因为他们不再工作，还因为一些人生活在特殊的、不允许年轻人居住的环境中。由于他们不工作，在工作日购物和吃饭，这使他们暂时和年轻人错开了。同时，曾经让不同年龄人群融合在一起的宗教和公民组织逐渐消失，加剧了代际的区隔。

在现代生活这一大型潮湿的化学实验中，老年人在溶液中沉淀到试管的底部——即使头顶上令人眼花缭乱的反应仍在继续，丝毫没有减弱。如果你正处于这些反应之中，一位财务顾问让你冒险猜一下，当你被沉淀下来时会选择怎么做，你可能像大多数人一样回答不出来。坦率地说，财务顾问会问这个问题就说明了点什么。在应对其他8 000天生命周期的行业中，各种公司都会直接告诉你目标应该是什么。我并不是说这总是一件好事，但当你买一辆车时，你买的其实是那款车对其车主形象的预设——如果这家汽车公司的营销部门很好地履行了他们的职责，那么这款车所设计的形象正是你所渴望的。同样的道理也适用于住房、软饮料、服装，甚至是职业。说实话，我来到麻省理工学院的部分原因是，我想成为那种在麻省理工学院进行研究和教学的人。就是这个道理。

无论是财务顾问，还是所谓的退休行业的其他人，都无法告诉你在老年时应该追求什么,这一事实说明,我们天生就相信老年人没有真正的抱负。没有人能在年老时树立成功的里程碑,因为甚至没有人知道晚年的成就会是什么样子。因此,我们在最后一段岁月里获得的非凡自由,带着一种令人不安的感觉到来了。这是一个问题:毕竟没有人比宇航员在太空行走时行动更自由,但如果把他和空间站的联系割断,自由将对他毫无好处。

2014年2月,我发现自己身处有史以来最自由的一群人之中:一群退休的CEO。虽然这些商业界的前主人们不能代表大多数老年人,但他们确实提供了一种自然实验的可能。如果你想知道老年人在没有约束的情况下是如何行动的,没有比他们更好的观察群体了——他们受过良好的教育,什么也不缺,能得到最好的医疗,还不需要工作。

我参加了一个名为"想象解决方案会议"的大会,这个会议每年都在佛罗里达州的那不勒斯市举行,那里号称是美国退休CEO最多的地方。一位会议创始人说,前CEO们"在许多非营利或营利性的董事会任职;他们认识参议员和国会议员;他们非常适合解决问题,也习惯于把事情做好。"因此,会议的创始人没有把这些前巨头带到阿斯彭和达沃斯这样的地方,而是决定把创新展示带到那不勒斯。

我被安排在周六下午发言,所以早上还有几个小时可以打发。当时我正处于一种妄想的阶段——我认为如果给自己一个机会,我就可以享受高尔夫。所以我起了个大早,前往酒店附近的练习场。我把自己租的车开进停车场——一辆樱桃红色的黑斑羚敞篷车;这是一辆四轮驱动的美国车,停在一排昂贵的德国和意大利车中间。我抓起一桶球和一支球杆,向练习场走去。请相信我没有夸张,我看到大约20个人坐成一排,他们看上去就像《疯狂高尔夫》(*Caddyshack*)里的法官(泰德·奈特饰演）。他们都是六七十岁——银发、polo 衫、白色高尔夫手套和卡其裤。如果他们一起挥动球杆，他们看起来将更像克隆人。但真正让我印象深刻的是他们的妻子，她们戴着遮阳帽，坐在每一个高尔夫球手身后的草坪椅上。她们中的大多数都比自己的丈夫小 10 岁，都在读书，而且大部分在用亚马逊的 Kindle 阅读。

从停车场的车上可以很明显地看出他们都是很有权势的人，所以，在我把桶里的一半球打到跟别人相似的距离后，我坐下来，拿起一纸杯咖啡，和一位斜靠在椅背上的妻子聊天。她告诉我，她的丈夫是一位退休的 CEO，正在我们面前用球杆打球。砰！事实上，这一圈几乎所有人都是这样或那样的退休高管。砰！这是个俱乐部吗？我问。他们每周在这里聚会一次吗？不，她说。他们每天都来这里做这个。

砰！

这是对的：地球上最自由的人——健康、受过教育、有时间和金钱去任何地方、做任何事情的人——把他们的时间都浪费在打愚蠢的白球上，而这些球却没有任何意义。更糟糕的是，他们的妻子，毫无疑问都是受过高等教育、工作效率高的人，每天都被叫过来陪着他们，这可真是对潜力的极大浪费。这并不是因为老年人缺乏想象力或缺乏发展的意愿。事实上，想象解决方案会议——我前往那不勒斯的全部原因——是由那些想要继续参与并继续学习的前高管们创立的。正如该会议的联合创始人所说："如果找不到回馈社会的方式，高尔夫球总会打完，红酒也总会喝完。"但他和他的联合创始人发现有必要建立这样一个机构，这一事实本身就证明，可供他们选择的选项很少。不幸的是，即使是最富有的老年人也对自己应该如何度过老年生活有种势不可挡的期望，那就是像沉淀物突然沉到试管底部一样，突然脱离日常生活，定居在美国最南边的佛罗里达州。如果超级富豪不能想出更好的办法来利用他们的时间，我们其他人还有什么希望呢？

几十年来，研究人员一直在努力解释为什么我们的世界似乎会随着年龄的增长而缩小。例如，在各种各样的文化中，老年人的社交网络（在现实生活中，不仅仅是在网上）比年轻人的要小。同样，随着时间的推移，我们会剔除那些我们认为没有意义的、不必要的活动。关于这些趋势，我的朋友劳拉·卡斯滕森（Laura Carstensen）做了一项最重要的研究。她是一位老年心理学家（也是老年学研究领域的摇滚明星），领导着斯坦福大学长寿研究中心（the Stanford Center on Longevity）。她著名的"社会情绪选择理论"试图将我们不断缩小的世界与所谓的"积极效应"连接起来。"积极效应"指的是，相对于年轻人，老年人更关注积极的信息而不是消极的信息，也更容易回忆起这些积极的信息。"积极效应"这一关于年老的事实得到了100多项同行评审研究的支持，通常被认为是一种机制来解释为什么大多数人报告说，随着年龄的增长他们会感到更快乐、对生活更满意——在老化过程中有很多优势被严重低估，而这是最被低估的其中一点。

简而言之，社会情感选择理论认为，积极效应和我们与世界的互动减少都有一个潜在的原因：随着我们年龄的增长，我们想要经历和做有意义的事情，这几乎是所有事情中最重要的。在人生的早期，当我们年轻的时候，以为自己还有四分之三世纪的朦胧岁月等着我们，我们把未来看得比现在更重要，并撒开一张大网，试图获得关于世界的知识。卡斯滕森告诉我："我们在年轻人身上看到的是一系列激励人心的收集过程，你在收集经验，收集知识，扩展你的视野，你把所有这些东西都放进了一个桶里，因为你还能活很多年，你永远不知道什么可能是重要的。"

然而，当我们剩下的时间更少时，我们的目标就会改变。我们开始减少对新事物的关注，加倍关注可靠的资源：我们爱的人，我们觉得满意的活动。"你的桶里装满了东西，"卡斯滕森说，"是时候好好利用你收集到的好东西了。"

这种现象与年龄关系不大，而与人的剩余寿命关系更大。正如葛文德在《最好的告别》一书中指出的那样，即使是患有潜在绝症的年轻人，包括 20 世纪 90 年代感染艾滋病毒/艾滋病的一群年轻人，也会表现出这种社会筛选过程。在"9·11"之后的纽约和非典期间的香港，各个年龄段的人都是如此。当我们认为未来的日子所剩无几时，就不会冒险踏上探索之旅，而是专注于我们确定有意义的事情。

在其他试图解释我们不断缩小的社交圈的理论中，最具说服力的一个理论认为，我们变得更有选择性，因为晚年的一切都需要更多的努力和精力。我们把自己的抱负缩小到我们能实现的目标，在生活中只进行觉得有意义的人际交往。在这一理论和卡斯滕森的理论中（这两种理论并不相互排斥），花更多的时间与被证明能带来好心情的人在一起，结果是可以预测的：我们一般会变得更快乐。

然而，根据一些人的看法，关注当下是要付出代价的。对社会情绪选择理论的一种常见解释是，老年人声称自己有意愿和能力走出家门，在广阔的世界里做到某些事情。正如葛文德所写的那样，在年轻时"以几十年的时间（这对人类来说似乎已经是无限了）来衡量未来的视野时，你最渴望的是马斯洛金字塔顶端的所有东西——成就、创造力和其他'自我实现'的属性。但当你的视野缩小，当你看到眼前的未来是有限的和不确定的时候，你的注意力就会转移到此时此刻，转移到日常的快乐和与你最亲近的人身上"。在这种思维模式下，那些高层次的马斯洛式需求——例如，自尊和他人的尊重——随着年龄的增长变得不那么重要，也不那么令人渴望。这让人想起托马斯·米格利的诗，他在弥留之际曾经吟诵："我的视线变得模糊，头发也不断花白。当我在夜晚游荡时也不再有雄心抱负。"

这一解释的关键是，当我们变老，开始优先考虑有情感意义的活动时，这些活动将永远是微小的"日常快乐"，永远不会变成更大的、雄心勃勃的目标。然而，并没有规则规定，为了有意义，某些东西的规模必须很小，事实上，它甚至不需要令人愉快。在一项关于中国香港居民的积极效应的研究中，研究人员向参与者展示了显示各种情绪的人脸照片，然后使用眼球追踪设备，确定参与者在每张照片上投入了多少视觉注意力。在西方类似的研究中，年长的成年人倾向于花更多的时间看快乐的脸——研究人员所说的"对积极的刺激表现出注意力的偏好"，这表明快乐对他们来说是最有趣的事。但在香港的老年人中情况正好相反，他们只关注那些表达负面情绪的面孔。作者写道："恐惧和愤怒，在表达时具有社会破坏性，可能尤其会吸引来自相互依赖的文化背景的人的注意力。这些文化背景的人将良好的感觉和成功定义为能够融入一个群体，避免成为他人的负担。"

因此，对意义的追求是普遍的，但文化会决定老年人认为什么是有意义的。这就提出了一个问题：意义的定义会改变吗？或者同样重要的是，能否另辟蹊径，打开社会许可的通往意义的新道路？

想象一下，一位70多岁的连续创业者，她非常喜欢和家人待在一起，但同时又有个非常好的创业想法想要付诸实施。如果你问她这些目标中哪个有意义，她会说两个都有。但是哪个更可行呢？今天的答案会是和她的家人共度时光，可能性大约是创业的一百万倍。

对我们许多人来说，这种情况是完全合理的。有许多人除了基本的需求之外，比如有家人和朋友在身边，没有什么高层次的欲望；对他们来说，一起吃饭、分享记忆、讲故事、做肉丸就是"有意义的"。这些人很幸运：上述活动完全能满足他们对意义的追求。假设有一个和睦的家庭，他们会愉快地一起出去（这是越来越大胆的假设，事实可能是另一回事），那么这条通往意义的道路是可以实现的，社会也允许。

但还有很多人虽然确实认为他们亲密的家庭关系是有意义的，但是如果有机会，他们也可以在其他活动、关系和成就中找到意义。

目前，这种机会还没有到来。

对于这类人来说，拥有亲密、充满爱的关系仍然是至关重要的——孤立就像地狱一样，会让你少活几年——但这可能还不够。与此同时，通往幸福和意义的其他潜在途径目前都是封闭的，包括工作、职业抱负、社会地位的攀升、教育、体育成就、留下遗产——甚至是性。一旦老年人参与其中，这些途径就会被认为是奇怪而可笑的追求。除了对更好的高尔夫球场的渴望，我们把晚年的雄心壮志视为正常的唯一领域是政治。2016年选举日，希拉里·克林顿69岁，唐纳德·特朗普70岁。对于一个70多岁的人来说，想要管理一个国家并不稀奇，但是如果他或她去申请昆虫学博士学位，就会显得很奇异，至少会被写进当地报纸的人类奇观板块中。正是由于缺乏社会允许的选择，世界上时间和金钱都充裕的老年人才来到高尔夫练习场，他们在那里可以把高尔夫球打向地平线，而不是用头撞墙。

然而，如果认为通往意义和幸福的另一条路永远是封闭的，那就错了。事态已经在发生变化，当商业、科学和技术的全部力量与老年人的目标相一致时，老年人就开始展示他们能做到什么。随着这一过程的展开，满足这些愿望的产品将发展成一个爆炸性增长的行业。很快，公司将不能仅仅局限于只提供在过去几十年里被社会接受的老年人的幸福。为了保持竞争力，他们需要为未来的生活提供一个通向意义的新途径的愿景。随着这些新道路的开辟，如同黑色星期五的商场一般，老年人会蜂拥而至，找寻自己幸福而有意义的将来。

明天去工作

在不久的将来，老年人将要正面解决的需求之一是他们普遍希望在自己的"退休阶段"中找到一份有意义的工作，这将影响到所有的商业部门，而不仅仅是将老年人视为消费者的公司。

许多有经济头脑的人谈论老年人时，主要说到的问题是他们工作得太少，而这时提出的解决方案不可避免地就是提高领取社会保障或当地同等福利的资格年龄。这是本能反应：1935 年通过《社会保障法》时，美国 65 岁以上的人口比例是现在的一半。许多国家，特别是欧洲国家，养老金制度设立得更早，所反映的人口现实更加过时。

然而，当你观察退休年龄这个可怕的东西时，你会开始发现它似乎是在转移人们的注意力。首先，从财政的角度来说，在美国提高领取社会保障资格的年龄远没有降低医疗支出那么重要。更重要的是，以延迟退休年龄作为让老年人工作的方式是落后的。还有比切断数百万 65 岁以上老人经济来源更好的办法（另外，这种切断将更多地影响到预期寿命较低的人，特别是非洲裔、美洲原住民和收入与教育水平较低的部分白人，加剧本已经有的恶性状况）。在采取这些极端的措施之前，为什么不试着为那些拼命想工作的 50 多岁、60 多岁、70 多岁甚至 80 多岁的人提供工作岗位呢？这些人根本不需要社会保障缺失的威胁来强迫他们进入就业市场。事实上，缺乏的不是意愿，而是合适的工作。

年长的求职者被迫花比后辈更多的时间去找工作。在 2011—2016 年期间求职的美国 50 岁以上成年人中，有四分之三的人表示，进入就业市场非常困难，以至于他们干脆放弃了求职。通常的情况是，那些想要工作但又找不到工作的老年人，特别是在 60 多岁的人群中，只能简单地说自己退休了。传统的就业指标没有考虑到这部分潜在的劳动者，从技术上讲，这部分人应该被归为"未被雇佣"而不是"退休"。这一人口规模相当大：在一项专业调查中，自认为已退休的人中有 40% 的人说，他们更愿意继续工作，30% 的人说，如果有合适的工作机会，他们会立刻重返职场。

处于老年的、未充分就业或未被雇佣的工作者困境只是构成了两幕悲剧中的其中一幕。另一幕指的是，越来越多的行业正处于一种悄无声息的危机状态，因为它们每天都因退休而失去最优秀的员工，这一趋势尤其令日本的企业和一些老龄化程度较高的西欧国家的企业感到烦恼，比如说德国、意大利、芬兰和丹麦等。至于美国，这里有一份简短的、并不完整的正面临退休威胁的行业清单：电力、石化、国防、医疗、混凝土、农业、金融咨询、商业生产和铁路行业，更不用说国家工作人员了——一个非常重要的工作群体，其中还包括空中交通管制员（你可别惊呆了）。甚至连小丑都面临着全国性的人员短缺，这可不是我编造的。《纽约每日新闻》报道说："美国规模最大的小丑团体世界小丑协会（World Clown Association），会员人数从 2004 年的 3 500 人减少到 2 500 人。协会主席迪安娜·哈特米尔说，让年轻人参与到小丑表演中是最大的难题。现在绝大多数的世界小丑协会会员都在 40 岁以上。"

虽然我个人觉得小丑令人毛骨悚然,更愿意生活在一个小丑比较少的世界里,但是其余的这种劳动力短缺对工业和整个经济来说都正在成为一个真正的问题,这一现象虽然不难预见到,但直到 2016 年年末才比较大规模显现出来。

长期以来,经济学家认为,人口老龄化只是简单地通过缩小总人口中的劳动力占比来影响人均产值。这种认识没错,但事实证明这甚至还不能解释问题的一半。一份在 2016 年由美国国家经济研究局(the National Bureau of Economic Research)发布的具有里程碑意义的研究报告推翻了上述假设。该报告指出,在老龄化对 GDP 造成的损失中,只有三分之一是由老龄化带来的劳动力规模缩减造成的。高达三分之二的损失是因为随着人口老龄化,年轻和年长工人的整体生产力似乎都在下降。至关重要的是,与之前的研究不同,这份报告不是通过预测未来而是通过观察已经发生的事情来得出结论,它利用了美国各州自 1980 年以来的人口老龄化情况的变化。在控制了各州间的移民等因素后,研究人员得出结论,60 多岁的人口规模每增长 10%,年度人均产值就会降低 5.5%,这是一个非常令人震惊的损失。根据这一估计,在 1980—2010 年之间,如果没有人口老龄化,美国的人均 GDP 将以每年 2.1% 的增长率增长,而事实是,在这 30 年间,美国的人均 GDP 平均每年只增长 1.8%。

如今,人口老龄化的速度比以往快得多。本书估计,2010—2020 年间的 GDP 增长将仅为没有老龄化情况下的三分之一多一点。在 2020—2030 年,人口老龄化的影响将有所减弱,但预计人口老龄化仍将把 GDP 增长限制在其潜力的三分之二。而且这仅仅是在美国:在许多人口老龄化速度更快的国家,生产力将会受到更严重的限制。

更好的老年：关于老年经济，你必须知道的新理念

在媒体上，有两种对人口老龄化可能导致生产力下降的原因的解释。一种解释正如可预见的那样可悲：把错误都怪在老工人身上。正如经济学作家马特·伊格莱西亚斯（Matt Yglesias）在大受欢迎的播客节目《杂草之声》（*Vox's The Weeds*）中所说："如果你从不那么专业的角度以偷懒的方式思考的话，一个老龄化程度很高的国家可能会不那么有活力，不那么有创造力，到处都是我行我素的暴躁工人……工作能力不行，无法接受新鲜事物，甚至都不健康。"他认为，美国国家经济研究局报告最重要的结论是，"我们考虑到了我们的劳动效率下降的事实，但我们没有考虑到我们的劳动力正在变得老化，而且每况愈下。"①

但也有一个对这一研究结果更加合理的解释：并不是老年人的工作能力不足而拖慢了公司的发展，而是因为老年人中有一些最优秀的员工，老年员工退休才是人口老龄化打击产业发展的重要原因。

该研究的主要作者妮可·迈斯塔斯（Nicole Maestas）说，这项研究并不是为了区分这两种相互竞争的解释，事实上这两种解释都可能是正确的。"我怀疑总体上这两种影响都可能在起作用。我无法告诉你是哪一个……"

暂时抛开我个人对依格雷西亚斯观点的厌恶，在一些行业中和一些工人的身上，年老确实会损害生产力。当然，在劳动密集型的工作中，比如说贸易和一些制造业的工作，年老确实会造成损失。但是，考虑到年长的工作者在工作中思考和解决问题的能力，新出现的研究正在推翻以下这种曾经被接受的观点，即认知能力下降是衰老过程中不可避免的

---

① 听完依格雷西亚斯的独白，我很生气。但也许最让我困扰的是，他对大多数其他话题的评论都非常公正。然而，老年问题显然属于特殊范畴。从他播客中所支持的关于老年职工的观点来看，即使是思想开放的人，也被普遍流行的老年期刻板观念深深影响了。

一部分。曾经，通过对不同年龄段的人群进行调查，研究人员发现，认知能力的某些方面会随着年龄增长而自然衰退，即使是那些看上去没有患上失智症的老年人也是如此。然而，在2011年，一项具有突破性的大型纵向研究发表了，该研究不仅对人口的截面数据进行抽样调查，还对2 000多人的衰老过程进行了为期16年的追踪调查。研究显示，那些在老年早期表现出认知能力衰退的人，之后通常会被诊断为老年失智。而与此同时，其他人的认知能力在变老过程中并没有明显的衰退。这项发现具有深远的意义：几十年来，研究人员在试图理解健康老年人的认知能力的研究中意外纳入了有早期老年失智症状的样本。这意味着由正常的、无失智症的衰老所造成的认知能力损失很可能比早先预计的要小很多。

如果与年龄相关的认知损失可能无法解释人口老龄化对生产力造成的损失，那么毫无疑问，退休的影响非常大，退休从劳动力中剔除了最优秀的工人，就像割草机割掉了那些生长最快的草一样。受教育程度高的老年工人，也是一些最有经济效率的工人，表示他们希望在过了退休年龄后继续工作。然而，迈斯塔斯和她的同事们发现，相较于其他低生产率的同龄工人，生产效率高的工人却更有可能退休。似乎最优秀的那批工人会投票支持在退休之后继续工作，但他们自己实际上却会尽早退休，出了什么问题呢？

一方面是身体的原因，假如你拥有一份你很喜欢但对身体要求很高的工作，尽管你可能想永远工作下去，但是你疼痛的膝盖拥有最终的否决权。在这种情况下，迈斯塔斯说："那些一直赚得很多并且退休对他们来说更好的人，会尽可能早地退休"。与此同时，另外一些养老金储蓄很少的人则会继续在痛苦中坚持工作，并在这个过程中变得低效。即使对于那些伏案工作的文职人员，生理因素也会产生此类淘汰效应。我们都被告诫不要整天坐着，还有许多工作场所未能为老式办公桌提供更符合人体工程学的替代品。在我们年轻的时候，坐姿可能最终导致脊柱弯曲、循环不良、肌肉萎缩、椎间盘突出、胰岛素反应不敏感，以及更多看上去似乎没什么影响的小毛病，但当我们年纪大了，这些事情都同时发生了，这就会成为一个无法解决的问题。那些有能力退休的人会选择退休（在很多情况下，他们会直接去高尔夫球场或徒步旅行，因为他们最想做的事就是站起来四处走动）。然而，另一些人则因为别无选择而在工作中受罪。

同样的影响也会发生在即使没有实际生理意义上的痛苦，但确实会让人难受的环境之中。迈斯塔斯说："如果你的工作真的让人讨厌，或者假设工作场所中有很多紧张的政治或人际关系，那么你就不太可能愿意待在这样的环境中。"如果某份工作不能为家庭照料者提供特殊安排，或某些人"有健康问题，希望自己的时间安排能够稍微灵活一点"却无法修改日程表，那么也会出现同样的问题。对于正在从事自己不喜欢的工作的老年人而言，如果他们从经济的角度并不一定要工作，那么"停止工作对他们来说可能更有价值"。

当一份不愉快的工作或工作场所迫使更富有、经常也是生产率更高的员工退休时，那么生产率更低、更年长的员工就会被留下。也许他们的工作效率受到影响是因为他们在痛苦或多重健康问题的折磨下工作，或者他们在工作时还要照顾他人。同时，他们可能是那50%的工作效率低于平均水平的员工之一——这些员工在60多岁时无法退休，因为他们在整个职业生涯中赚的钱更少。不管怎样，当劳动力中生产率最高的成员退出时，整体生产率将受到影响，GDP增长将放缓。此外，仍在工作的年长员工发现，当今的物理环境和社会环境都是为年轻员工设计的，他们受此阻碍而无法在工作中有最佳表现，这给全体年长员工带来了坏名声。由于这个原因，再加上一直以来的年龄歧视，大量原本工作效率很高的老年人会发现很难说服任何人雇用他们，让他们扮演任何有影响力的角色。

尽管退休似乎筛除了经济效率更高的年长员工，但好消息是，有一种普遍适用的解决方案：让那些最优秀的年长员工保持愉悦，从而来留住他们。"我的观点是，留住年长员工，你将会稳赚不赔"，迈斯塔斯说，一些公司和行业可能会因此比其他行业受益更多。解决工作环境中从背部不适到超负荷的工作安排等各类问题，不仅能让优秀员工更长久地保留他们的角色，还能提高他们的生产力——这些对生产力较差的年长员工当然也同样成立。

现在，你可能在想，让老年期无痛苦地工作只是纸上谈兵，在现实世界中，人们在处理各种与年龄相关的问题时，还要面临各种与工作相关的具体挑战，要想解决这个问题就又难又不划算了。那些年长员工所面对的实质挑战，例如从事重体力劳动的老年人所面临的那些挑战，已经存在了几千年。当然，这不是一个经理或 CEO 能够轻易解决的问题。

或者，其实可以解决？

新膝盖

德国汽车制造商们面临着一个问题。制造商们需要年老的驾驶员来购买他们最昂贵的汽车，同时他们也需要依赖一群迅速老去的有经验的工厂工人来制造汽车。制造业往往比许多人所想象的更需要技术和知识，尤其是当涉及复杂或精密的工艺产品时。在汽车厂的某些岗位上，工人们依赖于如此多的专业知识，以至于他们可能拥有博士学位。在很多情况下，这类知识是无法传授的，只能通过经验来积累——比如如何避免可能导致生产线停止的错误，或者当某个组件安装完好时应该是什么感觉。据说，要想熟练组装宝马8系（BMW i8）的某些部件需要数十年的工作经验，所以，替换德国宝马工厂里的熟练老手会造成很大问题，不能简单地通过在西班牙雇用没有经验的年轻人来解决。与此同时，即使是在重复性最高的装配线岗位上，生产力的降低也与年龄无关，尽管这些岗位的工人通常需要体力，并且只需要相对较少的训练。事实上，一项关于戴姆勒装配线的大型研究显示，虽然年纪较大的员工比年轻员工犯错误的可能性略高，但在那些重大的、影响显著的错误上，他们犯的极少。结果很简单：为了让老员工继续工作，宝马、大众、戴姆勒（更不用说其他生产汽车零部件的公司，如西门子和博世等）应该做所有可以帮助他们达到这一目的的事情。

由于德国的经济在很大程度上是基于先进制造业的，德国汽车业的困境整体反映的是国家的困境。德国的劳动力正在迅速萎缩，预计到2020年年初将比日本减少得更快。部分原因在于德国的预期寿命较高并持续上升，而其出生率则降至欧洲最低。同时，由于第二次世界大战后其强大的婴儿潮比美国晚了10年才开始，截至2017年，德国仅处在其明显老龄化的开端。同时，德国婴儿潮一代所生育的孩子相对较少，这又加剧了问题的复杂程度，因此，婴儿潮带来的重要影响到现在才开始显现出来。德国联邦银行行长在2014年法兰克福举行的经济论坛上表示："由于德国的出生率几十年来一直在下降，那些本应现在考虑生孩子的一代人却根本没出生。"他引用了德国人口统计学家赫尔维希·比尔克

（Herwig Birg）的话："我们的国家就像一艘小船，划船的人数正在减少，而在未来的数十年里，老年乘客的数量还会增加。"

为了保持这艘船的适航性，德国汽车制造商已经开始尝试新的、有时是非常规的措施来留住年长员工。例如，2007年时，工厂工人的平均年龄为39岁，宝马在其丁格尔芬（Dingolfing）工厂试验了一条未来主义的生产线，该生产线是为了模拟10年后，即2017年，本书出版的年份，工厂工人的生产力。他们召集了一群平均年龄为47岁的工人，在对他们进行了大量的关于工作环境改变方面的调查之后，对生产线总共进行了70次小的改变。他们使用低冲击力的木地板来代替混凝土地板，采用轮岗制以减少重复工作带来的压力，提供了符合人体工程学的长凳和椅子，推广有规律的锻炼计划，等等。这项试验总共耗费了宝马4万欧元的资本投入和工资以用于工人车间的改造，使生产率提高了7%，缺勤率降低到工厂平均水平之下，并且生产线的缺陷率降至零。最显著的是，当试验线达到生产率目标之后，没有一个工人，甚至是最初的怀疑者，说想离开。不久，宝马在德国和奥地利的其他工厂开展了类似项目。到2011年，它已经将该方法应用于一个丁格尔芬工厂的大型新车间中，这个车间完全由50岁及以上的工人运营。该车间被亲切地称为"Altstadt"，或者叫"老城区"，占地超过一英亩半，对其投资2 000万欧元。

宝马对老员工的真挚之情不仅仅是嘴上说说而已。但越来越明显的是，一个高生产率的老龄化未来是需要付出代价的。在令人兴奋而又昂贵的劳动力解决方案中，没有比漫威超级英雄钢铁侠所穿戴的那种动力外骨骼更令人着迷的了。从理论上讲，这些可穿戴的机械手可以在减轻疲劳关节的负担的同时，数倍增强你的力量。至少从本世纪头十年开始，关于这个领域发展进程的报道已经铺天盖地，不仅在制造业和建筑业，而且在医疗和军事设施方面也有迫切的用户需求。这听起来很像围绕那类从未出现过的家用机器人助手的炒作。成本高、功能有限、技术限制以及需要用户短期内掌握新技能等因素阻碍了这些技术在日常工作场所中的应用。公平来说，有迹象表明事情正在发生变化：例如，至少有一家日本建筑公司已经开始尝试使用这种装置。然而，目前大多数工人将不得不等待他们的"钢铁侠外套"，与此同时，年轻的工人会在未意识到的情况下磨损关节，年长的工人则会因为工作中的疼痛而考虑退休。

然而，有一种数千年来支撑着年长工人身躯的低成本技术：椅子。如果工程师们不是直接改造年长劳动者的身体，模仿漫威漫画中的高科技让老化的关节重焕青春，而是去改造椅子呢？

凯思·古努拉（Keith Gunura）出生在津巴布韦，十几岁时移居伦敦，并在一家制造公司找到了工作。他的第一天在装信封中度过，第二天又去了另一家工厂的生产线，包装雨果博斯（Hugo Boss）的香水产品——他说"除臭剂、须后水和其他一些奇怪的喷剂"，听起来他所看到的盒子已经多得像是直接刻在他的视网膜上一般。那只是他的临时工作，但他却发现周围同事已经在那条生产线上工作了很多年。有两件关于老年同事的事情让他印象深刻，其中一件最明显的事情是，工作确确实实给他们带来了伤害。虽然他一开始在最需要体力的地方工作，也就是在最后阶段把经过专业包装的香水盒子放到木托盘上。但很快他就被派到生产线的中段，即盖上盒子的盖子。"我们一直站着，"他说，"有几个年长的女士在我旁边工作。"她们在这里干了很久。在午餐休息时间，"她们只是说：'哦，太难了。当我回到家的时候，我的脚、腿、膝盖都在痛'——你知道的，我们每天都听到这些话。"

"我问了自己一个问题，为什么这里没有椅子？"

在那之后,他前往英国兰卡斯特大学攻读本科学位,在那里他向一位教授提出了这个问题。答案很简单,教授说:管理者会充分利用工厂地面空间,如果每个工人都有一把椅子,将是对空间的一大浪费。此后,古努拉在苏黎世的瑞士联邦理工学院攻读机器人学博士学位,时刻带着一种要解决工作场所无椅子这一问题的模糊概念,并希望用"任何人和每个人都可以使用的全身外骨骼"来解决类似的其他许多问题。然而,他发现和许多人一样,他所加入的实验室仍在研究动力外骨骼的小细节问题,例如腿部髋关节如何摆动——这意味着还需要很长时间才能够生产出他梦寐以求的钢铁侠套装。

他在雨果博斯生产线上还遇到另一个问题。他当时被要求从生产线末端繁重的卸箱工作中转走的原因,是另一个资深的工人希望做这项有一定运动量的堆放箱子的工作。通过持续的锻炼来维持健康,这是在围绕动力外骨骼的讨论中有时被忽略的方面。偶尔穿上某种器械来增强自身力量是一回事,但每天 8 小时都依靠一个器械而非自己的肌肉来支撑身体却是另一回事。古努拉说:"如果你 8 个小时都在使用外骨骼,那么基本上就不会再使用自己的肌肉,当忽视了肌肉的功能,你会变得依赖这个系统。"

他放弃了博士课程,转而开始追寻他的答案——隐形椅(Chairless Chair)。这个想法——一个无动力的、下半身的外骨骼框架——与通常的用户主导的创新一样,很好地契合了用户的实际需求,而不是像我们这些象牙塔里的理论家一样假设大家需要什么。它去掉了导致动力外骨骼模型昂贵的所有配件,使其在进入动力外骨骼市场之前就成为一股强劲的低端市场冲击力。尽管隐形椅承受了使用者 60%—80% 的重量,但是它的主要目的不是帮助使用者的肌肉,而是通过设计使膝关节部位可以停在任何一个角度，让使用者可以随时坐在任何地方。然后，当使用者想要站起来时，弹簧式的膝关节将帮她恢复站立。这正是当我站在音乐会或者游乐园的长队里，腰酸脚疼时所渴望的发明。古努拉说："我们不是通过超级昂贵的传感器和执行器去增强力量"，他和他的苏黎世团队把外骨骼的想法压制到"最低限度，这使得我们能够实现一个简单任务——仅仅是可以坐着"。

该产品背后是努尼公司（Noonee），古努拉是其联合创始人和CEO。我猜测它对于说德语或津巴布韦绍纳语的人是否有其他意义，但是古努拉笑着说："事实上，这是一个文字游戏，'Noonee'听上去像'new knee'，就像你有了一个新的膝盖。（用了隐形椅）你也就没有膝盖问题了。"

在我写本书的时候，努尼公司已经在五家宝马、三家奥迪、两家大众的汽车制造厂里有了测试原型。总之，当产品在2017年正式推出时，一家批量购买的公司将能够以约3 000美元的单价买到隐形椅，即使与尖端市场上最便宜的一般用于医疗途径、操作笨重的动力外骨骼设备相比，这个价格也是相当便宜的，后者的价格动辄高达五万至十万美元。宝马也正在尝试一种无动力的上半身外骨骼。

古努拉很快解释说，隐形椅并不只是为了老年人，实际上公司"可以不仅仅是给年长的员工，而是给每个人配备这种设备"。他说，在你的膝盖开始疼痛之前，就应该有使用隐形椅的意识，这样会使你在之后的职业生涯中保有健康的关节。当然，这种做法的一个额外好处是可以帮助努尼公司避免可怕的"老人产品"的污名。

尽管如此，他说："我们所有的客户都集中在年长员工。"正如迈斯塔斯所说，如果他们成功地留住了这些顾客，效果将是一个"净赢"：公司将留住一些最具生产力的员工，同时避免大部分由于员工感到身体疼痛和不适而导致的生产力损失。在这个过程中，他们还得以保留一些其他的东西，如社会资本、人力资本和制度经验。

 ## 社会资本和人力资本

有时候，为了让我的学管理和规划的研究生从沉睡中清醒，我会问他们一个故意装傻的问题：什么是通用汽车？当然，那是一家市值大约500亿美元的公司。但是，这一数字是从哪里算出来的呢？无疑，这家公司拥有大量的生产工厂、高科技的机械、扳手和油布，但那些甚至还不到其价值的一半。2015年的一项研究表明，标准普尔500企业中87%的价值可归为其无形资产，如知识产权、品牌知名度、商誉以及人力资本和社会资本等——即员工头脑中所储备的技能、经验和知识，以及员工在公司内外所形成的关系和私人网络等，这些才是员工退休时公司最应该担心的损失。如果通用汽车或福特解雇了他们公司的所有工人且雇用了同样训练水平的新工人，那么他们将会发现自己完全处于混乱之中——以至于可以被视为另一家公司。正如杰里·辛菲尔德（Jerry Seinfeld）曾经就职业足球所说的那样："我喜欢巨人队（the Giants），但是当你仔细想时，会问谁是巨人队？你明白我的意思吧！"他指出，球队每年都由不同的人组成，并且球队经常从一个城市转到另一个城市，甚至管理层也会时不时地被炒鱿鱼。考虑到这一切的人员流动，球迷究竟是为了什么留下来的？他说："归根究底就是为了那身衣服"——队服。工人退休同样会消耗掉让那家公司之所以成为那家公司的东西，包括它的组成人员、它解决问题的方法，以及它与世界互动的方式。由退休所带来的最昂贵的损失可能是最不明显的。那些面对特定情况知道该做什么的人，或者与客户保持着良好关系的人，或者是在需要团队合作时知道其他部门在哪里的人，这些人在职的时候能给轮子加润滑油，但是当他缺席的时候却不起眼。当他不在的时候，工作会没有办法顺利进行，但没有人能确切地说出原因。就像曾经在 Visa、电子数据系统、波音公司和国税局担任过首席技术官的特里·米尔霍兰德（Terry Milholland）在一个关于年长劳动力的伦敦论坛上告诉我的那样，"我们不知道我们不知道的是什么"。

不仅仅私人部门面临退休危机。在 2015 年，25% 的职业联邦雇员理应退休，截至 2017 年 9 月，这一比例预计将上升至联邦雇员人数的近三分之一。政府问责局（Government Accountability Office）在 2014 年报告说，"如果问题不加以解决，他们的退休就会产生较大的关键技能缺口"。乍一看，这可能听起来像是市场可以解决的事，即员工流动到需要他们的地方，但当谈及需要数年甚至数十年经验的工作，例如空中交通管制员或机构管理者，那么在街上随便拉个人来填补空缺肯定是不可能的。为保存这种类似于政府机构运作润滑剂的机构性知识，美国国会在 2012 年颁布了一项法律，允许符合退休条件的联邦文职雇员实行"分阶段退休"，即允许半退休员工每周工作 20 小时，支付他们一半工资，另一半则来自养老金。截至 2016 年年初，该项目几乎没有什么用处，政府执行部门发现联邦政府中总共有 31 个人报名参加了这个项目——但是，实话实说，一些机构尚未制订分阶段退休计划。史密森学会（The Smithsonian Institution）在分阶段退休制度中取得领先，有 11 人报名参加分阶段退休计划。但核管理委员会（the Nuclear Regulatory Commission）只有一人签署了合约，以保护该委员会的机构知识。

私营企业解决退休所带来的人才流动问题，已经在一些案例中取得较大的成功。例如，YourEncore 是礼来公司（Eli Lilly）和宝洁公司（Procter & Gamble）于 2003 年推出的一家合资企业，是一家为半退休事宜提供咨询服务的高级职业介绍机构，为消费品、食品、生命科学行业甚至航空领域的 120 多家公司提供服务。该公司的 9 500 名专家中有 1 000 多名是宝洁公司的前高级管理人员。

但是，劳动力老龄化带来的真正挑战，并不在于我们是否可以将那些厌倦了工作场所和工作时间表（如果不是工作本身）的高价值员工与那些只是乞求挽回他们的雇主联系起来。真正的问题是，尽管整个社会都受到退休浪潮的威胁，但所有停止了工作的老年人都因缺乏有意义的工作而萎靡不振。如何说服公司雇用这些员工？员工如何终其一生来学习为应对快速变化的劳动力市场竞争所需要的技能？这两个问题的背后是最难解决的问题，即长期存在的、不可动摇的工作规则。

 ## 改变规则

当谈到企业为了留住老人而必须在工作场所中做何调整时，人们提出了一些必不可少的措施，包括减少工作时间、增加灵活性、增加病假、增加在家办公的可能性，以及营造更符合人体工学的办公环境。当企业有意去做此类调整时，行动便是一个相对简单的过程，只需通过人力资源部门发送几封电子邮件即可完成。还有一类无法通过简单的企业杠杆来影响的问题很难解决。这些问题包括如下观念：年龄越大，薪资待遇更高；年轻人无法担任老年人的上司；最重要的是，人只有在年轻的时候才可以接受学校教育。这些观点十分普遍，甚至还不会像职场上赤裸裸的年龄歧视那样遭受道德谴责，因为这就是职业市场的法则。但人们往往忽略了，这些法则也剥夺了老年人追求人生价值、获得职业报酬、为经济发展助力的机会。

同时，一些与年龄无关的因素放大了那些被人们理所当然地标榜为职业市场法则的可悲影响。其中最重要的因素是科技的加速发展，它让中老年工作者感觉自己仿佛置身于刘易斯·卡罗尔（Lewis Carroll）的《透过镜子》*一书里描绘的红皇后的国度。红皇后说："你必须要用尽全力奔跑才能保持在原地，如果想要去往其他地方，那你必须用两倍的速度奔跑！"在职场上，无论你是努力奔跑以留在原地（即获取当前职业的最新知识和技能），还是用两倍的速度奔跑以学习新工作的前沿技能，你现在做的事情都很有可能并不是你日常工作的一部分。如果你想把所有这些事情都做了，那你就得利用自己的空闲时间。就算公司为你提供了继续教育的机会，但事实是，你也很难找到时间去充分利用这些机会。无论如何，即使你的确学得了一项新技能，获得了某些证明自己智识有所提升的证书，它也并不总是意味着升职或得到招聘经理的认可。这个问题可以回溯到对于老年边界的严酷划分，就算是三十岁左右的人群也无法像大学毕业生那样具备十分确切的职业标识："嘿！我在这里，我有资格，我准备好工作了。"相反，大多数负责招聘和晋升的人员依靠直觉来判断对方是否适合这个岗位。

同样重要的是去判断这个人期望的薪水是否高于这个职位的价值。

---

* 英文原名是 *Through the Looking-Glass*：*And What Alice Found There*，译为《透过镜子的爱丽丝》或《透过镜子》，是《爱丽丝梦游仙境》的续集，作者是刘易斯·卡罗尔。在该书中，爱丽丝在镜中奇遇里经历了从一个白色小卒到红皇后的转变，小说是在英国农业文明向工业文明转型这一社会历史语境中完成的。——译者注

很多时候，如果是入门级的工作，或是将老年人放置于年轻人的管理权力之下的工作，经理们往往不会自找麻烦，他们会选择雇用一个感觉合适的人，也就是一个年轻人。我甚至无法责怪他们在这种职场潜规则下选择墨守成规。在我第一次担任管理职务时，我发现一个比我大25岁的人需要听从我的安排。刚开始感觉怪怪的，我敢打赌他也有这种感觉！好在我们都从容应对了这件事，后续的工作也顺利推进。但问题是，我们如何才能改变这种面对高龄者而感到别扭的文化期望呢？

其中一个主要问题是将资历和薪水相挂钩的期望，这在员工打算一辈子待在某一家公司的时候或许是有道理的，不过这种情况极少出现。美国劳工统计局2015年的报告显示，婴儿潮一代的人在18岁至48岁之间人均会拥有12次工作经历——每两年半就有一份新工作。现在我们换工作如此频繁而且还会转变职业追求，但问题是人们仍旧普遍认为四十多岁、五十多岁的人不适合供职于入门级的岗位，因为入门级岗位的工资水平低于其年龄资历。几乎任何渴望在职业生涯后期跳槽或在退休后重新就业的人都会告诉你，他会欣然接受低工资，但除非在面试中听到老年人说出他们很需要这份工作，而如果不说的话，这些有价值的年长员工就不会被录用。

这类招聘规则之下隐藏着一个更重要的事实：很多求职者的技能水平和职位需求不匹配。这个问题的原因很复杂，但罪魁祸首是人们总认为老年人无法学习新的技能，同时认为接受教育培训只是年轻人的特权。因此，人们传统上对晚年学习没有文化期望，也没有庆祝它的仪式。的确有针对老年人开设的夜校和职业学位项目，但只是极少数，并不是普遍存在。社会保障制度建立起来后，人们普遍谈论的是如何拥有更长的寿命，而没有人谈论在过了接受正式教育的年龄后该如何生活。

在需求没有得到满足的时候，技术和市场往往能够找到填补这一缺口的方法。例如，当人们普遍需要文化路标，显示人们准备在一生的工作生涯中都尝试新事物——包括但不仅限于老年期——最终我们会发现答案一定会出现。

在麻省理工学院的桑迪·沙玛（Sanjay Sarma）教授的办公室里，各个架子上都摆满了内燃机的模型，玻璃板咖啡桌则是由一台黑色的六缸发动机支撑的，那是他的学生们从别克汽车的垃圾场中捡回来的。他是一名发动机工程师，毫不夸张地说，他是物联网（Internet of Things）的发明者之一，他在射频识别技术（RFID）方面的成果产生了诸多影响，其中很重要的一点是它彻底改变了公司管理库存的方式。他另一个更重要的身份是教育家，他曾说："教授们总是身兼两职，一是研究，二是教育。而研究的生命力总是依靠教育体现，这就是麻省理工学院的风格。"

2000年，时任麻省理工学院教务长、现任学校校长的L. 拉斐尔·雷夫（L. Rafael Reif）教授要求沙玛帮助学院在新加坡成立一所新的大学，即新加坡-麻省理工技术研究联盟（the Singapore-MIT Alliance for Research and Technology, SMART）。在那里，沙玛和他的团队尝试了一些新的策略来改变往常的学习方式。他说："我们决定尽可能地将课程的重点放在设计上——在设计中，你可以学到很多东西，同时能够立刻明白如何去使用它们。"例如，"当学习一些抽象的概念，如'熵'，把它与发动机或其他事物联系起来进行理解不是很好吗？"事实证明，沙玛教授的教学策略进展十分顺利，SMART正在蓬勃发展，麻省理工学院的教授们在休假时也争先恐后地飞去那里。与此同时，麻省理工学院开展了一系列帮助线上学习的活动，包括著名的先锋项目——开放式课程（OpenCourseWare）。该项目从2002年开始，已经向世界各地的学习者和教育工作者提供了 2 200 多项麻省理工学院的课程。还有 MITx，它是第一个在线教育平台，后来扩展为 edX，即全球首屈一指的在线教育提供平台，MITx 为 edX 提供了技术支持和大量教学内容。2012 年，雷夫校长聘请沙玛教授担任麻省理工学院的首任数字学习主任，负责管理学校的所有数字教育工作，他也因此能够获知注册参加线上学习的人群的身份和目的。他说："首先，参加 MITx 课程的人的年龄中位数是 27 岁，这就意味着这里有一半的人口年龄在 27 岁以上。"

我问他，正在上这些课程的人是谁？

第一类是退休后想去希腊度假，为了充分享受假期而事先去了解希腊的人。这类人追求的是开阔眼界。

第二类是我所说的追求略知一二的人群。就是那些在 20 世纪 70 年代学计算机科学但想了解当前的教育学和最新的理念的人。

第三类是希望深入该专业学习的人，也就是那种初次学习编程、因为有助于其工作的人。

第四类是功利主义学习派，或许我需要一个更中立更贴切的词去描绘这个群体，虽然他们的目的并不纯粹，但在学习过程中确实包含积极的一面。

有一个关于马特·雷默尔（Matt Reimer）的故事。他是加拿大马尼托巴省的农民，利用免费的 MIT 课程自学了编程，然后用平板电脑、开源软件和航拍无人机组件，将一辆使用了八年的约翰·迪尔（John Deere）拖拉机改装成了一辆自动驾驶的农用汽车。

对于第一类和第四类人来说，资质证明并不太重要——他们更多追求的是获取和运用知识，而不是资格认证。不过对于第二类和第三类人来说，由于工作危在旦夕，因此资格证明是必不可少的。在线课程催生了各种各样的资格认证，如 edX 和其他在线开放课程（MOOCs）的组织者会给予学习者非学位结业证书，而各大学提供的在线硕士课程也会给予相应的认证。其中的一些职业技能认证，如精通某种编程语言的认证，可能会受到业界的高度认可。

但目前仍然缺少的是记叙性的标识，以一种大众普遍接受的方式，来表达那种成就感和准备接受新挑战的心态。在不提供在线硕士学位的麻省理工学院，一个全新的答案正在慢慢浮出水面。沙玛教授和他的团队，以及就在我隔壁办公室的、工作于 MIT 交通和物流中心的同事克里斯·卡普利斯（Chris Caplice）先生，合作提出发放一种新的在线证书——"微硕士"（MicroMasters）。该方案目前在供应链管理领域的课程项目中进行试点，并将很快应用于其他课程，学生可以通过完成一学期的在线课程来获得微硕士证书，这一点与其他的在线认证相似，不过不同的是，一些在其中表现优异的学生，将有机会亲自到麻省理工学院学习一个学期，然后从学校获得正式的硕士学位。（沙玛教授说，不久之后世界各地同我们合作的大学也可以接收这些学生，比如家住澳大利亚而不想离开父母到美国学习一学期的学生。）这种招生方式具有广泛的发展前景。许多竞争激烈的硕士课程项目通常会在录取大批的 20 多岁和 30 多岁的年轻人之外，只是特别录取一到两个能力优秀的老年人以显得其团队具有多样性。但"微硕士"的培养路线更加精英化，不考虑年龄，只要你足够优秀，你就可以被录取。

最开始报名参加"微硕士"课程的人大多是在职人士，选择去 MIT 继续学习以获取正式硕士学位的人可以享受到国际知名认证带来的所有益处，这一切都归功于这个为中年求学者量身打造的课程项目。如果像 MIT 提供的这种代表着教育成就的标识变得更普遍，甚至像人们希望的那样,在整个职业生涯中都有价值,那么认为老年人只拥有过时技艺的刻板印象将会消失。理想乐观的未来并不会轻易到来,一方面,有人需要为面向中老年人的持续的教育买单,但另一方面,随着新时代的到来,越来越多的中老年人会冲破年龄的边界,对于再教育的呼声和需求会越来越高。

女性论坛

新时代背景下,除了追求职业成就、探索新知,老年人追寻生活意义的另一个方式是消费,即大量购物。然而,直到最近,企业才开始意识到,应该为老年消费者(通常是女性消费者)提供各种各样的支持以满足其消费愿望。

其实这并不是一个现代社会新产生的问题,过去女性常常被认为有"高科技恐惧症",因此女性群体也常常成了被低估的消费群体,而乔迪·卢伯尔(Jodie Luber)却知道如何说服一向谨慎的公司去发掘并吸引其潜在的消费者。1996年,她和另一位合伙创始人共同开设了名为"女性论坛"的网站(WomensForum.com),与之一同建设的网站还有女性网(Women.com)和线上社区(iVillage.com)。女性论坛是互联网时代初期影响力最大的三大女性生活方式网站之一,甚至在20多年后,它是唯一的幸存者。2010—2015年,它每月的独立访问量约是4 500万人次,在卢伯尔看来这是一个非常可观的数字。女性论坛是互联网世界资历最深的网站之一,也毫无疑问是"女性生活方式"网站中的大师级网站。

在女性论坛问世之初,卢伯尔就已经窥见了市场的发展趋势,她说:

"从这个念头萌芽到筹资,都是我一个人在经营运作。"网站运行的第一阶段是在1999年,这段时间里,卢伯尔是唯一的全职雇员,兼任主编、热门博客"女孩谈话"(在她生了儿子之后更名成"母亲谈话")的作者、公司的首席新闻发言人、前台、广告推销员以及合作网站的联络人。卢伯尔说:"现在回忆起来,你可能会认为我那时候那么努力地工作是一件疯狂而愚蠢的事。"

纵观女性论坛的发展史,它并没有依赖于像谷歌关键词(Google Adwords)之类的靠点击量来付费的广告合作商(事实上网站的推出要早于2000年上线的Google Adwords),相反她们直接与广告商联系。卢伯尔说:"我们的网站有很多广告商,我们有大部分的医药品牌和所有的汽车制造商进驻,都是你期望看到的大公司,如克莱斯勒(Chrysler)、梅西百货(Macy's)、多芬(Dove)、西尔斯百货(Sears)、普瑞纳(Purina)、卡夫(Kraft)等,还有星牌(StarKist)。我们经常直接拜访品牌方及其代理商,了解他们想与女性探讨的内容。"

网站最初的反响十分冷淡,卢伯尔说:"在1996、1997年,没有公司想和我们谈合作,很多赞助商告诉我女性是绝对不会上网的,他们称网络世界不适合女性,网络环境由男性主宰,而女性没有立足之地。现在想想就觉得那种说法很可笑。我们顶着舆论坚持了下来,因为单从人口数量上看,互联网不属于女性的说法简直是不可思议。"

那时,卢伯尔在底特律与三大汽车制造商之一的营销负责人举行了广告销售会议,那位负责人十分明白女性消费者的重要性。他告诉卢伯尔:"在展厅购买汽车的大多是女性,即使是女性的丈夫要购车,在背后影响购车这一决定的人也是女性。即便如此,我们也不敢在互联网上投入大量资金来瞄准女性做营销。"

情况在20世纪90年代末发生了变化,宝洁成为第一家在网络上采用专门方式、面向女性开展在线销售包装商品的大型零售商,网络变成了和电视、广播、报纸一样的传播介质。卢伯尔回忆道,"宝洁公司的产品在网络上线之后,其他所有以女性和家庭为目标对象的品牌,包括包装商品公司、制药公司等如同雨后春笋般上线,一切都发生了巨大的转变。"这是十分令人欣喜的发展,但也并不意味着所有针对女性的网络营销方式都是明智且恰当的。最初拒绝卢伯尔的汽车制造商后来又提出合作,"我们网站为他们的小型面包车进行了一次大规模的宣传。他们之所以改变想法选择宣传小型面包车,是因为他们认为小型面包车能够吸引'女性'。这很可笑",卢伯尔说,"真的很可笑,针对女性的营销,很多公司仍存在双重标准。"

随着女性论坛网站越发成熟,其受众也逐渐成熟化。"网站浏览者的平均年龄提升了一点,这是我所希望见到的。我们很开心网站能够吸引老年女性,也很乐于见到更多的成熟女性在网络上展开交流,并分享她们的经验。"卢伯尔如是说。

就像过了很久企业才认识到网络上的年轻女性会创造巨大的市场一样,企业同样花了很长时间才明白,还存在懂技术的中老年女性。卢伯尔说:"过去,人们认为老年女性上网只是为了收发邮件。我的意思是这实际上很荒谬,我觉得我好像在给你们讲一个中世纪的故事——她们上网只是通过电子邮件给家人发送图片。"

后来,营销人员逐渐意识到老年女性是潜在的消费群体,通过网络也可以挣到老年女性的钱,老年女性也逐渐变成他们心中的理想摇钱树。卢伯尔说:"从美国退休者协会(AARP)到金融服务、信用卡、保险、健康、制药行业等,都将广告营销瞄准了她们。"一些人还意识到,老年女性希望做的可能不仅仅是整天用邮件发孙子孙女们的照片。卢伯尔一口气列出了一系列她认为在以非刻板印象的营销方式定位老年女性方面做得很好的公司：一些金融服务公司，它们向客户展示的是除高尔夫球场和游轮之外实现退休目标的其他方式；美国运通公司请老年女性考虑"您打算怎样为自己的事业融资？"；而微软则问她们"您准备如何管理您的家庭办公室？"

她说："这些公司会用毫无偏见的方式同女性展开对话。"

其中最突出的是服装品牌和零售商芝可诗（Chico's），该公司致力于为老年女性构建一个更全面的晚年生活愿景。卢伯尔在她办公室的电脑上打开了他们的网站。

女性时尚行业特别不愿意推出老年人的版本，即如果营销聚焦于老年女性，就可能会流失年轻的客户群体，矛盾的是，同时也可能会流失老年客户。卢伯尔说，如果她是典型的化妆品零售商，她可能会高度重视年龄偏大的女性客户，因为"她们是我能指望的稳定回头客，而不会像保姆一样只是偶尔在周末消费20美元"。然而，这类公司的营销工作一直瞄准18—25岁的女性，因为没有哪个时尚品牌愿意背负年龄歧视的污名。卢伯尔说："企业可能会将老年女性定位为'次等受众'，但实际上她们是优质客户，能产生可观的收益。"

与其他企业不同的是，芝可诗并没有采取将营销重点放在年轻女性身上从而达到间接在老年市场宣传的方式，而是直接在老年市场进行宣传营销。卢伯尔指着她的电脑屏幕，电脑上满是喜气洋洋的女性的图片，她说："芝可诗是一家非常有趣的公司，它的模特年龄较大，虽然都是五十多岁甚至更高年龄的女性，但是她们都很美。"她滑动鼠标，一个又一个优雅的女性从电脑屏幕上闪过。"穿着这些衣服，她们活在当下。"

卢伯尔翻到一个特别引人注目的城市场景，停了下来说："她看上去是要去吃晚餐，或者是要去参加一场会议，也许两者都会参加。'一个行囊，一个在纽约度过的周末'——照片的标题是这样写的。她们一直在旅行，一直在忙个不停。"

51岁的卢伯尔说，几年前这个品牌还没有表现出像现在这样温文尔雅的风格。那时，"它的上衣设计得更像土耳其式长衫，或者在弹力裤上搭配宽松的衬衫……但是现在，这个品牌更时髦了。"当然，老年女性只要花钱总是能够买到现代的时装，但在大型的成衣零售商场中，这类商品明显供应不足，同样，老年女性也不在品牌的大规模营销范围内，这些都妨碍了老年女性追求时尚。这意味着在成年人的眼中，晚年仍追求优雅的人仅仅是少数，而不是常态，就像卢伯尔所说的："就像我在所有杂志里所看到的一样"。当老年女性的形象罕见地出现在市场营销宣传中时，几乎从来不会给人以优雅或成熟的感觉。相反，老年模特历来只会被用来代表一件事：年老，以及由其衍生出的所有负面的老年观。

卢伯尔说，长期以来的营销策略都没有做到一件很重要的事情，那就是"把性或者性感加入其中"。几个世纪以来，人们都认为老年人，特别是老年女性的性行为在某种程度上而言是异常的，甚至是可恶的，这种观念一直抑制着老年人的幸福。在时尚营销领域，性吸引力几乎是每一个成人模特的先决条件，行业对老年模特性感的否定和不合理的对待显而易见，让人倍感苦恼。这并不是说，老年人或者其他人感觉到在被迫以一种特定的方式行事或着装。人到老年，真正的自由，应该包括自由地装扮自己，无论别人怎么说，我也绝不会提出与此相反的建议（卢伯尔也不会这样做）。然而这些时尚品牌拒绝像对待其他人一样对待老年人，这就限制了老年人追求这种自由。性是许多人生活中必不可少的，但在这个过程中,他们却将老年人的性塑造为怪异的、滑稽的和不寻常的。当你停下来思考的时候,可能会觉得难以相信的是,老年人并没有那么讨厌性爱。事实上,他们经历的远远多于年轻人,但人们总是觉得老年人可能会在性亲密中找到一些正面生命意义的想法是不可思议的。事实上,当你读到这里的时候,你很有可能会心一笑。问问自己为什么吧。其实这并没有生物学上的根据,真正的罪魁祸首是我们由来已久的文化灌输和刻板印象。芝可诗通过推翻现有的老年观,使用老年模特来代表一种全新的、豁达的、有追求的——是的,且性感的——生活方式,从而掀起了一场静悄悄的时尚革命。实际上,这是在抗议老年女性应该趋于保守的陈旧观念。

尽管如此,我还是想知道芝可诗对外表的关注是否会带来一种不愿承受的压力。正如卢伯尔所说:"从10岁左右开始,你就有了追求美丽的压力"。在营销和娱乐领域,企业会告诉女性:"你做得还不够,你不够瘦,不够漂亮,有人比你更好……你完全做错了。"芝可诗是卖漂亮衣服的品牌,它永远不会抛弃顾客应该花钱去追寻美的观念。不过,该品牌正通过自己独有的尺码系统展现出一种接受多样美的重要姿态。从理论上讲,与传统的0—22的尺码相比,该系统的评判性内涵更少。卢伯尔说:"这不是告诉顾客'你做错了',相反,穿不同尺码衣服的人都可以是非常时尚的。"

让老年期看起来更美好

芝可诗、宝马和其他品牌只是迈出了第一步。在未来的几年里,随

SEVEN 7
追求幸福

着老年生活意义的实现途径越来越多,所有人讨论的与老年相关的话题,都可能将是老年人正在做的令人震惊、甚至是令人害羞的新事物。对经济状况一无所知的批评者将会不可避免地指责老年劳动者抢了年轻人的工作机会。也有一部分人会对蓬勃发展的老年色情产业感到震惊——该行业已经在日本蓬勃发展。许多人会想知道,为什么奶奶们似乎不再穿得像奶奶,而且无论是在线上还是在线下,她们为什么变得如此直言不讳。

对年轻人而言,未来第一次变得富有吸引力,但他们很可能会在这一连串的诧异和"丑闻"中迷失方向,这是他们需要应对的问题。就目前的情况来看,他们根本不相信拥有一个美好的晚年是可能的,而且值得为之奋斗。从自身见闻和媒体报道的有关晚年生活的有限了解中,他们明白了与亲密的家人及朋友交往是社会唯一认可的实现老年期生活意义的途径,他们也明白了即使有合法而薄弱的经济来源,也可能不够支撑生活。除了学习过社会情绪选择理论的学生,中年之前的年轻人很少会明白,总有一天,人的目标会发生改变;也总有一天,只有三五契合的朋友留在身边。当前的老年观都将老年人视为接受者,而非工作或文化的生产者,结合上文的误解,大家自然会认为老年期将暗淡凄凉。

年轻人基本不愿意为他们的老年期做储蓄,通过这一行为就可以知道他们对于老年期的认识。尽管年轻人的储蓄比人们普遍认为的要多——20 岁年轻人的储蓄率从 2013 年占收入的 5.8% 上升到 2016 年的 7.5%——但根据大多数传统的衡量标准,他们对未来的准备仍然严重不足,他们的储蓄率需要达到工资的 15% 才能有一个较为舒适的晚年生活。公平而言,这种风险可能有些言过其实。如果 2062 年的生活和 2017 年的生活相比发生了很大的变化,就像今天的生活之于 1972 年一样,那么当今 20 岁的年轻人未来将面临的"退休"也可能和现在截然不同，需要的经济准备也不一样。不过，面对不确定的未来的最好方法是做好准备，所以当下年轻人的储蓄偏低仍然令人担忧。有一些他们无法掌控的外部重要原因导致了储蓄率的低下，如沉重的学生贷款债务、高昂的住房成本，以及对于年轻求职者来说经济衰退而复苏乏力的现实。但是就像未来感觉还很遥远，未来老年生活的起伏变化也难以捉摸，甚至可能会比现在更糟。正如劳拉·卡斯滕森笑着对我说的那样："我们告诉人们，你真的要存更多、更多、更多的钱，才能支付得起养老院的费用，哇，不知何故，人们就是不为所动。"这种对未来的消极而模糊的想法对当下产生着深远的影响。例如，雇主越来越不愿提供退休金计划（只有43%的没有退休金计划的千禧一代在坚持存钱），退休金计划往往是第一个被砍掉的选择，原因是长期储蓄只是低优先级，对于年轻工作者而言，比这个更迫在眉睫的问题是薪资、医药费和医疗保险。

与此同时，年轻人更看重当下的经历，而不是模糊的未来，我们很难去责怪他们的选择。尽管他们的长辈会为他们在电子游戏、平板电视和餐馆上产生的花费而感到恨铁不成钢——千禧一代在外出就餐上的花费比其他任何一代人都要多——但转念一想，他们选择的是在这个即将到来的周六吃早午餐，而不是假设40年后再吃早午餐，也就不觉得有多么奇怪了。为未来或许不会到来的一顿饭存钱，或者为未知而陌生的自己享用的一顿饭存钱，相比之下，那些温暖的比利时华夫饼似乎是更可靠的投资回报。

不幸的是，如果我们继续偏爱现在而不是未来，结果将既不温暖也不愉快。如果每个人——无论是青少年，还是希望在75岁时就死去的知识分子——都认为不值得牺牲短期利益来为老年生活做准备，其结果将是灾难性的：大量不健康的老年人将完全依赖公共保障。

然而，随着实现晚年生活意义的新途径的开辟，人们对未来的期望也会发生变化。年轻人可能会看到他们的父母和祖父母从事有意义的工作和志愿服务，他们可以通过时尚来表达自己，通过教育来拓展自己的思想，体验新的娱乐形式，并对公民生活产生强烈的兴趣。他们可能会意识到现在的自己和未来的自己有更多的共同点，而不是像曾经想象的那样。

在这个过程中，年轻人将会突破障碍去理解生命的最后8 000天。破解老年人的心理之谜将减少代际隔阂，并可能激发年轻人在经济、情感和健康生活方式上给未来的自己投资。如果年轻人和中年人开始觉得存钱和积极照顾自己的身体不是家庭作业一般任务性的存在，而是充分意识到了其重要性，那么公众最终承担的人口老龄化的成本可能会比末日论者估计的要少。

关于年轻人就说这么多吧。改善老年生活最重要的是要认识到一个简单的事实，变老是件好事。如果被赋予生命、自由和各种通往幸福的清晰道路，晚年生活将比以往任何时代都更加充实。它不会让人觉得是中年生活的低配版，也不会让人觉得是第二个童年，而更像是一种独立的、有价值的存在状态。人类智慧赋予我们的最伟大成就——长寿的边界，将随着我们用来纪念有意义的时刻、成就和新方向的文化路标而绽放。如果我们能够在老年时追寻目标和抱负，那么我们是否也可能参加裁员派对、空巢庆祝活动、微硕士毕业典礼，甚至离婚派对？葬礼通常被称为"生命的庆典"，我认为现在我们正处于学习如何在有生之年应对老年生活的重要时刻。

从20世纪五六十年代开始，作为对伴随着退休和年龄而来的地位和机会的丧失而提供的安慰奖，老年被赋予了"金色年华"的概念。在接下来的几十年里，我们大声疾呼，希望得到这种生活愿景中所承诺的放松和休闲，并不是因为它与老年人的需求一致，而是我们认为理当如此。我们现在所面临的更好的老年生活可能看起来很相似——当然听起来是金色的——但实际上却截然不同。感谢技术的进步，企业愿意认识到老年人需求的重要性并准确定位，以及最重要的是，婴儿潮一代的人口规模、价值观和掌握技术的能力，都推动着老年人本身去发生转变。你不再需要为年老而获得安慰奖，更好的事实是：你会愿意变老。

8

老年经济的意义与遗产

身处老年经济浪潮中的每一家企业，都有可能在马斯洛需求金字塔的各个层级找到机会，从帮助人们降低血压的药物，到各种科技和时尚的尖端产品。无论针对的是哪种类型的需求，这些商业机会之所以存在，都归功于同一个过程，即传统老年观所认为的老年人的需求，与老年人作为消费者的真正需求之间不断扩大的缺口。截至目前，我已经描述了从身体层级到更高层级的需求所带来的机会。针对身体层级需求的企业，一定要摒弃这样的想法，即认为老年人不过就是一堆需要解决的医疗问题，而是要优先考虑他们的目标和渴望是什么。同时，那些针对更高层级需求的企业可以通过为老年人提供实现意义的新途径来与其建立一种新型的、良性的关系。

在马斯洛需求金字塔的最顶端，也有着类似的机会。但如果你的想法还仅局限于目前的老年观，你就容易错过这些机会。在消费者们竭其所能去满足自己的需求和渴望时，他们并没有停止生活——也不会停止消费。甚至对于那些幸运的且有足够能力来使自己安全、健康、被爱包围、受人尊重的人，仍然还有更深的动力在驱动他们。马斯洛认为，这些幸运的、有能力的人自然会致力于获得一种他称为"自我实现"的东西：一种现实生活中的启蒙，去实现一个人的全部潜能。他在1943年这样写道："在某人身上，它可能表现为渴望成为一个理想的母亲，在另一个人身上可能表现为成为运动员，或者画家，或者发明家。这种趋势可以被表述成一种渴望，成为一个越来越丰富的自己，成为一个人所能够成为的全部。"

在马斯洛提出这种想法之后的数十年间，商业领域一直在竭尽全力通过管理和营销将其付诸实践。例如，正是在马斯洛的自我实现的感召下，艾耶父子广告公司（N. W. Ayer）才为美国陆军创造出了那句"一切皆有可能"（Be All You Can Be）的长期使用的征兵标语。人们认为征兵所面对的青年人中有一部分人是渴望寻找生命的方向的，而部队能为其提供一张直达金字塔尖的门票。然而，至少如马斯洛最初所预想的，自我实现事实上并不属于芸芸众生中的每一个人，而只属于那些幸运的少数人。他认为只有极小一部分人能实现这种少有的境界：可能也就是千分之一，且都是在中年以后。他因此推论，真正的自我实现者是极其罕见的，且"不循规蹈矩，远离大众普遍接受的伪善和谎言，并且在社会生活中格格不入"，以至于"他们时常感觉自己像身处异国的间谍或外国人，举手投足也和他们一般"。

而这会带来一个麻烦，那些为数不多的自我实现者，带着几分鹤立鸡群和一切皆可控的得意走在大街上，确实听起来很令人羡慕，但是我们这些剩下的人怎么办？当我们逐渐变老，我们就一定要去忍受因没有成为最好的自己而失望所带来的刺痛吗？这种悲凉的前景不仅在个人层面上令人压抑，它还同时削弱了企业去帮助顾客朝着马斯洛金字塔顶端前进的动力，因为人们认为能成功的人寥寥无几。

EIGHT 8
老年经济的意义与遗产

令人欣慰的是，还有其他一些方式来看待最高层级上的动机，特别是当把年龄放进这个方程里时。劳拉·卡斯滕森的研究表明，即使不把每一分潜能发挥到极致，获得最大的成就，我们仍然可以而且确实也还在追求我们自己所定义的意义——通过我们自己设定的目标、活动，以及人际关系。这个结论很振奋人心，有两方面原因。第一方面，即使我们大多数人都没有摸到自我实现这张牌，还是有很多人在生命中找到了意义。第二方面与商业关系更加密切：目前这个市场尚未被充分认识到，因为用传统的眼光来看，他们都是没有什么需求的人，然而正是这样一群人想要赋予生命意义，愿意为能传递意义的产品买单。

这股动力，以及与之密不可分的想为自己留下一段积极正面的传奇的渴望，几乎就构成了一个最为广阔的、未被开辟的老年经济的前沿。然而，这块领域很快就会被人们踏足。已经有一批先驱者开始勘测地形：四处看看，插上小旗，将曾经荒凉的土地称之为家。

其中一位先驱者就是乔迪·卢伯尔，她是女性论坛的共同创始人，同时也在波士顿大学辅导初期创业者。2016年12月的第一个夜晚，她在波士顿大学 Hillel House 举办的一年一度的光明节庆祝活动 Latkepalooza 上担当一个评委小组的组长。在这栋建筑的三楼，有一个餐厅，横跨流经麻省理工学院西校区的即将结冰的查尔斯河。在这里，聚集了身着节日盛装、蘸着奶酪和苹果酱吃薯饼的大学生们。一名教职人员穿着一个四四方方的大盒子，像个蓝色的陀螺一样在大厅里漫游；学生们的盘子里盛满食物，四处躲避着教职人员盒子状外衣上的棱角。

除了供大家享用的薯饼，还有三份学生制作的美食来供评委打分：一份声称不含麸质，另一份是由苹果块做成的，还有一份看起来更像是炸果饼。这些食物并不是那晚唯一被重点考察的东西。就在一小时前，卢伯尔启动了她新的网络公司，犹太厨房（TheJewishKitchen.com）。

卢伯尔成长于一个烹饪世家。她的父亲在布鲁克林市镇公园附近的一个东正教社区开了一家犹太百吉饼屋。她在那里度过了无数个周末，帮忙打杂。"他了解他的顾客；他做的东西无可挑剔；队总是排到了门外，"她说，"他给每一位顾客都起了昵称，比方说有一个人总是把大蒜瓣弄到自己的胡子上，然后有难闻的味道……当他走进饼屋时，我爸爸就会说：'屏住你的呼吸——十点钟方向，北风'"。她停下来，看看大厅的四周，"我喜欢这种民族味十足的感觉"。

大学毕业之后，卢伯尔第一次开始独立生活，她意识到自己需要学会做饭。这本该是件轻而易举的事，但是她家里从来没有人曾把菜谱写下来。她给家人打电话，例如在佛罗里达的奶奶，请教如何做她最爱吃的甜酸肉丸子，但是她所得到的指导都很难懂。卢伯尔后来在她的犹太厨房网站上回忆道："让她教我如何做肉丸子就好比用电话开着免提教我如何切除病人的阑尾，我在手术室，但我从来没有上过医学院，而教我的人正在圆石滩高尔夫球场的第18个球洞。"除了她家人们的这些难以上手的指导——"我怎么知道什么时候洋葱好了？""哦，你一看就知道了！"——还有一个难题，每一道菜谱的背后都有上一代人的故事：卢伯尔正在学习这些他们所发明并享用的食物。

时光飞逝，卢伯尔创立了女性论坛。当女性论坛获得了第一轮融资时，她迫不及待地想要告诉她的父亲。于是她给父亲打了一个电话，让他把传真机打开。"我把这笔投资电汇的收据传真给他，一个7带着一连串的0，我父亲当时说'你先等等，七百万。'我问他：'你在干嘛？'他说：'我在算我得卖掉多少百吉饼！'"

四年前，她的父亲去世了。"我的心都碎了，于是我想自己必须做点

EIGHT 8
老年经济的意义与遗产

什么去抓住这些伴随我成长的点点滴滴,这些和我疯狂的家庭及父亲的食谱一起发生的故事。"但至于具体做点什么,她并不知道,直到2016年夏天她来到位于曼哈顿西侧的雅各布·K. 贾维茨会议中心(Jacob K. Javits Convention Center)。她打算找一些能在女性论坛上展示的东西。逛着逛着,她看到一个展台,销售各种犹太商品,包括精美的亚麻制品和纸巾环。于是卢伯尔开始和对方聊起曾经见过的犹太新年时布置餐桌的各种摆设。这时另一位站在她身旁的女性突然也兴致勃勃地加入了她们的对话。这场聊天于是越来越热闹,参与的女性也越来越多,后来一共有五个人。很快她们还纷纷拿出了手机,里面满是各种节日餐桌和食物的照片。"你想看怎么布置餐桌?你看看这个!""不不,你看我这个!""你那个不是犹太新年的——等等,我来给你看看什么是过犹太新年时的装扮。"卢伯尔还记得,其中有一个人展示了几十张同一个桌子的照片,那个桌子被装扮得简直就是要去招待一个州的人共进晚餐。她们还讨论着自己做白面包、库格尔布丁和石榴蛋挞的秘诀,以及她们的母亲和祖母是怎样教她们的。突然在那一刻,卢伯尔意识到,没有任何一个人是在试图向另外一个人推销什么东西。她们完全就是在纯粹地,热切地——对,还带着几分竞争的意识——分享我的家庭是如何做这个东西的;我们一直以来都是如何做的。

"很显然,这已不仅仅是关于食物本身了,"卢伯尔说。她那天所遇到的这群人想要分享的已经不再仅仅是食谱和装扮餐桌的技巧,她们想要分享的是故事。

而为了实现这一点,这群人已经出乎意料地开始使用智能手机的屏幕了。她们自己都没有意识到这有多么重大的意义:不再仅仅是传递信息,更是以此来分享家族的传统,以及每一道菜背后的故事。这是一个带头用户创新的绝佳案例——如果你不与这群 50 岁以上的女性心中所想步调一致，其实很容易忽视掉这一现象。可是，卢伯尔说："我找到了 20 年前开始和别人讲女性论坛时的那种感觉——那种后脊梁骨一激灵的感觉。"据她所了解，世界上还没有哪种在线服务能为她所观察到的这种沟通提供便利。

于是她自己创建了一个：犹太厨房。网站从一开始建立就明确地要围绕故事展开：用户可以上传食谱，但是与传统食谱网站的页面相比，空间更多地是留给了背后的故事，而不是如何一步步把菜做出来。更重要的是，用户可以上传他们自己或他们所爱的人做饭的视频——并且可以一边煸炒着蒜蓉，一边对着镜头说话。

"现在我正在为光明节做薯饼，"卢伯尔说，模仿着一位犹太厨房的供稿人。"现在我正和女儿一起做果酱甜甜圈。现在我们正在做库格尔蛋面派。哦，你还不知道什么是库格尔蛋面派。这就告诉你一个最正宗的做法。"

通过和一群人在贾维茨中心聊家庭的传统和食谱，卢伯尔感受到，"我知道我击中了这个点，因为有时人们想要记录某些东西，而这些东西他们永远都不会去拿笔记录下来的。她们不会去问她们的妈妈，她们的姥姥，以及她们的姨妈。她们只会在需要食谱的时候打一通电话，然后记在一张便签上，粘在某个文件夹里。但是她们不会从她们的家人们那里获得食谱，而且还有很多早已失传了。"

犹太厨房正是给这些与食谱密切交织在一起的情结、民间习俗、趣闻轶事及家庭记忆提供了一个永久的线上家园：一个一站式的烹饪记忆图书馆。这家网站如今已经满是让人口水直流的照片，我一看就停不下来。而网站本身已经跻身于为老年经济创造意义的前沿。我之前所提到

EIGHT 8
老年经济的意义与遗产

过的一些公司,例如宝马和芝可诗,也都正在开辟新的路径来实现老年时期的意义。甚至这些犹太厨房的供稿人所使用的手机和电脑都可以被认为是这类路径:科技自身并不与生俱来就拥有意义,但是可以帮助其使用者获得那些有意义的东西。以这种模式运行的商业就好比一个收费站,背后是一条充满吸引力的、四通八达的高速公路,尽头则是那些美好的事物。然而,随着更多的此类高速公路的建立,另一种产品随之出现。犹太厨房只是这类产品的早期案例,它提供的并不是通往意义的道路,其本身就是一种有意义的体验。

或者确切说来,只是其中一个版本。卢伯尔的公司,尽管富有前瞻性,仍然坚实地扎根于家庭——在目前的老年观中,这是为数不多的、老年人能够通过践行内心渴望去追寻意义的生活领域之一。(另一个更加著名的售卖意义的公司是族谱网(Ancestry.com),它帮助订阅者追根溯源,了解其家族史,画出家庭族谱,以及提交DNA样本来进行家庭族谱的测试。)

在家庭范围之外,绝大多数有意义的终端产品只会在新的通往意义的路径被创造出来之后才会出现。然而,有一个值得关注的例外。从远古时代开始,老年人就非常重视遗产,目前市面上也已经开始流行为子孙后代留下先辈名字和事迹的产品。例如,得益于亚马逊这种科技巨头提供的工具和分享平台,自助书籍出版行业近年来发展迅猛,它同时也在很大程度上得益于老年人想把自己的思想和回忆都写下来这样一种愿望。在一家为客户提供定制印刷服务的大型网站Lulu.com上,17%的用户据说都是老年人,而美国最大的自助书籍出版商作家方案公司(AuthorSolutions)的用户中,大约50%都是老年人。还有其他一些价位更高的产品,都是用来留下鲜活的记忆的。大学就尤为擅长把这种遗产包装成卖点，例如，用一些人名来命名名誉教授的头衔、纪念碑，以及建筑物。

但是这种留下某种具体纪念物的愿望，不管是一本书也好，还是一栋楼也好，只是这种传承期望发挥影响的方式之一。更为常见的是，人们只是想要为曾经帮助过他们的社区做些回报，并且无论以何种形式，他们都希望把自己所带来的改善流传下去，成为自己的遗产。这种想法与劳拉·卡斯滕森的社会情绪选择理论十分契合。卡斯滕森认为在生命的前半段，我们有一种强大的动力，用知识、技能以及这个社会所能提供的所有资源填满我们的大脑和口袋。"你从文化银行中支取医疗、教育以及所有在我们出生之前就已被了解的、存储的和建造的东西。"到了生命的后半段，我们开始有机会来反哺这些东西。"后五十年是你用来回报的阶段；你为未来一代又一代人的银行投资……你改造文化，做出贡献，使世界得以不断进步。"

进行这样的反哺会使人感受到极大的意义。而且更关键的是，不同于大多数家庭领域之外的通向意义的路径，慈善和志愿行为代表着一种获得满足感的即时的、社会认同的方式。提供这种机会的组织需要下功夫来了解社会情绪的选择如何影响老年人决定在什么时候以及用什么方式来回报。比方说，你经营着一家为低收入人群提供住房的非营利性机构。你可能会认为你的产品就是房子，但实际上你销售的是一种机会，它使你的志愿者们通过付出时间和努力来获得意义并体会到成就感。研究显示，如果志愿者活动一直就是其以往生活的一部分，那么这样的老年人更有可能去进行这种交换。根据卡斯滕森的理论，这也是能解释得通的。在我们年轻的时候，我们发现什么是有意义的事；等我们老了，我们就会基于这些认知来支配我们的行动。如果你所在的机构想要寻找

老年经济的意义与遗产

老年志愿者和乐善好施的人，你们当然会直接去寻找老年人。但是你们也可以试着从更早的时候就开始接触他们，在他们更年轻而且还在寻找什么是有意义的事情的时候。这样，当他们逐渐变老，开始寻找反哺的方式时，就自然会回来找你。

然而，回报也只是未来老年人获得生命意义的很多种可能方式之一。需求金字塔顶端的商业机会的版图还尚不明晰，因为我们尚不知晓明天的老年人将会以什么方式或者在什么领域追寻生命的意义。从这个角度来说，目前这些追寻意义的产品的未来，和各种期待着能满足不同需求层面的产品的未来一样，充满着许多不确定。无论你的企业在以哪种形式支持生命、自由以及对快乐的追求——抑或提供快乐本身，都很难预测在未来的日子里，需求会以何种形式呈现。

但也并非完全不可预测。预见未来需求的方式在最高的层级和最低的层级其实都是一样的：去运用最大可能的同理心，把用户的需求放在第一位，跟随带头用户的指引。

一代人的遗产

从一开始，我把老年实验室与商业领域联系在一起的原因就是十分简单的，无论你喜欢与否，商业都在很大程度上定义着大多数人的生活。你把哪里称为家、你穿什么衣服、你吃什么——这些决策都受制于商业以及政府、非营利机构所能提供的选择方案。我希望至此我们已经不用再赘述老年期人们所能拥有的选择是相当匮乏的。

商业领域已经做好了充分的准备来改变这一现状。我在整本书中都在努力表达一个观点，即老年经济代表着一个新的前沿——以及超越我们目前有限的惯例的一个机会。这个前沿自然是充满了商业机会的，但是也有可能被证明是一片死海，主要的问题在于我们并不知道那里到底有些什么。不仅由于未来的顾客到底想要什么仍是一片未知的领域，更糟糕的是，很可能有一个异常的磁场把每个人的指南针都指向了一个错误的方向。当前社会建构的老年观使每个人都坚信自己明白前进的方向，然而当少数先驱者勇往直前满怀信心地带着他们的产品踏入一片荒野时，他们很快就发现，有太多条通往失败的道路了，他们也在其中迷失了自己。现如今大家对这些风险应该已经都不再陌生了。就像一个先行者刚迈出脚步就遇到了一条无法跨越的河流而只能无功而返一样，那些对老年人来说不易上手的产品，或者不符合他们的思维习惯的产品，都走不了太远。就像一个探险者在沼泽地里越陷越深，最终只能丢掉他们的靴子一样，那些给老年期生活带来了不顺畅的感受，或者只是不那么吸引人的产品，会存活一阵，但终究难逃失败的命运。那些对老年人具有侮辱性的产品，或者与老年人内心的渴望背道而驰的产品，或者把老年人当成是一种问题去解决的产品所经历的命运，可能就像你一直在一路顺风大步向前，直到某一天被蚊子叮了一口染上疟疾。企业所犯的最糟糕的错误，可能是带着这样一种愿景进入老年经济前沿，就像传统的退休社区一样，看起来很吸引人，但可能会导致代际战争。这就好比我们发现了一个有可能定居的山谷，建造起了木屋，却发现并没有足够的耕地来养活所有人。突然间，每个人都发现自己原来站在一个只是看起来像天堂一样的地方。

说了这么多，如果让我为这些想尝试老年经济前沿的企业给出一条建议，那就是"不要相信你自己的直觉"。你的方向感可能很值得信赖，

EIGHT 8
老年经济的意义与遗产

但事实上它可能早已被数十年来并不正确的老年观所带偏。去找一位向导要好得多，这个人应该深谙已知的领域，并有能力对未知的领域做出有依据的判断。有几种方法可以做到这点。市面上有这种致力于分析老年经济市场及其定位的大公司。例如，哈特福德公司（the Hartford）及其成熟卓越市场中心（Center for Mature Market Excellence），还有泛美公司（Transamerica）及其退休研究中心（Center for Retirement Studies），就依靠社会科学家团队来检验针对老年保险和理财产品购买行为做出的各种假设。与此同时，美林证券（Merrill Lynch）也聘用了一位老年学专家。如果你的公司实在没有任何这方面的专家，也没有什么外面聘请的顾问能专门致力于以实证的眼光密切关注老年经济的变迁，你还不如蒙住双眼四处瞎转。但是，社会科学家们所能提供的焦点小组访谈以及调研也只能帮你到这一步，你只有设身处地从顾客角度看问题才能获得更加深入的了解。正如我们已经讨论过的，一套辅助你去体验老年人的感受的工具，比如"现时变老共情系统"（AGNES）可能会帮你走得更远。尽管"现时变老共情系统"目前并不提供租用或销售，但市面上有其他一些与之类似的产品，我建议各个企业选择一套来感受一下。即使它们无法完美复制老年人可能会出现的所有生理状况，这样的方式仍然有助于人们大致了解一个老年人在某个特定的空间下感受如何，或者在他们身体上使用某种产品到底感受如何。

但是对公司来说最有效的做法还是去研究它的带头用户，为了满足其自身逐渐发展演变的需求，这群用户会主动去改造产品，或者以研发者没有想到的方式来使用产品。在老年经济的未开发领域，带头用户甚至比那些向导要更有用：他们不仅能告诉你消费者目前有何需求，还能帮你辨别消费者的未来需求。你要找到这群用户，做用户调查，观察他们，向他们提问。而且如果他们是带头用户中的一群创新者，你可以考虑聘用他们或者资助他们的项目。不用担心他们并不符合以往典型创业者的特征：年轻，男性；这些老年人、女性带头用户的见解往往比其他任何群体都更有价值。就像奥秀公司（OXO）的厨房用品那样，他们的见解可能可以使一种主要面向老年群体的产品超越其商品品类，在更广泛的市场获得成功。或者，通过把更广泛市场的某种产品应用于解决老年市场上的某个问题，他们能开发出新的有价值的使用场景。还记得萨莉·林多佛吗？她希望能在家养老，并最终找到了一种使用爱彼迎网和因斯特卡特网的新方式。在这类案例中，当成批的新用户发现了某种商品未曾预见的使用方式之后，低端市场和新生市场都会开始发生变革，呈现出新机遇。

而这也使我接下来要谈一谈老年经济前沿的最终风险了：这种变革是把双刃剑。比起在老年经济的茂密森林中迷路，唯一更可怕的事情是故步自封，根本不采取任何行动。如果你不走出门去探索，很有可能你就被甩在了后面，并且成为市场变革的牺牲品——即使你自己根本不认为老龄化与你的公司有什么关系。

尤其是你觉得老龄化与你的公司根本没有什么关系。看看四周：一个人口更趋老龄化的社会将改变的不仅仅是老年人的生活，而是每个年龄段人的生活。从孩童开始，我们很快会发现自己正在依据一套与从前完全不同的日常生活基本假设而行事。企业目前所面临的新机遇就是去定义这种新常态。这样的机遇不仅仅是从当前最富有机会的老年经济中切走一块蛋糕，还包括通过在文化上、社交上以及经济上去赋能老年人，提升其生活质量，让老年期变得更好，来做大老年经济这块蛋糕。

通过这样做，你的公司还可能有其他方面的收获。它也许能帮助婴

EIGHT 8
老年经济的意义与遗产

儿潮一代以一段华彩乐章为他们几十年来的巨大影响拉下大幕,并留存于子孙们的记忆里。

无论褒贬,婴儿潮一代以及世界上和他们同期出生的人所留下的遗产将会在接下来的几十年不断被讨论。他们的一生"毫无疑问见证了人类历史上人与自然的关系最为迅猛的转型期",这段话来自国际岩石圈—生物圈项目(the International Geosphere-Biosphere Programme,IGBP)的科学家团队,他们是一群多学科背景的致力于研究全球变化的科学家。为什么这种被 IGBP 科学家们称为"大加速"(the Great Acceleration)的变革会在婴儿潮的鼎盛时期出现?原因众多,涉及科技、宏观经济和全球地缘政治的发展趋势。但我认为首当其冲的是:在过去的七十年间,无论何时婴儿潮一代有所需求,他们都会动手去满足这种需求——从道路到反应堆,从体格巨大的 SUV 到玲珑小巧的笔记本电脑。

如果说婴儿潮一代按照他们觉得合适的样子改造了所处的世界,那他们同时也摧毁了一切他们认为不需要的东西——我所说的还不只是自然界。婴儿潮一代带着极大的偏见瓦解了的一样东西,就是组织机构在我们生活中所扮演的角色。

自民意调查公司盖洛普从 20 世纪 70 年代早期开始测量这类指标,人们对宗教组织的信心已经下滑了 25%。类似的下滑也让美国最高法院(8%)、公立学校(28%)、银行(33%)、工会(7%)、报纸(19%)、大型企业(8%),以及国会(33%)感到苦恼。在盖洛普从 20 世纪 70 年代早期开始跟踪的各种美国机构和组织中,公众只有对军队的信心在攀升——提高了 15%。

与此同时,对几乎所有类型的机构组织的参与度也从 20 世纪中叶开始直线下降。这也正是哈佛大学社会科学家罗伯特·帕特南(Robert Putnam）在他2000年的现代社会学经典著作《独自打保龄》（*Bowling Alone*）一书中花了大量篇幅论述的现象。在20世纪50年代之后的几十年间，我们不仅减少了对一些民间机构和服务性组织的参与次数，如家长教师联合会和扶轮社（Rotary Club），同时对宗教的虔诚以及宗教活动的出席次数都不如从前。由双亲构成的核心家庭在衰减，由几代人构成的大家庭的聚会次数也在减少，探亲访友的次数不再那么频繁。在社区里一起喝个小酒，小撮一顿，或者在其他各种场所小聚，现如今都只能是用来怀旧的回忆了。同样消逝的还有一辈子只干一份工作的职业生涯，以及私营部门的工会组织。在帕特南的列表上，我还想再加上两样对婴儿潮一代来说被终结了的机制：明确规定了受益内容的退休计划，以及关于退休这件事本身的文化定义。

这种趋势并非全然不好；事实上，我们有各种理由相信婴儿潮一代对社会摧枯拉朽式的改造更多地消灭了不好的事物，而不是好的事物。这些自20世纪50年代以后在反抗制度性的种族歧视、性别歧视以及其他各种形式的偏见上所取得的成就，正是由于婴儿潮这一代人，如同帕特南所述"是不同以往的包容的一代——对种族、性别和政治上的少数群体更加开放，不再向他们强加自己的观念。"但这种结果的出现也同样是因为婴儿潮一代较其父母一代而言更具个人主义精神。他们会与生俱来地废除、取缔或者拒绝去参加那些他们不喜欢的组织。

尽管婴儿潮一代掀起的瓦解机构组织的浪潮从很多角度来说是正义的，它也要付出代价——尤其是对老年人来说，他们能享受的福利并不是20世纪六七十年代年轻人心目中最重要的事情。在20世纪初及其中叶，可以毫不夸张地说那时的组织机构保证了老年期的生活是有保障的。那时，当老年人丧失了在资本主义社会中最为重要的组织——工作单位——他

EIGHT 8
老年经济的意义与遗产

们还至少可以倚赖宗教组织、兄弟会、服务性组织、退伍老兵的社团、亲戚朋友以及其他组织来支援一把。

然而，随着组织的衰落，老年期的生活就好比一块布被撕开了两个大窟窿，而且它们还会被越撕越大。这两大窟窿，一个是对食物、医疗和居所的基本需求。在大多数高收入国家，国家性的退休金计划是唯一用来防止老年人变得穷困潦倒的机制。如果缺少强有力的家庭、民间和宗教组织，就几乎没有什么其他备用方案，老年人就十分有可能滑入深渊。与此同时，在发展中国家，老年人获得的来自政府的支持相对较少，家庭以及几代人共同居住构成了唯一真正意义上的安全网。在墨西哥、泰国以及其他地方，从传统经济向现代经济的转变，使得曾经几代同堂的人们如今分散开来。当这些国家的家庭开始分解，老年人付出的代价会比所有人都高，他们会变得与世隔绝、穷困潦倒、疾病缠身，甚至无家可归。

另一个被撕开的窟窿，是曾经赋予了老年人集体感、认同感以及生活目标的机构组织。从宗教团体到保龄球队，从各种挂名闲职到家庭聚餐，这些名目繁多的各类组织和活动曾经为老年人提供了一些能将他们整合进"社会"的地方。甚至文化中关于退休的定义也使得这一简单的护篱被抽走了：在以往，尽管退休了会意味着和那些还在工作年龄的人们分离开来了，但至少这个身份还是意味着什么的。

但现在，退休什么都不意味了：仅仅是个毫无用处的称谓，以及余下的漫漫岁月。十分讽刺的是，婴儿潮一代——穷尽一生之力去打破组织、传统和固有的期望——如今却发现自己在漫长的退休岁月中迫切需要组织。

不过，婴儿潮一代还是缺什么就会造什么。这一次，他们将要建立起新型的组织,使老年生活比以往都更有价值。这些组织以各种形态出现,有基于先进技术的创新型社会组织,例如凯西从史迪奇交友网上交到的一群朋友;有经济组织,例如专门致力于投资老年创业者的基金;有社区组织,例如比肯山村。与此同时,政府机构,包括社会保障、医疗保险以及《美国老年人法》中所规定的各种保障,将发挥前所未有的重要作用。而这些还只是冰山一角,因为在可以预见的各种组织之外,很有可能还会诞生一些史无前例的新组织,尤其是当人与互联科技相遇在一起时。

但最为重要的新组织将是文化组织:好比一本内容广泛、形式全新的讲述如何走向老年期以及如何在老年期生活的指导手册。比起其他任何因素,这种新的老年观主要是基于老年经济领域涌现的各种产品所提供的证据之上的。在口头上或者用文字难以令人信服地喊几句老年人"是重要的""是社会的生产力""是资源而不是枯竭的河流",是一码事。而让一个企业用产品的形式来证明其认为老年人还有能力做些什么完全又是另外一码事。能在未来的老年经济中获得成功的产品,会把老年消费者视为有自身渴望、需求和雄心的羽翼丰满的社会成员,而不是把他们视为一场危机,或者一道要去解决的难题。随着这样的产品逐渐胜出,围绕年龄而产生的各种内涵将被重新定义。我们不再需要用一个千篇一律的老年定义来束缚本各不相同的自我。相反,这一全新的、定制的关于老年的描述将从我们作为消费者的需求中诞生出来。它会像量体裁衣一般合身。

而且,不仅足够合身,这种关于年龄的新观念还将解决另一个问题。它会使婴儿潮一代得以实现一代人都最想做却尚未做成的一件事:留下一份具有积极意义的遗产。在个人层面上,像卢伯尔这样的公司可以帮助婴儿潮一代实现这种需求，但是他们还希望自己这一整代人都能在未来被深情地怀念。而如果有那么一种万无一失的方式能保证我们留下的比带走的要多，那就是为未来的子孙们打造一个更好的老年生活。

 你的遗产

研究商业的学者们是一群实用主义者：我们会努力把庞大复杂的经济和行为体系浓缩成一些可控的和可操作的模型。但有时这些模型太小，太具体，从而难以准确地去模拟现实。就拿经济学上生产者和消费者这一组概念来说，以往将其视为相互分离的两组人的看法被证明还挺有用的——以至于很难再用其他方式来描绘二者之间的关系。我们把生产者看作圣诞老人的精灵们：勤奋工作，从不会停下来去享受自己生产出来的产品。我们把消费者想象成听话的孩子：永远接受，从不创造。但在现实中，这种区分是错误的。每一个生产者都会在下班后或周末休息时（或者在办公室偷偷摸摸上网）去购物；同时，几乎每一个人也都会在某个时刻发现自己是在为挣钱而工作。生产者同时也一直是消费者，而消费者也经常是生产者。

为了在老年经济中获得成功，企业要逐渐发现一个很重要的事情，就是去模糊这些类别的划分，意识到他们的消费者也是有能力去创造的。例如，他们能提供答案：一个典型的消费者会告诉你她有什么需求，并且一个带头用户——通常会是一位老年女性——会告诉你她未来会有什么需求。更重要的是，老年消费者很需要一些能让他们变得更具生产力的产品：使得他们不只是接受者，也能成为重新投资其经验和资源宝库的给予者。

你可能觉得很难这样去看待老年用户。我们通常从一出生就被灌输这样的观念：老年人是贫穷的、贪婪的吸血鬼，无法产出商品、服务、文化、劳力、金钱，甚至想法。

但是很快，我们就会摆脱这些陈旧的看法，去拥抱新鲜的观念。这不仅会让你在老年阶段的体验更好，而且对未来有一个良好的预期也会使你在年轻的时候感觉更好。一旦这种观念开始转变就不会停止，因为这些强大的老年用户会不断去推动升级那些真正解决了他们需求的产品，而抛弃那些没有达到这一标准的产品。到那个时候，如果你的企业不能做到这一点，那么它就极可能成为无情的自由市场的牺牲品。但是在这一过程的初期，只有那些最为灵活的头脑才能看透迷雾，捕捉到老年消费者的真正需求。正是这些人能拥有撬动这种转变的机会，并且占领老年经济的最前沿。

抛开机会不说，抛开对变革的恐惧不说，甚至抛开利他主义，还有一个你要确保自己和自己的企业参与这第一波浪潮的原因。消费者和生产者的重合是双向的。不仅老年消费者能够扮演经济生产者的角色，而且如果幸运的话，今天的每一名生产者都终将成为未来的老年消费者，这其中也包括你。无论你现在年龄多大，未来你只会变得更老，你将依然是一名消费者。

那么问题来了，将会出现一种什么样的老年生活供你消费？整个世界正面临一个严酷的选择。尽管我已经描绘了一个光芒四射、几乎势不可挡的未来，但依旧有可能会被现行的老年观带入一片黑暗，进入一个向下的螺旋，充满了紧张、放弃以及代际的仇恨。无论你的企业规模如何，你如何对待老年人将成为未来道路的分水岭。无论你选择哪个方向，你的决定都将持续产生影响，因为世界不会再变得更加年轻了。

你也同样不会再变得更加年轻了，是时候迈入老年经济并占领先机了。这样做可能会改变产品销售的方向，可能会帮助你在变革中站对位置，可能会帮助你自己创造一个更好的老年生活，在那里你可以自由和快乐地生活。最重要的是，如果你现在做出正确的选择，未来的一代又一代都会因此而感谢你。通过建设这样一个让老年人能够追逐梦想、享受快乐、做出贡献、收获意义的未来——而且，让他们能为自己留下点什么——你不仅是在帮助他们留下一份遗产，你所缔造的一切终有一天都将成为你自己的遗产。

致　谢

　　本书汇集了多个迥然不同的学科的思想，包括历史学、医学、经济学，等等。首先，我要感谢几位学者和思想家，这本书是站在他们这些巨人肩上的。他们是历史学家朵拉·科斯塔（Dora L. Costa）、卡罗琳·托马斯·德拉佩纳（Carolyn Thomas de la Peña）、卡罗尔·埃斯蒂斯（Caroll Estes）、威廉·格雷布纳（William Graebner）、布赖恩·格林（Bryan Greene）、卡罗尔·哈柏（Carole Haber）和罗伯特·帕特南（Robert Putnam），管理学专家克莱顿·克里斯坦森（Clayton Christensen）和埃里克·冯·希普尔（Eric von Hippel），技术思想家鲁斯·施瓦茨·科万（Ruth Schwartz Cowan）、罗丝·埃弗莱斯（Rose Eveleth）和诺姆·沙伊贝尔（Noam Scheiber），我的学术导师罗杰·科布（Roger W. Cobb），以及我的各位在老年研究和创新领域的同事们，包括老年思潮公司（Age Wave）的肯·迪奇特沃尔德（Ken Dychtwald）和麦迪·迪奇特沃尔德（Maddie Dychtwald）、非营利组织安可（Encore.org）的马克·弗里德曼（Marc Freedman）、米尔肯研究中心（the Milken Institute）的保罗·欧文（Paul Irving）、全球老年联盟（the Global Coalition on Aging）的迈克尔·霍丁（Michael Hodin）、美国老年学会（the Gerontological Society of America）

的格雷格·奥尼尔（Greg O'Neill）、积极老年组织（ActiveAge）的格雷戈尔·瑞（Gregor Rae），以及艾登培训机构（Eden Alternative）的比尔·托马斯（Bill Thomas）。我要特别感谢斯坦福大学的劳拉·卡斯滕森（Laura Carstensen）、阿图·葛文德（Atul Gawande）以及美国退休人员协会（AARP）的会长乔·安·詹金斯（Jo Ann Jenkins），感谢他们提供充满耐心的深刻见解和支持。

我还要衷心感谢很多慷慨地接受本书采访的人，出于隐私考虑，我隐去了一些人的姓氏，还有一些人的采访非常有影响力但最终未被纳入本书。他们是肯（Ken）、杰姬（Jackie）和克雷格（Craig）一家，斯莫克·希克曼（Smoke Hickman）、琼·杜塞特（Joan Doucette）、比尔·哈斯科尔（Bill Haskell）、乔安妮·库珀（Joanne Cooper）、凯特·霍普克（Kate Hoepke），以及"退休村"（the Villages）和"退休村联盟"（the Village to Village Network）的所有人；史迪奇网站（Stitch）的杰出用户凯西（Kathie）；丹·沙因曼（Dan Scheinman）和丹妮尔·巴比耶里（Danielle Barbieri）；马西·罗格（Marcie Rogo）、乔纳森·格鲁伯（Jonathan Gruber）、戴维·敏德尔（David Mindell）、凯思·古努拉（Keith Gunura）、赛斯·斯特伯格（Seth Sternberg）、杰西卡·贝克（Jessica Beck）、汤姆·格雷普（Tom Grape）、迈克·马瑟曼（Mike Masserman）、迪娜·卡塔比（Dina Katabi）、桑迪·沙玛（Sanjay Sarma）、妮可·迈斯塔斯（Nicole Maestas）和乔迪·卢伯尔（Jodi Luber）。

本书不仅是我面向公众的第一本书，也是关于麻省理工学院老年实验室的工作、理想和独特观点的第一本著作。从老年实验室成立至今，许多在其中学习和工作过的学生和研究者以数不清的方式影响着实验室的成长轨迹和我自己的思想，他们包括但绝不仅限于以下这些人：浅井

ACKNOWLEDGMENTS 致 谢

大助（Daisuke Asai）、艾莉儿·伯恩斯坦（Arielle Burstein）、莎拉·布什（Sarah Bush）、梅瑞狄斯·科利（Meredith Coley）、奥利维亚·达达尔特（Olivia DaDalt）、阿里·戴维斯（Ali Davis）、乔恩·多布瑞斯（Jon Dobres）、安吉丽娜·吉尼斯（Angelina Gennis）、塞德里克·哈钦斯（Cédric Hutchings）、迈克尔·艾萨克森（Michal Isaacson）、金大昆（Daekeun Kim）、卡特琳娜·科尼格（Katerina Konig）、比吉特·克莱默（Birgit Kramer）、丹尼斯·拉利（Dennis Lally）、贾斯敏·刘（Jasmine Lau）、查尔斯·林（Charles Lin）、黑尔·麦克阿纳蒂（Hale McAnulty）、约希姆·梅耶（Joachim Meyer）、丹·芒格（Dan Munger）、迪克·迈里克（Dick Myrick）、亚历克斯·纳瓦埃斯（Alex Narvaez）、米歇尔·普拉特（Michelle Pratt）、罗兹·普莱（Roz Puleo）和杰西卡·瓦格斯·埃斯塔莎（Jessica Vargas Astaíza）。老年实验室有一些杰出的合作者，包括我的好朋友迈克尔·卡弗里森（Michael Kafrissen）、罗德岛设计学院（RISD，Rhode Island School of Design）的古伊·托尔蒂（Gui Trotti）、米奇·阿克曼（Mickey Ackerman）和他们充满才华的学生们；还有帕罗机器人（Paro）的发明者孝敬柴田（Takanori Shibata）。我现在的研究团队也同样值得赞誉，他们全力支持本书的工作，不仅保障写作过程的顺利进行，也时不时地在研究方面提供帮助，这些出色的同事包括但是也绝不仅限于：戴娜·爱丽丝（Dana Ellis）、亚当·菲尔茨（Adam Felts）（他帮助整理了本书尾注）、李宰宇（Chaiwoo Lee）、我的时刻都准备着的助手亚当·洛维特（Adam Lovett）、詹娜·平（Jenna Ping）、玛丽卡·塞胡琼斯（Marika Psyhojos）、薇瑞娜·斯佩思（Verena Speth）、玛蒂娜·劳（Martina Raue）和卡莉·沃德（Carly Ward）。我要特别感谢实验室的领头人和我的老朋友丽莎·丹布罗西奥（Lisa D'Ambrosio），她负责主管实验室的社会科学研究，以及负责老年实验室中汽车研究的布莱恩·雷默（Bryan Reimer）和布鲁斯·梅克勒（Bruce Mehler），在他们关于汽车驾驶中人为因素的重要研究里，许多人提供了支持，包括希拉里·艾布拉姆森（Hillary Abramson）、丹·布朗（Dan Brown）、莱克斯·弗里德曼（Lex Fridman）、汤姆·麦克威廉姆斯（Tom McWilliams）、艾莉娅·梅克勒（Alea Mehler），等等，我想向他们所有人表示感谢。我还要感谢成千上万的志愿者和来到现场的研究参与者（以及受到线上研究打扰的参与者），包括勇敢又精通技术的萨莉·林多佛（Sally Lindover）。总之，老年实验室中的所有人在这些年教给我的东西比我教给他们的要多得多。

在麻省理工学院，老年实验室和我都得到了来自全校朋友们的巨大帮助，除了上面提到的人，还有辛迪·巴恩哈特（Cindy Barnhart）、伊万·本-约瑟夫（Eran Ben-Joseph）、玛莎·格雷（Martha Gray）、休·赫尔（Hugh Herr）、石井宏（Hiroshi Ishii）、肯特·拉森（Kent Larson）、比尔·龙（Bill Long）、达瓦·纽曼（Dava Newman）、弗兰克·莫斯（Frank Moss）、桑迪·彭特兰德（Sandy Pentland）、罗瑟琳·皮卡德（Rosalind Picard）、克莉丝汀·瑞夫（Christine Reif）、戴维·罗斯（David Rose）、尼克·罗伊（Nick Roy）、弗雷德里克·萨尔武奇（Frederick Salvucci）、汤姆·谢尔丹（Tom Sheridan）、约瑟夫·苏斯曼（Joseph Sussman）、彼得·索罗维奇（Peter Szolovits）、奥利维尔·迪·维克（Olivier de Weck）、玛丽亚·杨（Maria Yang）和克里斯·泽格拉斯（Chris Zegras）。

我要对老年实验室的内务部门即交通和物流中心的同事们表达我诚挚的感谢，当中很多人从最初就和我一起在麻省理工学院共事，他们是克里斯·凯普里斯（Chris Caplice）、埃里克·格雷曼（Eric Greimann）、玛丽·马奥尼（Mary Mahoney）、南希·马丁（Nancy Martin）、凯伦·凡·纳德佩尔特（Karen Van Nederpelt）、吉姆·莱斯（Jim Rice），以及我一直以来的助手宝拉·马格利奥奇（Paula Magliozzi）。说到这里，老年实验室的顺利运行要归功于尤西·谢菲（Yossi Sheffi），他带我来到麻省理工学院，并且对建立一个采用多学科视角和系统研究法探究老年问题的研究中心这一新颖理念充满信心，我要对尤西献上我深切和长久的感谢。在学院之外，有一些思想家、教育家和研究者对我和老年实验室的项目提供了支持，他们是朱塞佩·阿纳尔迪（Giuseppe Anerdi）、乔恩·皮努斯（Jon Pynoos）、理查德·马拉托里（Richard Marottoli）和鲍勃·斯特恩（Bob Stern）。其中，曾在马萨诸塞州综合医院工作但是已故的肯·米纳克（Ken Minaker）教给了我很多东西，人们会铭记这位老年病学领域的伟人，我也会永远怀念这位挚友。

学院之外，对老年实验室的创建不可或缺的个人包括鲍勃·麦克唐纳（Bob McDonald）、霍勒斯·迪茨（Horace Deets），以及我亲爱且特别的朋友维基·谢泼德（Vicki Shepard）。由克里斯·斯威夫特（Chris Swift）所领导的哈特福德（The Hartford）在过去以及将来对于维持老年实验室的运行都至关重要。老年实验室在哈特福德财产和意外保险事业群内的朋友包括玛丽·博伊德（Mary Boyd）、贝弗·海因斯-格蕾丝（Bev Hynes-Grace）、辛迪·海利亚尔（Cindy Hellyar）、莫琳·莫德（Maureen Mohyde）、乔迪·奥尔谢夫斯基（Jodi Olshevski）、雷·斯普拉格（Ray Sprague）和贝丝·特拉克顿-毕晓普（Beth Tracton-Bishop）。在哈特福德基金，我们的朋友包括约翰·布伦南（John Brennan）、吉姆·戴维（Jim Davey）、唐·迪尔（Don Diehl）、比尔·多赫蒂（Bill Doherty）、埃里克·莱文森（Eric Levinson）、杰克·麦克莱恩（Jac McLean）、马蒂·斯旺森（Marty Swanson），以及我坚不可摧的朋友约翰·迪尔（John Diehl）。另外还要感谢美林证券（Merrill Lynch）的苏里亚·科鲁里（Surya Kolluri）和安迪·西格（Andy Sieg）；利宝互助（Liberty Mutual）的泰德·考特尼（Ted Courtney）和亚当·莱塔利安（Adam L'Italien）；美国教师退休基金会（TIAA）的罗杰·弗格森（Roger Ferguson）、贝茜·帕尔默（Betsy Palmer）和康妮·韦弗（Connie Weaver）；活力健康（Tivity Health）的多纳托·特拉穆托（Donato Tramuto）；丰田（Toyota）的查克·古拉什（Chuck Gulash）；慕尼黑工业大学（Technische Universität München）的克劳斯·本格勒（Klaus Bengler）以及泛美公司（Transamerica）的布莱恩·福布斯（Brian Forbes）和戴夫·保尔森（Dave Paulsen）。

除了以上提到的这些名字，我还要感谢 EG&G 和美国联邦政府的同事，特别是沃尔普国家运输系统中心（Volpe National Transportation Systems Center）的同事，是他们将我第一次引向了老年研究领域。推动老年研究进一步发展的重要团体包括可口可乐、西维斯健康（CVS Health）、戴姆勒、电装（DENSO）、电子数据系统公司（EDS）、菲亚特、福特、谷歌、葛兰素史克、本田、摩根大通、强生、万通、每食富（MasterFoods）、蒙纳（Monotype）、新百伦（New Balance）、日产、松下、百事公司、宝洁、保诚（The Prudential）、雷蒙德·詹姆斯（Raymond James）、斯巴鲁、太阳信托（SunTrust）、丰田、泛美公司和美国运输部。

所有这些实体中我最想感谢的是美国退休人员协会，它从一开始就为老年实验室提供了重要的支持。我衷心感谢我在这个崇高组织中的许多朋友，包括但不限于乔·安·詹金斯（Jo Ann Jenkins）、玛莎·布德罗（Martha Boudreau）、凯文·唐纳兰（Kevin Donnellan）、拉里·弗拉纳根

（Larry Flanagan）、斯科特·弗里施（Scott Frisch）、南希·里蒙（Nancy LeaMond）、辛迪·勒温（Cindy Lewin）、莎拉·米卡（Sarah Mika）、丽莎·马什·赖尔森（Lisa Marsh Ryerson）、南希·史密斯（Nancy Smith）、黛布拉·惠特曼（Debra Whitman），我在美国退休人员协会董事会的成员同僚以及所有其他帮助我将建立老年实验室的梦想变成现实的好人。

在个人层面上，我要对我的经纪人苏珊·拉比纳（Susan Rabiner）为将一个简单的概念变成一本有形的书所付出的辛勤工作，以及她在此过程中提供的许多深刻见解表示深深的谢意。她的主意中最重要的也许是将这个项目推销给约翰·马哈尼（John Mahaney），我在《公共事务》（*Public Affairs*）杂志时约翰·马哈尼成为我的编辑，他对本书结构和论点的密切指导和宝贵思想对最终成书起到了至关重要的作用。关于本书的创作，最重要的是，我想再次感谢我的合作者卢克·尤昆托（Luke Yoquinto）。

虽然一般来说感谢的是人而非机构，但麻省理工学院值得特别感谢。麻省理工学院的社区和创新精神为新的（通常是狂野的）想法的发展和严格的实践检验提供了独特的肥沃土壤。在这个特殊的地方，研究人员、学生以及那些"现实世界"中的人们之间的偶然碰撞使我和我的团队得以探索将来的生活。

毫无疑问，在麻省理工学院以及其他地方，还有许多的人和组织值得被感谢：研究人员、访客、同事、学生、朋友、各行各业的实体，等等。如果您是其中之一，而您的名字未出现在本致谢中，请接受我深切的歉意和感谢。

最后，我要感谢我的家人：玛丽（Mary）和凯瑟琳（Catherine），她们一直是我一生中最大的自豪和喜悦之源；雅亚（Yiayia）教会了我如何优雅而坚韧地变老;奥德(O'Dea)向我展示了照料是如何超越单纯的支持,成为一种个人对所爱之人深切的关怀之举。最后的最后,我要向我最好的朋友和爱妻埃米莉(Emily)表达最大的感谢,她忍受了我无尽的旅行和晚归,并数十年如一日地为我提供支持和建议。她是我迫不及待想要白头偕老的人。